Na Crise Global,
As Oportunidades
do Brasil
——— *e a* ———
Cultura da Esperança

XXI FÓRUM NACIONAL

NA CRISE GLOBAL, O NOVO PAPEL MUNDIAL DOS BRICs (BRIMCs?) E AS OPORTUNIDADES DO BRASIL
(CRISE COMO OPORTUNIDADE ATRAVÉS DO PLANO DE AÇÃO)

18 a 21 de maio de 2009

PATROCÍNIO

GRANDES BENEMÉRITOS

PATROCINADOR ESPECIAL | **AGRADECIMENTO: PREVI**

INSTITUTO NACIONAL DE ALTOS ESTUDOS - INAE
RUA SETE DE SETEMBRO, 71 - 8º ANDAR - CENTRO - CEP: 20050-005 - RIO DE JANEIRO / RJ
TEL.: (21) 2212-5200 - FAX: 2212-5214 - e-mail: inae@inae.org.br - site: www.inae.org.br

João Paulo dos Reis Velloso
coordenador

Na Crise Global, As Oportunidades do Brasil
— *e a* —
Cultura da Esperança

José Formigli • Álvaro Alves Teixeira
João Carlos Ferraz *e* Filipe Lage de Sousa
Vasco Dias • Paulo Metri • Edison Lobão
Sergio Machado Rezende • Cláudio R. Frischtak
Luiz Augusto Horta Nogueira • Marcus Quintella
Antonio Carlos Rego Gil • Marcio Pochmann
Sonia Rocha *e* Roberto Cavalcanti de Albuquerque
Claudio de Moura Castro • Luiz Felipe d'Avila
Alberto Dines • Claudio Weber Abramo
Eleonora de Lucena • Aluizio Maranhão • André Lahóz

© João Paulo dos Reis Velloso, José Formigli, Álvaro Alves Teixeira, João Carlos Ferraz, Filipe Lage de Sousa, Vasco Dias, Paulo Metri, Edison Lobão, Sergio Machado Rezende, Cláudio R. Frischtak, Luiz Augusto Horta Nogueira, Marcus Quintella, Antonio Carlos Rego Gil, Marcio Pochmann, Sonia Rocha, Roberto Cavalcanti de Albuquerque, Claudio de Moura Castro, Luiz Felipe d'Avila, Alberto Dines, Claudio Weber Abramo, Eleonora de Lucena, Aluizio Maranhão, André Lahóz, 2009.

Reservam-se os direitos desta edição à
EDITORA JOSÉ OLYMPIO LTDA.
Rua Argentina, 171 – 3º andar – São Cristóvão
20921-380 – Rio de Janeiro, RJ – República Federativa do Brasil
Tel.: (21) 2585-2060 Fax: (21) 2585-2086
Printed in Brazil / Impresso no Brasil

Atendemos pelo Reembolso Postal

ISBN 978-85-03-01067-2

Capa: LUCIANA MELLO E MONIKA MAYER
Diagramação: ABREU'S SYSTEM EDITORAÇÃO ELETRÔNICA

Textos revisados segundo o novo Acordo Ortográfico da Língua Portuguesa.

CIP-BRASIL. CATALOGAÇÃO-NA-FONTE
SINDICATO NACIONAL DOS EDITORES DE LIVROS, RJ.

N11 Na crise global, as oportunidades do Brasil e a cultura da esperança / João Paulo dos Reis Velloso, coordenador; José Formigli... [et al.]. – Rio de Janeiro: José Olympio, 2009.

Textos apresentados no XXI Fórum Nacional, realizado em maio de 2009

ISBN 978-85-03-01067-2

1. Desenvolvimento econômico – Brasil. 2. Crise econômica. 3. Brasil – Política econômica. 4. Petróleo – Brasil. 5. Recursos energéticos – Brasil. 6. Tecnologia – Brasil. 7. Brasil – Condições sociais. I. Velloso, João Paulo dos Reis, 1931-.

09-4953

CDD: 338.981
CDU: 338.1(81)

SUMÁRIO

Introdução
Na crise global, as oportunidades do Brasil e a "cultura da esperança"   9
João Paulo dos Reis Velloso

PRIMEIRA PARTE
PLANO DE AÇÃO, I: TRANSFORMAR O BRASIL EM UM DOS GRANDES *PLAYERS* NO MUNDO DO PETRÓLEO

O novo papel do Brasil no mundo do petróleo e a estratégia a adotar   17
José Formigli

Os desafios do pré-sal: marco regulatório   25
Álvaro Alves Teixeira

Uma oportunidade única: petróleo e gás e o desenvolvimento industrial brasileiro   33
João Carlos Ferraz e Filipe Lage de Sousa

Petróleo, oportunidade e desafios: a Shell no Brasil   45
Vasco Dias

O modelo jurídico para o petróleo depois do pré-sal   53
Paulo Metri

SEGUNDA PARTE
PLANO DE AÇÃO, II: NOVOS AVANÇOS NA MATRIZ ENERGÉTICA E NA INFORMÁTICA

Novos avanços em nossa matriz energética   65
Edison Lobão

Energias alternativas para propulsão veicular: pesquisa e desenvolvimento no Brasil   73
Sergio Machado Rezende

A matriz elétrica brasileira e a economia de baixo carbono   93
Cláudio R. Frischtak

Novas tecnologias em biocombustíveis: oportunidades e riscos para o Brasil   123
Luiz Augusto Horta Nogueira

Nova logística de transporte de massa nas grandes cidades brasileiras   143
Marcus Quintella

O caminho do Brasil em tecnologia da informação e comunicação, TIC   159
Antonio Carlos Rego Gil

TERCEIRA PARTE
PLANO DE AÇÃO, III: OPORTUNIDADES ECONÔMICO-SOCIAIS

Crise econômica e pobreza: o que há de novo no Brasil metropolitano   173
Marcio Pochmann

Como gerar oportunidades para os pobres   185
Sonia Rocha e Roberto Cavalcanti de Albuquerque

Por que não deveríamos nos preocupar com a qualidade da educação   221
Claudio de Moura Castro

QUARTA PARTE
O BRASIL E A "CULTURA DA ESPERANÇA"
(AINDA O PLANO DE AÇÃO)

O Brasil e a cultura da esperança   233
Luiz Felipe d'Avila

A "cultura da esperança" em Stefan Zweig   243
Alberto Dines

Construção da sociedade ativa e moderna   249
Claudio Weber Abramo

A MÍDIA E A SOCIEDADE ATIVA E MODERNA: DEPOIMENTOS

Imprensa, mídia e sociedade em transformação   261
Eleonora de Lucena

Imprensa e "cultura da esperança"   267
Aluizio Maranhão

Internet, jornalismo e democracia   271
André Lahóz

INTRODUÇÃO

Na crise global, as oportunidades do Brasil e a "cultura da esperança"

*João Paulo dos Reis Velloso**

---

* Coordenador-geral do Fórum Nacional (Inae), presidente do Ibmec-Mercado de Capitais e professor da EPGE (FGV). Ex-ministro do Planejamento.

O XXI FÓRUM NACIONAL, realizado em maio, foi um dos mais importantes que já tivemos, pelas duas preocupações básicas que o dominaram, e, também, pelo alto nível das participações.

De um lado, a ideia de que, no meio da Crise Global, os BRICs (BRIMCs?) passem realmente a constituir um grupo de emergentes (G-4 ou G-5) e desempenhem, conjuntamente, um papel relevante no desenvolvimento mundial. Por isso, a Sessão de Abertura, além de avaliar a crise, considera cada um dos BRICs (BRIMCs?) e seu papel como grupo.

De outro lado, a preocupação com que o Brasil, além do esforço de minimizar os efeitos da crise global, sobre o crescimento e o emprego, particularmente, volte-se para o aproveitamento de oportunidades, que irão servir para transformar a economia. E deixar o país em condições de emergir da crise em melhores condições estruturais do que quando foi por ela atingido. E num novo estágio de desenvolvimento.

Isso se fará através do PLANO DE AÇÃO CONTRA A CRISE, já lançado, conjuntamente, pelo FÓRUM NACIONAL e a CÚPULA EMPRESARIAL. Está-se promovendo a integração entre o XXI FÓRUM e o PLANO DE AÇÃO, com a preocupação de OPERACIONALIZAR O PLANO e suas OPORTUNIDADES.

Temos oportunidades. E muitas delas estratégicas. Mas, para delas tirar proveito, é necessário usar os instrumentos da Economia do Conhecimento ("Economia Criativa"), como ciência/tecnologia (ênfase em TICs), Investimentos em intangíveis (inclusive novos métodos de *management*), engenharia de produto e processo, alta qualificação de mão de obra.

Em outro livro, que se está publicando simultaneamente com este, publica-se o material da Sessão de Abertura, cujo tema foi A CRISE GLOBAL E O NOVO PAPEL DOS BRICS; do Painel I, relativo à CRISE GLOBAL E A REAÇÃO

DOS BRICS, no aspecto de minimização dos efeitos da crise; e do Painel II, no tocante à SUPERAÇÃO DE OBSTÁCULOS, com a visão, inclusive, do setor privado.

O presente volume cobre o material das demais sessões, cobrindo os principais temas desenvolvidos no PLANO DE AÇÃO CONTRA A CRISE, elaborado conjuntamente pelo FÓRUM NACIONAL e pela CÚPULA EMPRESARIAL, constituído por cerca de 50 dos maiores empresários do país.

De um lado, são certas OPORTUNIDADES ESTRATÉGICAS, como:

- TRANSFORMAR O BRASIL EM UM DOS GRANDES *PLAYERS* DO MUNDO DO PETRÓLEO, usando o pré-sal para transformar a economia brasileira.
- DAR NOVOS AVANÇOS EM NOSSA MATRIZ ENERGÉTICA E NA INFORMÁTICA. Quanto à matriz energética, discutiu-se, principalmente, o aumento da participação da energia hidroelétrica, com os novos aproveitamentos da Amazônia; a nova etapa no desenvolvimento de biocombustíveis; e iniciou-se a discussão de um projeto de carro elétrico para o Brasil.

No tocante à informática, o principal tema foi o projeto de conversão do Brasil em terceiro centro global de TICs. Existe a oportunidade, porque o mundo está querendo um novo *player*, diante das vulnerabilidades da Índia.

De outro lado, são OPORTUNIDADES ECONÔMICO-SOCIAIS, como:

- GERAR OPORTUNIDADES PARA OS POBRES.
- EM BUSCA DO "CAPITALISMO CRIATIVO", DE BILL GATES ("Inovações que chegam às classes "D" e "E").
- INTEGRAÇÃO DE FAVELAS ÀS CIDADES (HOJE SÃO GUETOS).
- EDUCAÇÃO DE QUALIDADE COMO FATOR ESSENCIAL DO CRESCIMENTO.

Finalmente, está-se publicando também o material da Sessão de Encerramento, voltada para o tema O BRASIL E A CULTURA DA ESPERANÇA.

A "cultura da esperança" é essencial no longo prazo: foi ela que serviu de base para o "sonho americano" — a ideia de que todos irão ter oportunidade, e ascender econômica e socialmente. E também para a visão de Zweig sobre nosso país (o famoso "Brasil, um país do futuro") — a ideia de certo tipo de cultura e civilização em que predominassem a tolerância, a convivência pacífica entre as raças e etnias, a miscigenação.

Em tempos de crise global, ela se transforma na pedra angular da saída e da construção do futuro.

Por isso, o presidente Obama disse em seu discurso de posse: "Escolhemos a esperança, em lugar do medo."

Para mantê-la acesa, precisamos de uma sociedade ativa e moderna. Daí, a interligação que a Sessão de Encerramento fará entre os dois temas.

PRIMEIRA PARTE

PLANO DE AÇÃO, I: TRANSFORMAR O BRASIL EM UM DOS GRANDES *PLAYERS* NO MUNDO DO PETRÓLEO

O novo papel do Brasil no mundo do petróleo e a estratégia a adotar

José Formigli*

---

* Gerente-executivo (Área E&P Pré-sal) da Petrobras.

INICIALMENTE QUERO AGRADECER ao ministro Reis Velloso e à organização do evento pelo convite à Petrobras, e dizer que é um privilégio poder substituir o presidente da empresa, José Sérgio Gabrielli, e apresentar aos senhores o que estamos vislumbrando como oportunidade para o Brasil em termos de desenvolvimento agregado pela explotação do polo pré-sal da Bacia de Santos.

Sobre as oportunidades que se apresentam para o Brasil, acho que é importante haver um debate após as apresentações em que se vislumbrem os prós e contras. Teremos condições de abordá-los, discuti-los e, se possível, estabelecer um plano de ação concreto e não somente os de intenções. Isso é fundamental para não nos limitar ao campo do discurso, e que, efetivamente, saiamos daqui com uma agenda de ações devidamente identificada e com um plano de trabalho para conseguirmos evoluir de um *status* para outro.

A apresentação tem como título o que está no programa do evento: o novo papel do Brasil no mundo do petróleo, a estratégia a adotar. É um título bastante arrojado, sem dúvida, e mostrarei aqui como o pré-sal pode alavancar o papel do Brasil junto ao mundo do petróleo e, extrapolar tais benefícios para outras atividades econômicas correlatas.

A agenda a ser abordada tem o histórico de contratações da Petrobras e mostra que o pré-sal é a continuidade de um movimento, o que faz com que uma possível inércia e atrito estático — peguei este termo emprestado do pessoal da Física —, seja minimizado, isto é, já estamos com boa velocidade. Não estamos estagnados, felizmente, é apenas uma questão de aceleração. Temos a seguir o plano de negócios, bastante divulgado pela Petrobras, com as oportunidades que hoje se apresentam para nossa indústria, bem como a área de serviços. Em seguida, temos as estratégias de atendimento à demanda de recursos críticos, ou seja, os meios para atingir uma melhor forma de atendimento a essa demanda, e as condições necessárias, não apenas da Petrobras, dos sócios e das outras operadoras, mas também o que a sociedade organizada vai precisar fazer para viabilizar essa potencialização dos benefícios do pré-sal. Estes projetos são detalhados a seguir.

Começaremos, então, pelos investimentos da Petrobras, e tentarei explicar o porquê do momento atual ser um movimento já em andamento. Felizmente temos tido um aumento dos investimentos da Petrobras. As metas almejadas têm sido sistematicamente superadas e realizadas. Deste modo nos últimos anos, os valores x de investimentos são alcançados além das expectativas, ou seja, conquistando valores superiores a x. Esta conquista traduz-se em confiança e em uma credibilidade que o mercado deve depositar em relação às projeções da Petrobras.

Especificamente em 2008, a Petrobras investiu na contratação de bens e serviços: US$ 7 bilhões na área de fabricação de equipamentos; US$ 25,8 bilhões na área de prestação de serviços; e US$ 12,4 bilhões na área de "epecistas", uma área de grande visibilidade no Brasil.

No plano de negócios, a previsão atual é investir US$ 174 bilhões nos próximos cinco anos. A maior parte desse investimento está prevista para o E&P, seja doméstico, seja internacional, sendo que 50% desse investimento destina-se ao desenvolvimento da produção, 17% para exploração, o que demonstra que, apesar do potencial de volume recuperável bastante significativo, será investido aproximadamente US$ 3 bilhões ao ano em exploração. Para um programa tão agressivo de crescimento de produção, é indispensável uma relação Reserva sobre Produção (R/P) sustentável e maior do que 15 — que é a meta da Petrobras (atualmente ela está próxima de 20). Isso é muito importante porque, se o pré-sal hoje tem visibilidade, podemos ter outros pré-sais além de futuros sucessos.

Há um investimento de 12%, bastante significativo, no caso do pré-sal, na área internacional do qual, a maior parte investida retorna para o Brasil. A produção terá um crescimento médio anual em torno 7%, 7,5%, até 2020, saindo do patamar atual de 2 milhões de barris de óleo por dia. Quando acrescentamos a produção em barril de óleo equivalente do gás, são 460 mil barris de óleo equivalente adicionais. Isso é interessante para o país, pois aumentamos significativamente a produção de gás doméstico, devido ao esforço da empresa há cerca de três anos, quando sentimos nossa dependência ao gás importado e percebemos a necessidade de criar alternativas no Brasil. Essas alternativas caminharam para o investimento em exploração, prioridade para o desenvolvimento da produção, e sua colocação no mercado. Além disso, existe a alternativa do gás natural liquefeito, que atende à flutuação da nossa demanda intrínseca pela peculiaridade do mercado brasileiro.

No caso específico do pré-sal, pretende-se em 2013 atingir mais de 200 mil barris de óleo por dia, chegando em 2017 a mais de 1 milhão de barris, e até 2020 em 1,8 milhão. É um crescimento muito grande em uma área inovadora em termos de desenvolvimento de produção, onde há um enorme crescimento e uma produção de aproximadamente 14 mil barris de óleo por dia, conforme o teste em execução desde início de maio passado, como foi amplamente anunciado.

Em termos de investimento, consideramos que a Petrobras investirá na área em torno de 29 bilhões de barris até 2013, sendo 18,6 especificamente na Bacia de Santos e os outros 10,3 no Espírito Santo, no Parque das Baleias, campo de Jubarte e outras áreas adjacentes, onde também já existe produção. Para o período de 2009 até 2020, US$ 111 bilhões são previstos.

Nas estratégias de atendimento aos projetos de E&P, a primeira observação a ser feita é que a Petrobras não se limita unicamente a exploração "do pré-sal". Os investimentos são significativos por todo o país e o planejamento do pré-sal está inserido neste desenvolvimento, assim como barcos de apoio a serem construídos, plataformas de produção, jaquetas (plataformas fixas), plataformas de completação seca (como a *tension leg wellhead platforms*) e navios de grande porte para o transporte do óleo. Finalmente, as sondas de perfuração, com demanda de 40 (12 já contratadas) devido ao curto prazo, para a viabilização do atendimento do mercado nacional, por conta do ritmo dos nossos projetos. O Brasil estrutura sua capacidade de fabricação de sondas, averiguando a resposta do mercado quanto à sua viabilização, tanto econômica quanto financeira, a partir do apoio do Banco Nacional de Desenvolvimento Econômico e Social (BNDES).

Esse investimento não se esgota com a criação de demanda de equipamento no que poderíamos chamar de "mecânica dura". Precisamos de estudos e pesquisas que virão, por exemplo, do investimento em Pesquisa e Desenvolvimento (P&D), que ocorre majoritariamente pela Petrobras no Brasil. Esses investimentos são próximos de US$ 900 milhões por ano, um patamar que nos situa muito bem em relação às outras operadoras (com um percentual em torno de 2% do faturamento anual, quando o histórico das outras empresas está em torno de 1%).

Com relação aos resultados alcançados, em termos de conteúdo nacional, tínhamos como meta ficar em torno de 65%, tivemos sucesso em viabilizar a prestação desses serviços e a entrega dos equipamentos com 75% de conteúdo nacional nos últimos anos. Isto supera a meta originalmente estabelecida dentro do Programa de Mobilização da Indústria Nacional de Petróleo e Gás Natural (Prominp), no qual a Petrobras exerce um papel significativo. Mas o Prominp foi desenvolvido pelo governo para atender à indústria do petróleo, sem que haja um monopólio dos seus benefícios para a Petrobras; toda a indústria precisa e deve entender o programa como uma viabilização do aumento do conteúdo nacional (em projetos que não são apenas os operados pela empresa) alcançando 560 mil empregos em relação a meta estabelecida.

A demanda futura não poderá se estabelecer se não houver profissionais em quantitativo e, principalmente, qualitativo capaz de suportá-la. Não apenas de nível superior, o que é extremamente necessário mas também de nível técnico, que é a grande maioria. A competitividade na indústria, se estabelecerá se o nível técnico, e não apenas o superior, for qualificado e capaz de proporcionar uma taxa, por exemplo, de produtividade ou de eficiência competitivas. Caso contrário, estaremos à mercê de políticas temporárias de governo, que não irão garantir sustentabilidade da indústria, ocasionando ciclos *stop and go* que são extremamente danosos, à medida que eles representam uma retração da indústria, que para ser reativada sofre um solavanco muito maior, além de grande resistência devido à desconfiança em relação aos acontecimentos de cada novo ciclo de queda.

Avaliemos, então, o que podemos propor para aumentar mais ainda esse conteúdo nacional, de forma sustentável, utilizando os US$ 174 bilhões dos próximos 5 anos e os investimentos posteriores para alcançar as produções de óleo, bem como os outros projetos do portfólio da Petrobras nos próximos anos.

Primeiro é o conceito de repetibilidade, que pode ser levado, por exemplo, para nossas plataformas e sondas, como já praticado nos equipamentos de poços e submarinos fabricados no Brasil, que possuem uma forte padronização permitindo a repetibilidade. Assim a tecnologia por mais nova que seja, precisa ser seletiva, ela não pode ser aplicada indiscriminadamente.

Uma outra questão é o investimento próprio em infraestrutura, treinamento de pessoal visando atender à possibilidade de fornecimentos de longo prazo, basicamente. Os empresários da área de serviços e da área de construção e montagem precisam acreditar nos benefícios de se investir capital no aumento da capacidade de atendimento futuro no Brasil, não apenas do pré-sal, não apenas da Petrobras. Quanto aos arranjos financeiros, o BNDES tem sido fundamental para poder viabilizá-los. Cooperação com as universidades através de métricas de construção e montagem (por exemplo, compartilhando informações que permitam a evolução coletiva dos indicadores de produtividade) e, consequentemente, o aumento da competitividade geral do parque industrial e de serviços.

São exemplos de sucesso a competitividade dos equipamentos submarinos (linhas flexíveis, "árvores de natal" molhadas, *manifolds*...) ou a construção de rebocadores, cuja atuação converge para cenários de preços alinhados com o mercado internacional. Isto possibilita preços capazes de viabilizar a exportação bem como um alinhamento com os movimentos do preço do petróleo, nesta dinâmica, a queda do cenário mundial de *upstream cost index*, uma métrica base para os operadores, acarreta uma queda na realidade do mercado fornecedor brasileiro.

Como conclusão citamos a Noruega, usando como base o Índice de Desenvolvimento Humano (IDH). A produção de petróleo da Noruega foi crescente até alguns anos, tendo já uma perspectiva decrescente para os próximos anos, o que lhe traz uma situação muito mais preocupante que a do Brasil, visto que o país possui reservas capazes de suportar um crescimento da produção. Desde que a Noruega descobriu petróleo em 1971 no Mar do Norte, a partir de um trabalho de base, saltaram de um IDH relativamente alto, como o 0,87 em 1975, para 0,968. De forma nenhuma a tal da maldição do petróleo esteve presente na Noruega, eles usufruíram dos benefícios que a indústria do petróleo pode possibilitar, desde que um trabalho de longo prazo seja aplicado. Comparando o IDH brasileiro com o norueguês observa-se que temos condição de elevar nosso índice atual de 0,8. O petróleo deve ser uma ferramenta com poder facilitador de crescimento.

Almejamos que essa produção de petróleo contribua, via geração de *royalties*, de emprego, ou desenvolvimento tecnológico e industrial para uma sustentabilidade técnico-econômica das futuras gerações sem dependência biunívoca da indústria do petróleo. Precisamos que o petróleo e o gás viabilizem não apenas a nossa própria indústria, mas outros segmentos da economia, de modo que no futuro haja um IDH similar ao que existe hoje na Noruega — isto é perfeitamente atingível se assim nos planejarmos e mantivermos constante e enfocados os objetivos.

Os desafios do pré-sal: marco regulatório
*Álvaro Alves Teixeira**

---

* Secretário-executivo do Instituto Brasileiro de Petróleo, Gás e Biocombustíveis, IBP.

ANTECEDENTES

A PARTIR DAS grandes descobertas de jazidas no chamado *"cluster* de Santos", no final de 2006, o governo federal decidiu em novembro de 2007, em reunião do Conselho Nacional de Política Energética (CNPE), emitir a Resolução nº 6, que determinou a exclusão da 9ª Rodada de Licitações da Agência Nacional do Petróleo, Gás Natural e Biocombustíveis (ANP) de 41 blocos situados nas Bacias do Espírito Santo, de Campos e de Santos relacionados com possíveis acumulações em reservatórios do pré-sal e a avaliação, pelo Ministério de Minas e Energia, "de possíveis mudanças no marco legal que contemplem um novo paradigma de exploração e produção de petróleo e gás natural, aberto pela descoberta da nova província petrolífera, respeitando os contratos em vigor".

Desde então, o governo e os agentes do setor debatem o modelo regulatório. Em julho de 2008, foi instituído o Comitê Interministerial, que concentrou todos os estudos e sugestões para um novo marco regulatório.

Diante dos enormes desafios humanos, financeiros e tecnológicos advindos dessas descobertas, vários questionamentos têm sido feitos sobre o arcabouço regulatório mais adequado para o desenvolvimento desses recursos estratégicos e não renováveis que pertencem a toda nação brasileira.

QUESTÕES LEVANTADAS

Entre as grandes questões levantadas pelo governo na discussão das mudanças na lei, estão: a percepção do risco zero nas atividades de exploração e produção (E&P); maior apropriação da renda petroleira, com a modificação no cálculo de pagamento de *royalties* e participação especial; mudança no atual modelo de concessão a ser adotado para o pré-sal e a propriedade dos hidrocarbonetos produzidos; velocidade no desenvolvimento da produção e a criação de uma empresa totalmente estatal (Petro-Sal).

MODELOS DE CONTRATO

A indústria de E&P de petróleo e gás trabalha com três tipos de modelos de contrato, a saber: concessão, partilha de produção e serviços. As características básicas desses modelos são mostradas no Quadro 1. Em todos eles, a propriedade dos recursos é do Estado.

- Contrato de concessão: A empresa adquire o direito a explorar uma área mediante o pagamento, como contrapartida, de tributos e taxas ao governo. No Brasil, a concessão é feita por meio de leilões de blocos exploratórios, realizados pela ANP. Em troca do direito à produção das áreas licitadas, os concessionários remuneram o Estado por meio do pagamento de bônus de assinatura, *royalties* — que são divididos entre União, Estados e municípios — e da participação especial. O concessionário tem livre disponibilidade do óleo produzido.
- Contratos de partilha da produção: são adotados com mais frequência por países em desenvolvimento. Historicamente, esse tipo de contrato foi criado pelas companhias de petróleo para atuar em países de instabilidade jurídica e regulatória. Na partilha de produção a empresa contratada investe tanto na fase de exploração quanto na de desenvolvimento, ou seja, assume todos os riscos e custos para encontrar e colocar em produção uma jazida de hidrocarboneto. Como todas as instalações de produção passam à propriedade do governo, é estabelecida uma forma para a contratada recuperar os custos incorridos (*cost oil*) através da produção inicial. Após a recuperação do *cost oil*, a produção subsequente (*profit oil*) é partilhada entre o governo e a contratada, em percentagens estabelecidas na fase de contrato. São comuns os contratos que estipulam 60% para o governo e 40% para a contratada.
- Contratos de serviço: atualmente é vigente no México, Irã e Iraque. As empresas são remuneradas pelos serviços prestados às atividades de exploração e produção.

Quadro 1
MODELOS DE CONTRATO DE E&P
CARACTERÍSTICAS BÁSICAS

	Concessão	Partilha (PSA)	Serviço
Propriedade reservas	Estado	Estado	Estado
Titularidade de produção	Contratada produção total	Contratada parcela de produção	Governo/NOC produção total
Receita bruta contratada	Venda produção total	Venda sua parte na produção	Venda de serviço (com ou sem risco)
Propriedade bens (*assets*)	Empresa contratada	Empresa estatal NOC	Empresa estatal NOC
Liberdade operacional contratada	Geralmente alta	Limitada sujeita à NOC	Limitada sujeita à NOC
Participação governo no contrato	NOC — se existente (carregada ou não)	NOC (geral carregada)	NOC (geral carregada)
Receita governo	Bônus, *royalties* impostos, PE	Venda sua parcela na produção	Total produção

DISTRIBUIÇÃO DOS MODELOS

Os contratos de concessão e de partilha da produção são os mais comumente adotados em todo o mundo. Ocorre, porém, uma maior adoção dos contratos de concessão entre os países desenvolvidos. Os contratos de partilha da produção são adotados com mais frequência por países em desenvolvimento econômico. O mapa (Figura 1) mostra a distribuição dos diferentes modelos.

Não há como afirmar que, entre o modelo de concessões e o de partilha da produção, um seja melhor que o outro, mesmo que as implicações resultantes de cada modelo sejam diferentes. Em relação aos ganhos auferidos pelo governo na renda petrolífera, os dois modelos de contrato proporcionam os mesmos resultados. Há países que adotam os dois modelos, como ocorre com a Rússia, Trinidad & Tobago e Angola.

FIGURA 1

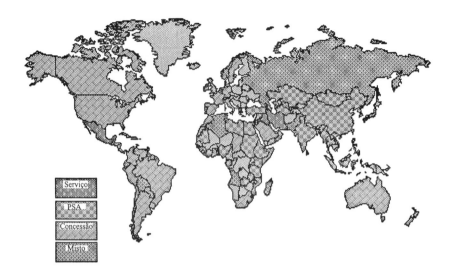

MANUTENÇÃO DO MODELO VIGENTE

O Instituto Brasileiro de Pesquisa (IBP) considera que o regime de concessões vigente oferece os instrumentos adequados para permitir uma maior apropriação da riqueza do petróleo e do gás a ser extraído dos reservatórios do pré-sal. O regime de concessões se mostrou adequado para o desenvolvimento do segmento de petróleo e gás no Brasil, como mostram dados da ANP. Desde a abertura do setor, há 12 anos, a indústria de petróleo cresceu de 2% para 10% de participação no PIB, a produção mais que duplicou e as participações governamentais atingiram mais de R$ 22 bilhões em 2008.

Esse é um setor que tem se desenvolvido sustentavelmente nos últimos anos devido a um marco regulatório transparente e equilibrado que permitiu, no espaço de uma década, a autossuficiência brasileira, as descobertas significativas do pré-sal e a transformação da Petrobras, orgulho de todos os brasileiros, em uma das maiores empresas de energia do mundo.

Se um dos principais objetivos é obter maior participação na renda petroleira, o governo pode fazê-lo de maneira rápida sem modificações na lei, através do aumento das participações governamentais. Para tal, basta alterar o Decreto Presidencial 2.705/98 e as portarias da ANP associadas. Há outros mecanismos com o mesmo fim, como modificação nas regras dos bônus de assinatura dos contratos de concessão.

O atual modelo pode acomodar diferentes condições de economicidade, localização e tamanhos dos campos, sejam eles em terra (*on-shore*), águas rasas e profundas (*off-shore*), grandes campos, médios e marginais.

Através do modelo de concessões, também pode ser acomodada participação governamental direta em um consórcio de E&P através de empresa estatal (caso da Noruega) e/ou entrega de parte do petróleo produzido (incomum) como parcela das participações governamentais (participação especial + *royalties*).

MODELO MISTO

Uma das propostas do governo, ainda não apresentada oficialmente, é a adoção de um modelo misto para o setor. Isso implicaria adotar o contrato de partilha para os blocos do pré-sal ainda não concedidos nas licitações da ANP, e a manutenção do contrato de concessão para os blocos concedidos (em avaliação).

Para que seja adotado o modelo misto, devem ser consideradas algumas premissas, como:

- Criação de uma empresa 100% estatal (NOC) para receber a parcela do governo na partilha da produção e/ou participar dos investimentos.
- Todos os ativos contratados são de propriedade do governo.
- Demanda grande estrutura burocrática do órgão regulador para aprovação dos gastos e investimentos propostos pela empresa operadora.
- Não estimula a otimização de custos.
- Complexidade adicional no processo de unitização, devido à possível existência de contratos de concessão nos blocos concedidos, em novas áreas que contemplem o contrato de partilha.

NOVA ESTATAL

Entre as dúvidas levantadas pelas discussões do novo marco regulatório, discute-se a possível criação de uma empresa estatal. O que ainda não foi definido é seu papel, se apenas uma investidora, similar a Petoro (Noruega), ou contratada diretamente pelo governo para operar blocos de E&P no pré-sal.

CONSIDERAÇÕES FINAIS

O arcabouço regulatório vigente é reconhecido internacionalmente como um modelo transparente e equilibrado, de comprovado sucesso, que serve de inspiração para muitos países.

Os modelos de concessão e partilha não têm diferenças significativas, ambos com a possibilidade de oferecer resultados econômicos na repartição da renda petroleira, independentemente do risco geológico, dimensão e produtividade dos campos. Além disso, ambos podem propiciar a repartição do óleo produzido.

Para que se mude o regime adotado no Brasil, será necessário alterar a Lei do Petróleo, o que exige o trâmite dessa iniciativa no Congresso Nacional. Esse trâmite pode se revelar imprevisível, como acontece nestas grandes discussões, o que pode ocasionar uma retração dos investidores e afetar a licitação de novas áreas, bem como os investimentos nos projetos já licitados. A tramitação no Congresso pode ser ainda mais demorada, caso as discussões incluam a questão da distribuição dos *royalties* entre governo, estados e municípios.

Qualquer que seja o modelo adotado, é fundamental ressaltar a manutenção da transparência nos leilões para outorgas dos contratos de blocos e a estabilidade que tem caracterizado o marco regulatório do setor, através de regras claras e da garantia das condições dos contratos vigentes.

A indústria, na verdade, está pronta a continuar investindo no pré-sal, independentemente do modelo de contrato, desde que sejam mantidas as condições econômicas adequadas na atração dos investimentos.

Os vultosos investimentos necessários ao desenvolvimento das descobertas do pré-sal requerem uma ampla colaboração entre o Estado, dono dos recursos petrolíferos, e os investidores públicos e privados que detêm a capacidade tecnológica e financeira, bem como dos recursos humanos qualificados necessários para viabilizar as descobertas.

Uma oportunidade única: petróleo e gás e o desenvolvimento industrial brasileiro

João Carlos Ferraz* e Filipe Lage de Sousa**

---

* Diretor da área de Planejamento do BNDES.
** Economista do BNDES.

Em épocas de crise, novas oportunidades surgem e outras se ampliam. O Brasil encontra-se atualmente com uma oportunidade única para o desenvolvimento de sua indústria de exploração e produção de petróleo e gás (P&G), além de toda a cadeia de fornecedores de bens e serviços dessa indústria. O descobrimento de reservas na camada do pré-sal coloca o Brasil como um dos principais mercados para investimento da indústria de P&G no médio e longo prazo. Também o desaquecimento do mercado global amplia o poder de barganha em atrair investimentos no território brasileiro, inclusive aqueles que possam fazer transferência tecnológica para o país. Deste modo, as oportunidades de investimento na cadeia de fornecedores de bens e serviços da indústria de P&G decorrentes da descoberta de reservas na camada do pré-sal podem ser ampliadas em virtude da crise mundial, devido ao destaque aos negócios lucrativos na indústria de P&G no Brasil diante de outras oportunidades.

Esse cenário positivo para o desenvolvimento de uma indústria diversificada e de maior valor agregado deve ser aproveitado na sua plenitude. Contudo, é necessário estabelecer uma estratégia de longo prazo com foco prioritário em economias de escala e de escopo, juntamente com o fortalecimento de competências e ampliação do aprendizado tecnológico nos setores fornecedores de bens e serviços da indústria de P&G.

É POSSÍVEL DESENVOLVER UMA CADEIA DE FORNECEDORES DE BENS E SERVIÇOS?

O Brasil possui uma indústria de fornecedores de equipamentos e serviços para a indústria de P&G, porém o incremento de demanda por esses produtos em virtude das reservas da camada do pré-sal pode ampliá-la e alavancar novos segmentos. Estes setores teriam a oportunidade de se tornarem competitivos internacionalmente por conta da escala adquirida para atender esse novo patamar de demanda.

A indústria naval é um exemplo no qual a produção de alguns países evoluiu de um patamar irrisório no cenário mundial para se tornarem importantes *players*. O Gráfico 1 mostra a evolução do mercado da indústria naval no mundo de 1975 até os tempos atuais.

GRÁFICO 1
PRODUÇÃO E *MARKET SHARE* DE NAVIOS NO MUNDO

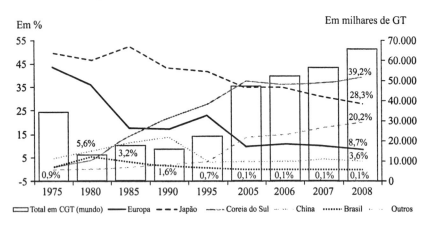

O gráfico mostra que o mercado na década de 1970 era dominado por empresas europeias e japonesas. Brasil, Coreia e China tinham uma participação ínfima. Coreia e Brasil aumentaram sua participação em 1980 a partir de uma redução da produção mundial. No entanto, a evolução desses países foi distinta desde então. Enquanto a produção brasileira reduziu-se aos longos dos anos, a coreana continuou ganhando espaço no mercado internacional. A produção europeia foi a que mais cedeu ao aumento da concorrência coreana no princípio, mas a japonesa também perdeu espaço ao longo do período analisado. Em 2005, os estaleiros coreanos passaram a ter liderança na produção mundial empurrando os japoneses para o segundo lugar. O aumento da participação dos coreanos na produção mundial durante um período de recuo na produção de navios pode ter sido essencial para o seu sucesso, pois os navios coreanos se tornaram mais competitivos em um ambiente de maior acirramento da concorrência em virtude da queda no setor. Os estaleiros chineses tiveram um comportamento semelhante aos coreanos, mas com menor intensidade. Somente em 2005, os chineses ultrapassaram os europeus, porém eles já estão reduzindo o *gap* com os japoneses desde então.

Atualmente, a crise econômica internacional reduzirá a produção industrial mundial, o que poderá afetar inclusive a produção de navios. Paradoxalmente, os estaleiros brasileiros poderão aproveitar esse período de maior concorrência para conseguir ampliar sua fatia no mercado mundial em virtude das demandas oriundas do pré-sal. Portanto, essa é uma oportunidade importante para a indústria naval brasileira crescer e se tornar uma das mais pujantes no mundo.

Um importante aspecto doméstico para esta realização é a manutenção de investimentos em alguns setores, como pode ser observado no Gráfico 2. Esse gráfico mostra o que mudou no plano de investimento de alguns setores após o agravamento da crise internacional na economia brasileira.

GRÁFICO 2
INVESTIMENTOS PLANEJADOS 2009-2012 (R$ BILHÕES)

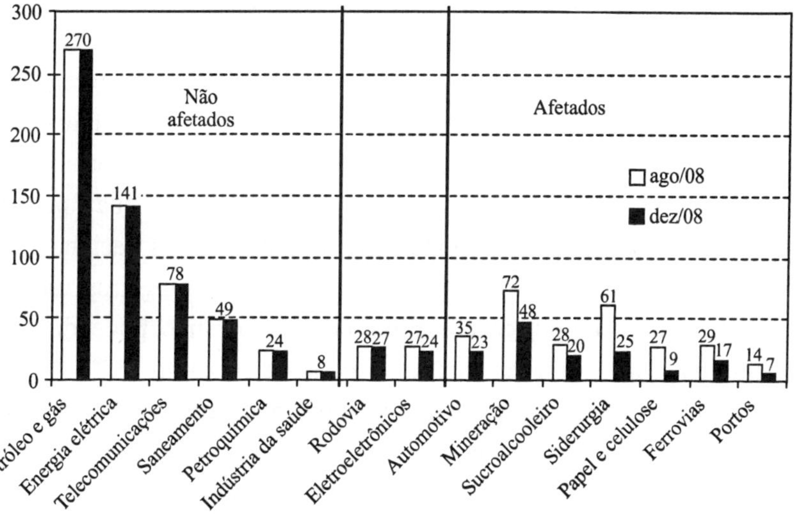

De forma geral, os investimentos no setor de P&G eram os maiores, antes e após a crise. Uma grande parte de outros investimentos se manteve, tais como em telecomunicação, enquanto outros apresentaram uma redução significativa, como a indústria de papel e celulose. O volume de investimentos na indústria de P&G é substancial, da ordem de R$ 270 bilhões nos próximos três anos, montante bastante superior aos investimentos em qualquer setor. Para exemplificar, o setor com o segundo maior montante de investimentos é o de energia elétrica, porém este é quase a metade do previsto na indústria de P&G. Portanto, a manutenção dos vultosos investimentos na cadeia de P&G será essencial para alavancar a indústria fornecedora de bens e serviços dessa indústria.

SITUAÇÃO ATUAL DA INDÚSTRIA DE FORNECEDORES

Diante do cenário favorável, um diagnóstico mais detalhando da cadeia de fornecedores torna-se essencial. A oferta local de bens e serviços para P&G apresentou aumento de conteúdo local nos últimos anos, principalmente a partir de 2003. Um dos motivos deste crescimento foi uma mudança na política de compras da Petrobras favorecendo produtos domésticos. Uma das razões econômicas dessa mudança é que embora alguns equipamentos possam ter um custo de aquisição acima de um semelhante internacional, esse teria um custo de manutenção reduzido. Em suma, o *trade-off* entre custos fixo (aquisição) e marginal (manutenção), uma relação na qual o equipamento com custo fixo mais baixo nem sempre gera maior valor agregado, se o custo marginal maior corroer o ganho da diferença dos custos fixos.

A diferença de preços entre equipamentos nacionais e internacionais pode ser parcialmente explicada pelas assimetrias tributárias, as quais beneficiam o fornecedor externo. Deste modo, certos equipamentos nacionais podem até ser competitivos na comparação com similares estrangeiros, mas a incidência dos impostos pode encarecer o produto doméstico, podendo acarretar aumento no custo fixo de aquisição por parte da Petrobras.

A manutenção do equipamento nacional pode apresentar um custo inferior ao importado, pois alguns serviços exigem a presença de técnicos especializados próximo à demanda. Quando esse técnico é estrangeiro, por exemplo, vários custos adicionais podem ocorrer, como a contratação de tradutor, falhas de comunicação, custo de traslado, entre outros. Portanto, o custo marginal do equipamento importado pode acabar eliminando sua vantagem financeira obtida na compra por conta do menor preço.

Outra característica importante a ser analisada é se a indústria de equipamentos teria condições de atender esse aumento de demanda. Com relação ao limite de capacidade produtiva, observa-se que alguns setores encontram-se no seu limite, mesmo havendo gargalos críticos de produção em quase todos os segmentos. Portanto, a oferta local de bens e serviços para o setor de P&G pode ter uma expansão insuficiente, e consequentemente levar a uma queda de conteúdo local na demanda do setor de P&G.

A capacitação da indústria é outra vertente relevante. Neste ponto, há grande heterogeneidade entre setores e empresas. Enquanto existem fornecedores altamente competitivos no ambiente doméstico e internacional, em outros, há empresas competitivas apenas medianamente e, por último, existem setores nos quais não há produção nacional significativa. Portanto, as respostas ao aumento de demanda por produtos serão também distintas dependendo do setor. Nos setores já competitivos, não serão necessários grandes incentivos para atender às novas demandas, pois as próprias empresas reagirão às oportunidades. Já os setores de competitividade intermediária, deverão ser alvos de políticas públicas, uma vez que estes irão requerer incentivos para atingirem a capacitação necessária. Por último, uma análise muito cuidadosa de custo *versus* benefício será relevante para avaliar se os setores de produção não significativa no Brasil merecem algum tipo de apoio governamental para se desenvolver localmente.

Muito embora haja uma grande diversidade entre os setores fornecedores de bens e serviços ao setor de P&G, devido ao desafio de extrair petróleo em águas profundas, todos deverão investir pesadamente em engenharia, visto que esse quesito ainda é muito deficiente ao nível nacional. Por exemplo, os estaleiros coreanos possuem uma relação de um engenheiro para cada cinco trabalhadores, e os brasileiros encontram-se muito distante dessa relação. A escassez de mão de obra limita o desenvolvimento de prestadores de serviços e fornecedores de materiais e equipamentos.

Portanto, os investimentos por parte das empresas precisam priorizar a formação e a capacitação de recursos humanos, principalmente nas áreas tecnológicas e científicas. Outra preocupação é a reduzida cooperação entre universidade e setor produtivo. Por último, há uma forte dependência de indução da Petrobras na capacitação de recursos humanos.

Diante desse diagnóstico, um risco existente é o subaproveitamento do potencial competitivo doméstico, que poderá acarretar um desenvolvimento restrito a poucas ilhas de excelência.

DESAFIOS A ENFRENTAR NA INDÚSTRIA FORNECEDORA DE BENS E SERVIÇOS

Antes de esmiuçar os desafios desses setores, é importante destacar as premissas necessárias para que haja algum sucesso nas políticas públicas direcionadas a estimular a produção local de bens e serviços. Uma condição necessária para que haja investimentos na indústria de fornecedores de produtos para o setor de P&G é a previsibilidade dos projetos de exploração e produção. Alguns produtos possuem características muito específicas para o setor e a não comercialização deles para a empresa demandante poderá resultar em prejuízos às empresas fornecedoras.

Outra premissa a ser analisada é sobre o ritmo de exploração das reservas do pré-sal, visto que isso definirá as condições de demanda no tempo e por produtos e, consequentemente, se a indústria de fornecedores de bens e serviços terá tempo necessário para sua consolidação competitiva.

Entre as questões críticas a serem abordadas, destacam-se como condição produtiva básica a expansão imediata da capacidade de estaleiros e a formação de mão de obra qualificada. Já como condição necessária para adensar cadeias e sustentar a competitividade internacional é preciso o aprimoramento da engenharia nacional e das empresas integradoras no território brasileiro. Por último, o investimento científico-tecnológico surge como condição necessária e permanente para o desenvolvimento competitivo e sustentado da indústria brasileira.

INVESTIMENTOS NECESSÁRIOS PARA ATENDER A DEMANDA POR BENS E SERVIÇOS ENTRE 2009-2011

Segundo estimativas do Programa de Mobilização da Indústria Nacional de Petróleo e Gás Natural (Prominp), a necessidade de expansão da capacidade produtiva dos setores fornecedores de bens e serviços para o setor de P&G não é homogênea.

Entre os setores que necessitarão aumentar sua capacidade produtiva entre 0% e 15%, encontra-se o de geradores, motores elétricos, flanges e conexões, motores a gás e diesel e, de siderurgia. Os motivos são distintos: enquanto alguns possuem grande capacidade potencial, tal como flanges e conexões, outros têm pouca dependência do setor de P&G, como a siderurgia.

Outros setores irão requerer esforços mais significativos, talvez até ampliando plantas existentes, uma vez que a demanda nesses setores aumentará entre 15% e 50%. Na lista desses setores incluem-se: subestação e transformadores; válvulas; guindastes; turbinas (vapor); serviços de engenharia.

Por último, aumentará acima de 50% a demanda de produtos dos setores de automação e instrumentação; bombas; compressores; caldeiraria; tubos de condução; *subsea*; e serviços de construção e montagem. Este último compreende os estaleiros que, por exemplo, necessariamente ampliarão as plantas existentes, devido à elevada dependência no setor de P&G e à capacidade instalada, que se encontra perto da sua plenitude. Aliado a isso, os desafios tecnológicos dos navios a serem construídos também amplificam a necessidade de investimentos adicionais. Os desafios e riscos desses setores são ainda maiores, em razão da magnitude do aumento de capacidade ser substancial.

De uma forma geral, há uma avaliação comum entre todos os setores: quanto maior a densidade tecnológica de um segmento, menor a capacidade competitiva da produção doméstica. Portanto, os desafios para atender o aumento de demanda de bens e serviços no setor de P&G são potencializados ainda mais pela necessidade de aprimoramento tecnológico.

Desconsiderando a parte qualitativa dos investimentos, nesse caso representado pelo nível tecnológico de cada equipamento, estima-se que para atender a esses aumentos de demanda por produtos e serviços os investimentos necessários encontram-se na ordem de US$ 5 bilhões entre 2009 e 2011.

DIRETRIZES

Diante dos desafios e oportunidades para a indústria fornecedora de bens e serviços para o setor de P&G, torna-se essencial estabelecer diretrizes e metas a serem alcançadas no curto e médio prazo, objetivando o longo prazo.

Um dos pilares para a construção da indústria fornecedora de produtos para o setor mencionado é o setor de construção naval. Dessa forma, é preciso fomentar estaleiros de grande porte e competitivos internacionalmente, os quais precisarão perseguir ganhos de escala e escopo, como também se atualizarem tecnologicamente frente aos concorrentes de outros países. A construção de estaleiros de porte internacional terá a capacidade de gerar aproximadamente 25 mil postos de trabalho diretos.

Outro importante setor que acabará beneficiando toda a cadeia de fornecedores de bens e serviços é a indústria de engenharia. Portanto, é imprescindível apoiar o fortalecimento da indústria de engenharia nacional ligada ao setor de P&G.

Em virtude dos custos de transporte entre os setores fornecedores de bens e serviços da indústria de P&G, é preciso estimular a formação de *clusters* de produção. A localização dispersa desses fornecedores poderá inviabilizar o desenvolvimento de alguns setores que necessitam adquirir insumos com alto custo de transporte, assim como a entrega dos seus produtos ao consumidor final. Portanto, a criação de polos industriais destinados à comercialização de produtos do setor de P&G torna-se essencial para o desenvolvimento de toda a cadeia de fornecedores.

Como já existem empresas multinacionais fornecedoras de equipamentos para o setor de P&G, uma estratégia possível para o desenvolvimento da cadeia seria atrair empresas estrangeiras para produzir localmente em parceria com algumas empresas de capitais nacionais. Portanto, a criação de *joint-ventures* entre empresas domésticas e internacionais poderá ser salutar para o surgimento de uma cadeia de fornecedores tecnologicamente mais atualizados e competitivos mundialmente.

Aperfeiçoar a coordenação entre instituições de financiamento e empresas compradoras, sob a ótica das políticas públicas tais como, Programa de Aceleração de Crescimento (PAC), Política de Desenvolvimento Produtivo (PDP) e Programa de Apoio à Capacitação Tecnológica da Indústria (PACTI), pode também ser uma diretriz de grande valia. Há um cenário de restrição ao crédito no mundo em virtude da crise, deste modo os programas devem buscar instrumentos para o fortalecimento da produção doméstica. Uma das formas poderá ser o desenvolvimento de instrumentos de financiamento e garantia para ampliar a capacidade produtiva das empresas domésticas *vis-à-vis* as empresas não domésticas.

Por último, mas não menos importante, é necessário implementar uma política de conteúdo local, à luz das necessidades dos compradores, tendo como referência a acumulação de competências locais — de modo quantitativo e qualitativo. A produção de um navio por uma empresa doméstica com um percentual de nacionalização acima de um determinado percentual poderá não ser a mais importante meta para o desenvolvimento da indústria local. Se o percentual não for interno, seja onde se encontram as principais partes do produto, como máquinas e motores de propulsão de um navio, a produção doméstica se restringirá às partes de menor conteúdo tecnológico, consequentemente, com limite a inovação, a qual representa a mola propulsora do crescimento de qualquer economia. Portanto, a política de conteúdo local deve ser não só quantitativa, mas também qualitativa, de outra forma, o país continuará fora da fronteira tecnológica dos setores em questão.

O PAPEL DO BNDES

A contribuição do Banco Nacional de Desenvolvimento Econômico e Social (BNDES) para a formação bruta de capital físico é significativa, como pode ser observada no Gráfico 3. O percentual sempre se encontrou acima dos 10% desde 2003 e mostra uma evolução de aumento ao longo dos anos, atingindo o valor de 13,3%.

GRÁFICO 3
ÍNDICE DE CONTRIBUIÇÃO DO BNDES A FBCF —
DESEMBOLSOS/FBCF TOTAL

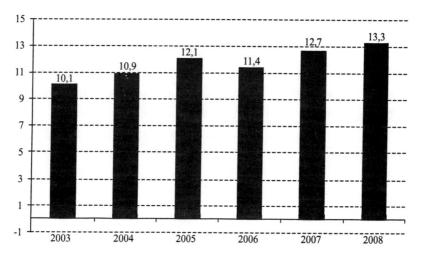

Nos últimos anos, o BNDES tem ampliado sua participação e manterá o apoio aos investimentos, sobretudo em setores estratégicos como P&G, o qual terá seus alvos prioritários enumerados a seguir.

Ampliação da produção e desenvolvimento de campos de petróleo e gás é por si só relevante. Aliado a isso, será imprescindível ampliar e modernizar o parque de refino.

A expansão da infraestrutura de transporte e a distribuição merecerá destaque, pois não há produto se ele não alcança o consumidor final. Sendo esta outra necessidade de apoiar a expansão da construção naval, por meio de implantação de estaleiros modernos e internacionalmente competitivos.

O adensamento da cadeia de fornecedores nacionais de bens e serviços terá uma atenção especial, em razão do progresso tecnológico do setor ser medido pelos equipamentos e serviços destinados à exploração e produção de P&G.

No que tange ao fortalecimento da engenharia nacional, nota-se necessário também apoiar o crescimento do segmento de construção e montagem, geralmente denominado de empresas epcistas pelo jargão da indústria.

Entre todos esses alvos, haverá um destacamento para o desenvolvimento científico e tecnológico do setor, por ser esta vertente que gera as inovações e, consequentemente, o crescimento da economia nacional.

CONCLUSÃO

Entre os emergentes, o Brasil está em posição de destaque. As políticas fiscal e monetária se mantiveram sólidas por um longo período de tempo. Adicionalmente, existem políticas de investimento proativas incentivadas por bancos públicos. Na iniciativa privada, encontram-se empresas saudáveis e resistentes e um mercado doméstico com vasta fronteira de expansão a ser explorada.

Portanto, há oportunidades de investimento com alto retorno e baixo risco, principalmente em infraestrutura e em P&G. Assim, o governo brasileiro, principalmente o BNDES, tem o compromisso de apoiar investimentos que sustentem o desenvolvimento de longo prazo.

Petróleo, oportunidade e desafios: a Shell no Brasil

*Vasco Dias**

---
* Presidente da Shell Brasil.

A SHELL COMEMOROU, no dia 9 de abril de 2009, 96 anos de atividades no Brasil, um país considerado estratégico pelo grupo. Isto nos encoraja a continuar nossa política de prospectar e realizar investimentos significativos e sustentáveis no setor de óleo e gás no país. Atualmente, somos a maior distribuidora internacional de combustíveis e a única empresa privada a produzir petróleo no Brasil.

Após a desregulamentação da área de energia, a Shell aumentou seus negócios, caminhando para ser uma empresa integrada de energia. Abaixo temos os números atuais sobre a Shell no Brasil:

- Cerca de 2.200 empregos diretos.
- Capital empregado: aproximadamente US$ 3 bilhões.
- Investimentos anuais: mais de US$ 500 milhões.
- Faturamento: aproximadamente US$ 12 bilhões.
- Maior empresa privada internacional de distribuição de combustíveis no país, com mais de 17% de *market-share* — Sindicato Nacional das Empresas Distribuidoras de Combustíveis e de Lubrificantes (Sindicom).
- Primeira empresa privada internacional a produzir petróleo no Brasil após a abertura do setor e segunda empresa em produção no país.
- Investimentos importantes nas áreas de gás natural e geração térmica de energia.

Em 2050, existirão 9 bilhões de pessoas, demandando cada vez mais energia. Em 2050, enquanto o mundo precisará do dobro de energia em relação a hoje para suprir sua demanda, as fontes convencionais ficarão cada vez mais difíceis de serem exploradas.

AS TRÊS DURAS VERDADES

1. Estamos vivenciando uma aceleração no ritmo de crescimento da demanda mundial por energia.
2. Petróleo e gás convencionais, de relativa facilidade de extração, não serão suficientes para se equiparar com esse ritmo de crescimento. Não haverá um fim súbito nos estoques de petróleo, mas muitos campos de produção convencionais entrarão em declínio justamente no momento em que a demanda estará elevada. Na realidade, a soma de todas as fontes de energia mundial, incluindo hidrocarbonetos e fontes alternativas, não será suficiente para satisfazer a demanda, a qual será parcialmente compensada por novos níveis de eficiência energética. Vamos precisar de toda a energia que pudermos gerar.
3. Danos ambientais, tanto devido às mudanças climáticas quanto à poluição local, estão aumentando.

- As duras verdades são difíceis de aceitar, mas não podemos ignorá-las — significa enfrentar duras escolhas sobre oferta e demanda de energia.
- Está claro que os caminhos tradicionais de uso de energia, *business as usual*, não são sustentáveis em termos de atender a demanda e não gerar efeitos potencialmente catastróficos de aumento de emissões.
- Ao passo que tecnologias estratégicas, tais como a captura e armazenamento de carbono (CCS), exercem papel-chave, mas não há solução única capaz de resolver o problema.
- Os governos e agentes reguladores decidem como o mundo responderá a estas verdades.
- Decisões tomadas nos próximos 5 anos causarão efeitos décadas à frente — consequências que moldarão o mundo nos próximos 50 anos — portanto, o tempo urge e exige que abordemos as verdades em conjunto.

A International Energy Agency (IEA) estima que em 2015, haja uma demandada de capacidade adicional de 37 milhões de barris de óleo ao dia, 13 milhões para suprir nova demanda e o resto para substituir a produção existente, que estará em declínio. Serão necessários diversos novos projetos de exploração e produção, e a produção de óleo será cada vez mais difícil.

Neste contexto, as novas descobertas no pré-sal terão importância fundamental para garantir o atendimento da demanda global por energia.

A Shell demonstrou interesse em áreas de pré-sal desde o início de suas operações no século XIX, devido à atratividade geológica das bacias sedimentares em armazenar óleo em depósitos de sal. Atualmente, a empresa é líder mundial em exploração e produção em campos no pré-sal, utilizando tecnologias avançadas de sísmica e perfuração adquiridas em suas operações ao redor do mundo. Atualmente, produz petróleo em campos no pré-sal relacionados abaixo:

- Groningen (NL) Sub-Salt — Mais de 40 anos; capacidade flexível de 2,8 mln boe/d; fator de recuperação ~ 95% planejado.
- Golfo do México — Princess — Descoberto em 2000; produção iniciada em 2002; lâmina d'água: 1,083 metros; profundidade do reservatório: 4,950-6,060 metros; camada de sal: ~1.500 metros; recuperação bruta total: 175 milhões de barris.
- Oman Sub-Salt — Petroleum Development Oman — parceria desde 1967; campos carburados intra e pré-sal; avanços tecnológicos (geociência integrada, tecnologia de perfuração); crescente fator de recuperação (EOR).
- Campo de Rabi Kounga, *off-shore* — Gabão, África Ocidental — operações desde 1969; pico de produção: 250 kbpd; região geologicamente análoga ao pré-sal brasileiro; reservas *off-shore* em águas ultraprofundas.

Sobre as atividades de exploração e produção no Brasil, desde 1998, a Shell investiu mais de US$ 2,8 bilhões em Exploração e Produção (E&P) no país. Em 2008, foram cerca de US$ 520 milhões em investimentos.

A Shell possui participação em 15 blocos, comercialização declarada no BS-4 (em dois campos, Atlanta e Oliva) e BC-10 (quatro campos: Ostra, Abalone, Nautilus e Argonauta) e um ativo em produção (Bijupira & Salema).

Muitos desses blocos *off-shore* têm potencial de pré-sal e os estamos perfurando desde 2008, e continuaremos em 2009 e 2010 junto aos nossos parceiros.

A Shell também mantém sua participação nas operações da Petrobras, no campo de gás de Merluza, na Bacia de Santos, descoberto e desenvolvido pela Pecten e em produção desde 1993, empresa do grupo Shell, durante o período que se operava através de contrato de risco.

Quando a existência do reservatório gigante de Tupi foi anunciado, no fim de 2006, o governo brasileiro colocou como uma das prioridades o desenvolvimento do novo marco regulatório para a exploração desta nova fronteira geológica, através da criação de um grupo interministerial, liderada pelo Ministério das Minas e Energia.

A Shell acompanha as atividades deste grupo e o Instituto Brasileiro de Petróleo (IBP) participa e apoia a sua posição sobre o assunto.

O modelo de concessão atual é reconhecido internacionalmente como balanceado e transparente, um sucesso comprovado, servindo também como base para outros países. A indústria acredita que bastam pequenos ajustes na legislação atual para permitir que o governo alcance seus objetivos, *vis-à-vis* as novas descobertas, incluindo maior controle das atividades e incremento da receita pública proveniente da extração do óleo, contribuindo assim para o desenvolvimento da indústria nacional.

É fundamental manter a estabilidade do marco regulatório no setor, através de regras claras e assegurando direitos e condições de contratos existentes.

Independente da nova regulação do pré-sal, é preciso que as rodadas de licitação sejam mantidas, incluindo áreas *on-shore* e *off-shore*, para assegurar a sustentabilidade da produção de petróleo no Brasil e gerar novas oportunidades de investimento, e consequentemente criando novos empregos em todos os estados da federação.

Os altos investimentos necessários para explorar o pré-sal exigem colaboração entre o Estado, dono dos recursos, e investidores públicos e privados, que detém tecnologia e capacidade financeira necessária para explorar essas descobertas.

Dentre as opções de energias alternativas de baixa emissão de CO_2, os biocombustíveis estão mais próximos dos negócios da Shell, e é a área de energia renovável onde o grupo acredita poder agregar maior valor a curto e médio prazo.

- A biomassa corresponde a aproximadamente 1% da matriz energética mundial.
- A agroenergia conduzida de forma sustentável pode aumentar significativamente esse potencial de utilização da biomassa na matriz energética. Alguns estudos indicam que pode chegar até a 30%. Nesse sentido, os biocombustíveis exerceram uma participação importante, principalmente nos combustíveis para transporte.

- A Shell é a maior comercializadora de biocombustíveis no mundo, superando 6 bilhões de litros em 2008. É uma das líderes em tecnologia de segunda geração, através de parcerias com Iogen, Choren e Cellana.
- A Iogen é a maior planta piloto que produz etanol de celulose, no caso a partir da palha do trigo, com capacidade de processamento de 30 toneladas de palha de trigo por dia.
- Em 2008, a Shell anunciou seis acordos de pesquisa e desenvolvimento em biocombustíveis com universidades ao redor do mundo. Em função da importância e experiência do Brasil na área de biocombustíveis, em setembro de 2008 foi assinado um contrato de pesquisa e desenvolvimento com a Unicamp, buscando desenvolver novos processos produtivos sustentáveis e novas matérias-primas, focando na melhoria de eficiência energética e redução de custos produtivos.
- A Shell sempre apoiou o desenvolvimento de novas formas limpas e sustentáveis de energia. No caso do Brasil, desde o Proálcool, através de investimentos em infraestrutura, a Shell apoiou o desenvolvimento do Programa. Mais recentemente, no programa do biodiesel, a Shell antecipou-se à obrigatoriedade que começou em 1º de janeiro de 2008, iniciando a comercialização de biodiesel em setembro de 2006.

Importante ressaltar que o cenário Blueprints, preferido pela Shell, prevê que a resposta ao desafio da energia será dada em um nível de cooperação global, de forma proativa e utilizando o bom senso no combate às mudanças climáticas. São criados incentivos e subsídios para redução das emissões de CO_2, transformando um mundo com turbulências e instabilidades políticas em um mundo que percorre caminhos menos intensivo no uso de energia, porém mantendo um forte crescimento econômico.

A Shell apoiará a criação de legislação de emissões de CO_2, determinando padrões unificados e políticas de longo prazo claras para nivelar o mercado, direcionando as forças competitivas a soluções mais eficientes no uso de energia. Para isso, seguirá seis caminhos de redução de emissões para contribuir no combate às mudanças climáticas. São eles:

1. Aumentar a *eficiência* das nossas operações.
2. Estabelecer capacidade substancial de *Captura e Armazenagem de Carbono* (CCS) (ex. ver a seguir).

3. Continuar a *pesquisa e desenvolvimento de tecnologias* que aumentem a eficiência e redução de emissões na produção de produtos de petróleo (ex. Gas to Liquids (GTL) na Malásia e no Quatar, projeto Toyota-Hino com apoio do governo japonês).
4. Desenvolver novas *fontes de energia com baixa emissão de CO_2*, incluindo gás natural e combustíveis alternativos (ex. biocombustíveis sustentáveis).
5. Contribuir no *gerenciamento da demanda por energia*, estimulando o crescimento do mercado por produtos e serviços que reduzam o consumo de energia e as emissões de CO_2 (ex. consumo de gás natural no mercado chinês).
6. *Trabalhar com o governo* e promover a necessidade de regulação de CO_2 mais eficiente (ex. comercialização de créditos de carbono).

O CCS consiste em um conjunto de tecnologias que permitem capturar o dióxido de carbono produzido em processos industriais e usinas de energia, separar, purificar e transportar este carbono até um depósito, no qual ficará permanentemente armazenado de forma comprimida, reduzindo assim a quantidade total de CO_2 livre na atmosfera e, consequentemente, mitigando os impactos das mudanças climáticas. Atualmente, nenhum país pratica a captura de CO_2. A Shell acredita que o carbono emitido por usinas a carvão e a gás possa ser capturado até 2050 em 90% em países desenvolvidos e 50% em países em desenvolvimento. Como projetos de CCS exigem investimentos altos e não geram nenhum tipo de lucro, o apoio dos governos é fundamental para que esta prática se torne viável em escala elevada, capaz de surtir efeito no nível de emissões globais. A Shell apoia a inclusão de projetos de CCS nos mecanismos de créditos de carbono.

O potencial do pré-sal permitirá multiplicar as reservas do país, colocando-o em posição estratégica e contribuindo com a sua independência energética. A Shell se preocupa em vencer o desafio da energia, e continuará investindo no país em busca de um futuro sustentável de energia.

Agradeço a oportunidade de participar desta mesa-redonda sobre as Oportunidades e Desafios do Petróleo, promovido pelo Instituto Nacional de Altos Estudos (Inae).

O modelo jurídico para o petróleo depois do pré-sal

Paulo Metri*

---
* Conselheiro da Federação Brasileira de Associações de Engenheiros.

A GRANDE DISCUSSÃO sobre o petróleo nacional, depois da descoberta do pré-sal, manteve-se, principalmente, sobre qual modelo jurídico e institucional deve ser adotado no setor, de forma a trazer o máximo de benefício para a sociedade brasileira. Desde 1997, vigora a Lei nº 9.478 neste setor, que revogou a Lei nº 2.004 e quebrou o monopólio estatal do petróleo. Assim, após 11 anos de experiência da lei substituta, nada mais natural do que se faça uma avaliação da mesma.

ONZE ANOS DA LEI Nº 9.478: QUAL A AVALIAÇÃO DO PERÍODO?

Nos objetivos da política energética nacional, constante do artigo 1º desta lei, busca-se satisfazer os "consumidores", porém não cita os "cidadãos". Os cidadãos não consumidores, por estarem abaixo da linha da pobreza, são no mínimo 30 milhões de pessoas. Na época em que a lei foi aprovada esse número era maior. Este fato é revelador, pois mostra o momento histórico no qual ela foi aprovada — no auge da adoção dos princípios neoliberais e da globalização de interesse dos países desenvolvidos, quando foram globalizados o mercado de produtos do mundo desenvolvido e o de capitais e, não, com a mesma abertura, o de produtos dos emergentes e, sem abertura alguma, o mercado de mão de obra.

Com esta lei, altera-se trocar, basicamente, o monopólio estatal e nacional por um oligopólio privado estrangeiro. Não consideraram que o monopólio estatal, com mecanismos de controle da sociedade, pode ser muito benéfico para esta, enquanto o oligopólio privado estrangeiro não pode ser controlado e beneficia pouco a sociedade.

Devido ao marco regulatório existente no setor de petróleo, caracterizado pela Lei nº 9.478 e, também, pelos contratos de concessão assinados pela Agência Nacional do Petróleo (ANP), o Brasil não tem a possibilidade de realizar ações geopolíticas e estratégicas com o petróleo aqui produzido por empresa privada, nacional ou estrangeira. Muitos países exportadores de petróleo utilizam a garantia de seu suprimento a outros países por períodos de médio prazo, como fator de troca ou convencimento em negociações internacionais.

Devido a esta lei, o Estado brasileiro não tem controle sobre o petróleo produzido no Brasil por empresas estrangeiras que decidem o seu uso, inclusive exportar para qualquer destino, sem a possibilidade do governo interferir. Se existisse o risco de desabastecimento futuro do país, o atual marco regulatório não garantiria a proibição da exportação causadora do risco. Mas, este cenário não deve se configurar, pelo menos, nos próximos 30 anos, graças às descobertas passadas e à do pré-sal realizadas pela Petrobras.

Deste modo, o modelo instituído no país no ano de 1997 permite uma enorme transferência de riqueza para o exterior, quando a produção de petróleo é feita por uma petroleira estrangeira. O Brasil é um dos países do mundo que menos taxa a produção de petróleo, o que pode ser comprovado pelo gráfico constante do encarte "Technologia", da revista *Ciência Hoje*, volume 27, nº 162. Segundo esta publicação, a participação governamental no Brasil é da ordem de 45% da receita líquida da produção de petróleo. A média desta participação para todos os países do mundo é 65% da mesma receita e a média para os países exportadores é 84%.

A postura entreguista da lei se coaduna com a era neoliberal e da globalização alheia, quando o fortalecimento dos Estados nacionais era visto como atitude de atraso, pois inibia o livre-comércio mundial, o que causaria um dano imenso para as nações. À época, era repetido, insistentemente, para os países em desenvolvimento, a necessidade de produzir bens sobre os quais tinham vantagem comparativa, basicamente produtos primários, e não criar barreiras protecionistas para os produtos dos desenvolvidos. Contudo, existiam e ainda existem, nos desenvolvidos, barreiras para os produtos do terceiro mundo. Estes últimos deviam permitir, também, segundo os dogmas impostos, o livre fluxo de capitais.

As decisões relativas ao setor de petróleo não podem se restringir a garantir o suprimento dos derivados à nossa sociedade a preços competitivos.

Trata-se de uma visão limitada pensar que as decisões acerca de um setor econômico devem ser tomadas buscando-se satisfazer, somente, as demandas de produtos do setor. Assim, na tomada de decisões do setor de petróleo, devem ser atendidas diversas políticas públicas, como, por exemplo, maximizar as compras de bens e serviços locais, desenvolver no país o máximo de tecnologia, gerar o maior número de empregos locais, garantir o suprimento de curto, médio e longo prazos de combustíveis ao país e minimizar o impacto ao meio ambiente.

Resumidamente, as empresas estrangeiras de petróleo, instaladas no Brasil depois do advento da Lei nº 9.478, em comparação com a Petrobras da época do monopólio ou, mesmo, com a Petrobras atual, compram um mínimo localmente, não desenvolvem tecnologia no país, sequer contratam engenharia e, como norma, empregam poucos brasileiros. E como todas as outras empresas, pagam poucos tributos ao país. Infelizmente, não existe uma avaliação da Lei nº 9.478 realizada por um fórum isento, como uma universidade, apesar dos vários anos de experiência dela.

Aqueles que se locupletam com o modelo imposto por esta lei, manipulam a opinião pública, ao lançarem frases, aparentemente corretas, do tipo: "Graças à nova lei do petróleo, de 1997, quando ela foi aprovada, até 2007, a participação deste setor no PIB passou de 2% para 10%."

Deve ser lembrado que o valor do produto do setor de petróleo, em determinado ano, é função dos preços do petróleo, do gás natural e de derivados, no ano considerado, que são influenciados pelo preço do barril no mercado mundial, bem como é função dos volumes produzidos destes produtos, no país, no respectivo ano. Em 1997, o preço médio do barril foi de US$ 19 e, em 2007, chegou a US$ 70, correspondendo a um crescimento de 268% nos 10 anos. Em 1997, a produção brasileira média de petróleo foi de 868 mil barris por dia e, em 2007, atingiu 1,833 milhão de barris por dia, o que significa uma subida de 111% no período de 10 anos. Como quase todos os campos que entraram em operação no decênio em análise foram descobertos durante a vigência do monopólio estatal, pode-se dizer que mais de 95% do grande acréscimo da participação do setor do petróleo no PIB não foi consequência da Lei nº 9.478.

Outra manipulação da opinião pública é dizer que "graças à Lei nº 9.478, o Brasil atingiu a autossuficiência em petróleo". Como já citado, o acréscimo da produção, que permitiu a autossuficiência ser atingida, é decorrente, na sua quase totalidade, de descobertas ocorridas na fase do monopólio estatal, ou seja, se não tivesse ocorrido descoberta alguma no decênio em questão, atingiríamos a autossuficiência de qualquer forma.

Defender a existente lei do petróleo, que se originou no pensamento neoliberal e da globalização de interesse de outros, dos anos de 1980 e 1990, cujos danos são, hoje, fortemente sentidos pelas sociedades dos países em desenvolvimento, trata-se de um anacronismo. Deve-se mudar a Lei nº 9.478, também, porque ela não obriga que políticas públicas de interesse da sociedade sejam atingidas, só valorizando o objetivo de maximizar a produção de petróleo do Brasil, no mais curto prazo possível, mesmo sem mecanismos que permitam adequar a curva de produção de petróleo do país à sua curva de demanda de médio e longo prazo. Após a descoberta do pré-sal, este fato não tem mais a relevância que tinha anteriormente, e, durante 10 anos, a demanda futura não possuía sequer uma base.

QUE MODELO UTILIZAR NO PRÉ-SAL?

Cerca de 90% do petróleo produzido no Brasil são de campos marítimos. Os investimentos em blocos marítimos são muito superiores aos investimentos em terra. Nestes blocos marítimos, a competição ocorre, basicamente, entre empresas estrangeiras e a Petrobras. Nos blocos terrestres, a produção de cada campo tende a ser muito menor que a dos campos marítimos. Para os blocos terrestres, poderá ser projetado um modelo que privilegie a participação de empresas privadas genuinamente nacionais.

Existe uma unanimidade entre organizações sociais progressistas e democráticas: "Os blocos ainda não licitados da área do pré-sal não poderão ser licitados pela ANP seguindo a Lei nº 9.478 e nem utilizando os contratos padrões desta Agência, que foram usados até hoje, em todas rodadas, por serem altamente lesivos aos interesses da sociedade brasileira." Enfim, leiloar blocos do pré-sal, nas regras atuais, é quase o mesmo que conceder campo de petróleo, contendo bilhões de barris.

A proposta de sindicatos e entidades de classe do setor e de dezenas de entidades da sociedade civil, congregados na campanha "O petróleo tem de ser nosso", é: "Todos os blocos ainda não licitados da área do pré-sal devem ser entregues, sem licitação, para a Petrobras para ela os explorar, desenvolver campos e produzir petróleo, por ser a proposta socialmente mais atrativa. Mudanças nas leis, que se contrapõem a esta posição, devem ser providenciadas."

O argumento mais utilizado contra esta proposta é que cerca de 60% das ações da Petrobras são hoje, de acionistas privados e, ao se entregar blocos do pré-sal para ela, o lucro estará sendo entregue para entes privados. Com uma empresa nova a ser criada, de capital exclusivo da União, para receber os blocos ainda não licitados do pré-sal, esta perda não aconteceria. Esta nova empresa será, aqui, chamada de Petro-Sal.

Analisando o argumento contra a entrega do pré-sal para a Petrobras, o lucro que dá origem aos dividendos distribuídos pela empresa é obtido após a retirada de diversas reservas e, além disso, nos últimos anos, a Petrobras somente paga dividendos aos acionistas, o mínimo que a lei das SAs determina, que é 25% do lucro depurado. Assim, a Petrobras pagou aos acionistas privados somente 60% de 25% deste lucro, que é igual a 15%.

Os jornais publicam que o governo criará a Petro-Sal e ela entregará, diretamente, alguns blocos para a Petrobras e empresas privadas explorarem e produzirem petróleo, assinando contratos de partilha do lucro da produção, entregue em petróleo. Com relação aos demais blocos, ela os leiloará entre a Petrobras e empresas privadas, que oferecerão, para arrematar um bloco, o percentual que caberá ao governo na partilha, ganhando aquela que oferecer o maior percentual. Pela experiência internacional, o percentual que é oferecido ao Estado, em regiões produtoras, é da ordem de 85%.

Desta forma, é injustificado o principal argumento para a criação da Petro-Sal, pois, quer sejam entregues os blocos não licitados para a Petrobras ou a Petro-Sal, a parcela do lucro que irá para o âmbito privado são, sempre, 15%. No entanto, no caso da Petrobras, os 15% são calculados sobre uma base menor.

A proposta de criação da Petro-Sal acarreta um prejuízo, que não se está lembrando. A Petrobras é uma empresa de sucesso em razão de sua enorme capacidade de desenvolver tecnologia conquistada por seu faturamento, na época do monopólio, não depende de competições para conseguir contratos. Os investimentos em desenvolvimento tecnológico são os primeiros a serem cortados pelas empresas para ganharem concorrências. Schumpeter considerava a concentração econômica como um dos requisitos fundamentais para o progresso tecnológico.

O argumento das empresas estrangeiras, que a Petrobras não tem o capital requerido para a produção do pré-sal, só é verdadeiro, se for aceita a velocidade das atividades que as empresas querem imprimir. Se a Petrobras utilizar parte do próprio lucro do negócio, poderá investir sozinha, mas, logicamente, em uma velocidade de implantação menor. Assim, o mesmo conjunto de sindicatos e entidades de classe do setor e de entidades da sociedade civil, congregados na campanha "O petróleo tem de ser nosso", reivindica que a Petrobras seja a operadora única do pré-sal, imprimindo velocidade de exploração, desenvolvimento e produção que interessa à sociedade brasileira. Nesta alternativa, os recursos requeridos não espelharão a extrema velocidade que é de interesse dos países importadores e das empresas estrangeiras. Os prazos existentes nos contratos da ANP terão de ser reformulados.

Outra recomendação do mesmo conjunto de entidades vincula-se as ações da Petrobras, colocadas erradamente à venda na Bolsa de Nova York, no governo Fernando Henrique Cardoso, que devem ser recompradas, paulatinamente, pela União para a empresa reconquistar graus de liberdade e poder assumir, na plenitude, seu papel de sucesso de empresa pública. O Fundo Soberano Brasileiro do Petróleo criado no exterior poderá usar seus recursos para esta recompra.

Sobre a proposta da ANP e do IBP, que somente a alíquota da participação especial deve ser alterada, por decreto, e a Lei nº 9.478 não deve ser mexida, pode-se dizer que ela é inviável. Esqueceram que os "usos" arrecadados são definidos nesta lei e, sem mudanças, nenhum recurso poderá ser alocado em educação, saúde, combate à pobreza etc., como desejam o presidente Lula e a população brasileira. Enquanto isto, municípios irão inaugurar até chafarizes banhados de ouro, pois, hoje, com menor arrecadação, tem município que construiu calçada litorânea de porcelanato.

Sobre o aumento de tributação, proponho que não haja nenhum aumento de *royalty* e de participação especial e que seja criado um imposto pesado, sobre a exportação de petróleo cru, e outro, mais brando, sobre a exportação de derivados. O *royalty* e a participação especial aumentam o preço de produtos e serviços para o consumidor brasileiro, enquanto o imposto de exportação diminuirá o lucro do exportador.

O professor Ildo Sauer da Universidade de São Paulo (USP), ex-diretor da Petrobras, propõe que a União contrate a Petrobras, por meio da ANP ou do Ministério de Minas e Energia (MME), para fazer cerca de 100 perfurações na região do pré-sal, que possibilitarão uma melhor tomada de decisão sobre o novo marco regulatório. O custo destes furos será pequeno, quando comparado ao ganho que a melhoria da decisão proporcionará. Esta proposta do professor Ildo Sauer pode ser implementada já, sem a necessidade de adotar um dos modelos jurídico-institucionais. O momento atual de recessão mundial, com o adiamento da chegada ao inexorável pico da produção mundial de petróleo, é uma péssima hora para definição de novo marco regulatório, que definirá contratos que valerão por 30 anos.

Por tudo que foi exposto, o melhor para a sociedade brasileira é a entrega dos blocos ainda não licitados do pré-sal à Petrobras, que seria, também, a operadora única de toda esta área. Contratos já assinados pela ANP com as empresas serão honrados e, assim, será preciso unitizar alguns campos no pré-sal.

Sendo bem aproveitada, a riqueza do pré-sal permitirá a expansão da cadeia produtiva do petróleo e a elaboração e implementação de um novo plano nacional de desenvolvimento, que possibilitará melhoria substancial da qualidade de vida do brasileiro. O brasileiro ainda terá quantas oportunidades iguais a esta?

SEGUNDA PARTE

PLANO DE AÇÃO, II: NOVOS AVANÇOS NA MATRIZ ENERGÉTICA E NA INFORMÁTICA

Novos avanços em nossa matriz energética

*Edison Lobão**

---
* Ministro de Minas e Energia.

Por suas características de clima, relevo, hidrografia, e pela própria extensão territorial, o Brasil é privilegiado em fontes de energia, o que assegura ao país sua independência energética.

Essas características ainda oferecem um corolário de oportunidades para a exploração racional e equilibrada de seus recursos naturais. Dessa forma, para a obtenção de energia, o Brasil possui uma posição destacada em relação aos outros países no que diz respeito às interferências climáticas.

Assim, há uma *matriz energética* que está entre as mais limpas de todo o planeta, com 46% de energia renovável, enquanto no mundo, em média, essa participação é de 14%.

Especificamente à *matriz de energia elétrica*, os percentuais são ainda mais significativos, pois quase 90% da oferta de energia elétrica são de origem renovável. No mundo, o percentual é de 18%.

Somos beneficiados por uma extensa malha de rios, que elege a fonte hídrica como vocação natural do país para a geração de energia elétrica, atingindo um potencial estimado de 263 mil MW. Ainda não exploramos sequer 30% desse potencial, cuja maior parte está situada na Amazônia.

A bacia hidrográfica Amazônica é a maior do mundo, com quase 4 milhões de km² de extensão em terras brasileiras e 25 mil km de vias fluviais.

Por suas características, singulares em todo o mundo, a implantação de projetos hidrelétricos na Amazônia, constitui-se um grande desafio por exigir soluções especiais.

O Brasil possui longa e reconhecida experiência nesses projetos, especialmente na Amazônia, tanto que se destaca mundialmente entre os países com maior *expertise* em aproveitamentos hidrelétricos.

A inclusão de empreendimentos no contexto econômico e social da região tornou-se regra no setor elétrico. As usinas planejadas para essa região têm projetos que apresentam pequenos reservatórios, reduzindo a interferência e os impactos sobre as populações e o meio ambiente.

Além disso, a legislação recente obriga a apresentação de Licença Ambiental Prévia para que projetos de usinas hidrelétricas participem dos leilões de energia de novos empreendimentos, realizados anualmente.

Dessa forma, o país não pode deixar de priorizar e até intensificar o uso de sua fonte mais limpa, renovável e barata: a hídrica.

O plano nacional de energia para 2030, conduzido pelo Ministério de Minas e Energia, prevê que deverão ser mantidas as atuais proporções entre renováveis e não renováveis na matriz energética. Ou seja, um valor em torno de 45% a 46% de energia renovável. Enquanto que no mundo, essa participação não alcança a 14%, sendo que nos países mais desenvolvidos da Organização para a Cooperação e Desenvolvimento Econômico (OCDE), esse percentual está em torno de 6%.

Apesar da enorme vantagem competitiva da fonte hídrica para a geração de energia elétrica, não pode-se descuidar de novas e muito promissoras fontes alternativas, as quais deverão ter sua participação em crescimento na matriz energética e na matriz nacional de energia elétrica.

De fato, os avanços tecnológicos e o esgotamento de outras fontes ocasionaram alternativas interessantes. Entre essas fontes cito a eólica, que cresceu na matriz de energia elétrica de diversos países.

Na Espanha, onde estive a convite do governo espanhol, pude visitar diversas instalações e laboratórios de pesquisa na área da energia dos ventos. A Espanha apresenta hoje a terceira maior capacidade instalada dessa fonte, somente atrás dos Estados Unidos e da Alemanha. São quase 17 mil MW instalados em usinas eólicas.

O Brasil tem mais de 8 mil quilômetros de área costeira voltada para o oceano Atlântico, cujo regime de ventos fortes e constantes propicia um elevado potencial de exploração da energia eólica. Estima-se mais de 140 mil MW de potencial eólico a ser implantado.

Ressalta-se que este valor é superior a atual capacidade total instalada no sistema elétrico brasileiro.

Entretanto, no que diz respeito à energia eólica, o Brasil possui hoje um parque gerador ainda modesto, próximo a 400 MW, mas com excelente perspectiva de crescimento, em razão de seu potencial de ventos. Assim, há mais de 1.400 MW contratados em 54 empreendimentos eólicos, que devem operar nos próximos anos.

Para que esse crescimento seja viável é necessário que o custo da geração eólica seja reduzido para competir com outras fontes, que, no Brasil, ainda são economicamente mais adequadas.

Deve ser observado que, em diversos países da Europa e nos Estados Unidos, as demais fontes de geração estão esgotadas e caras, como no caso da fonte hidrelétrica, justificando e viabilizando a adoção de fontes como a eólica em larga escala.

Visando incentivar a instalação de novos projetos eólicos no país, estamos programando a realização anual de leilões exclusivos para usinas de fonte eólica. Em 2009, o leilão está programado para o mês de novembro.

Entretanto, a energia eólica é uma forma de energia complementar, não pode se tornar uma solução de curto prazo para o suprimento de energia elétrica em um sistema do porte do mercado brasileiro.

Outra fonte com expressiva tendência de crescimento em nossa matriz energética é a agroenergia, a chamada energia verde.

Faço referência ao etanol, ao biodiesel e à biomassa para geração de energia elétrica. A produção brasileira de etanol deverá crescer 150% nos próximos 10 anos, partindo de 27 bilhões de litros, em 2008, para 64 bilhões, em 2017.

Esse crescimento permitirá que, o Brasil possa consolidar-se como o maior exportador de etanol do mundo.

É importante destacar que, se usado em substituição à gasolina, o etanol de cana-de-açúcar é capaz de reduzir em 73% as emissões de dióxido de carbono na atmosfera (o CO_2 é o principal gás causador do efeito estufa).

Note-se que, hoje, quase 90% dos veículos leves comercializados no Brasil usam a tecnologia *flex fuel*, mistura de etanol e gasolina em qualquer proporção. Além disso, a gasolina consumida no Brasil já tem 25% de mistura de álcool. Dessa forma, os produtos de cana-de-açúcar deverão ter sua participação elevada de 16% hoje para quase 19% na matriz energética.

O biodiesel poderá ter seu percentual de mistura ao diesel de petróleo ampliado dos atuais 3% para 5% a partir de 2010, anteriormente prevista para 2013. Sua produção no Brasil, em 2008, alcançou cerca de 1,2 bilhão de metros cúbicos. A capacidade instalada, em 40 usinas produtoras, é de 3,3 bilhões de metros cúbicos, quantidade suficiente para a mistura ao diesel acima de 5%.

É também relevante ressaltar a evolução do uso da biomassa, especialmente o bagaço da cana-de-açúcar para a produção de energia elétrica. O Plano Nacional de Energia 2030 prevê que a participação da biomassa se mantenha ao redor de 4% na matriz de energia elétrica com uma participação de 6.400 MW, somente com o uso de bagaço da cana-de-açúcar. Entretanto, há estimativas de que o potencial nos estados produtores de cana-de-açúcar alcance mais de 10 mil MW, a serem incorporados em prazos bem menores.

De fato, o interesse demonstrado pelos investidores no leilão de energia elétrica de reserva, realizado em agosto de 2008, permite afirmar que essas expectativas tendem a ser amplamente superadas.

Somente em função desse leilão, houve um acréscimo de 2.400 MW de potência proveniente de empreendimentos de biomassa, cuja energia será entregue a partir de 2009 e de 2010.

O Brasil é um país que ainda possui em sua matriz energética a lenha e o carvão vegetal com uma participação em torno de 12%. Na medida em que novos processos industriais e o crescimento econômico de determinadas camadas da população ocorram na economia, como um todo, a tendência é que a participação do carvão vegetal e da lenha seja reduzida. De fato o Plano Nacional de Energia 2030, indica que ao final desse horizonte esta proporção deve cair para 5%.

Com relação ao gás natural, sua participação deverá ter um crescimento significativo. Para a geração de energia elétrica, por exemplo, na matriz elétrica, crescerá de atuais 3% para mais de 9%.

É importante realçar o papel da energia nuclear para a geração de energia elétrica. No Brasil há uma participação pequena de 2,6% na matriz elétrica, representada pelas duas usinas de Angra. Entretanto, a fonte nuclear, deixada em segundo plano em diversos países do mundo, é retomada e considerada como uma fonte eficiente e limpa para a geração de energia elétrica. Por exemplo, a França possui 58 usinas nucleares, que representam 79% da energia produzida no país.

Com a moderna tecnologia construtiva, o equacionamento das questões inerentes aos rejeitos e a capacidade de operar quase 90% do seu tempo na base do sistema elétrico, tornam atrativa a energia nuclear.

O Brasil domina todo o ciclo produtivo e tem a sexta maior reserva mundial de urânio. Assim, a projeção da matriz de energia elétrica prevê um aumento da participação dessa fonte de 2, 6%, hoje, para mais de 4%, em 2030.

Por fim, os estudos desenvolvidos, sob orientação do Ministério de Minas e Energia, ainda não contemplam as prováveis reservas de petróleo e gás do chamado Pré-Sal e sua utilização como energético.

As significativas descobertas de petróleo na costa brasileira, na área do pré-sal, têm chamado atenção do mundo que necessita de energia e de suprimento confiável. As poucas áreas até então avaliadas nos sinalizam que o Brasil, no mínimo, dobrará suas reservas provadas de petróleo.

As expectativas são bem maiores, mas aguarda-se o avanço dos trabalhos de pesquisa e avaliação. Espera-se que o Brasil disponha de uma das maiores reservas de petróleo do mundo e, que se consolide com expressiva importância no contexto energético e na geopolítica mundial.

Estão em construção 15 plataformas marítimas para a exploração e produção de petróleo e gás natural, que serão localizadas predominantemente nas Bacias de Campos, Santos e Espírito Santo. Tais instalações deverão contribuir para que o país alcance a meta de produção de 2,6 milhões de barris de petróleo/dia, em 2010, e a incorporação de 800 milhões de barris de petróleo em reservas por ano.

No setor de refino, as refinarias existentes recebem investimentos para melhoria na qualidade dos produtos e maior participação do processamento de petróleo nacional pesado, além de aumentar a capacidade nacional de refino em 100 mil barris/dia de petróleo.

Com o objetivo de atender à demanda por derivados de petróleo, encontra-se em construção, em Pernambuco, a Refinaria Abreu e Lima, que processará 200 mil barris/dia. Além dela, a Petrobras planeja construir outras três refinarias nos estados do Maranhão, Ceará e Rio Grande do Norte, que agregarão mais 980 mil barris/dia à capacidade nacional de refino.

Diante desse contexto e dos cenários futuros, deixo uma mensagem de confiança e otimismo a todos, dizendo que o suprimento de energia ao mercado brasileiro está garantido dentro do que poderíamos chamar de "horizonte visível" do planejamento. A estruturação organizacional do setor energético, as regras claras, fixadas em um marco regulatório estável e a atratividade de investimentos na área de energia permitem que se faça tal afirmação.

Energias alternativas para propulsão veicular: pesquisa e desenvolvimento no Brasil

*Sergio Machado Rezende**

* Ministro da Ciência e Tecnologia.

INTRODUÇÃO: VISÃO DO USO DE ENERGIA NO MUNDO E NO BRASIL

SEGUNDO O *INTERNATIONAL Energy Outlook — 2008*, publicado pelo Departamento de Energia dos Estados Unidos (DOE), o consumo de energia no mundo em 2005 foi de 462 quadrilhões de Btu. Este valor corresponde a 11,3 trilhões de tep, ou a 135,4 milhões de GWh. O documento aponta, ainda, a tendência de crescimento para as próximas décadas, prevendo que, se forem mantidas as condições atuais, as necessidades de energia para o ano de 2030 aumentarão em cerca de 50%, atingindo um consumo de 695 quadrilhões de Btu (Gráfico 1).

GRÁFICO 1
CONSUMO DE ENERGIA NO MUNDO

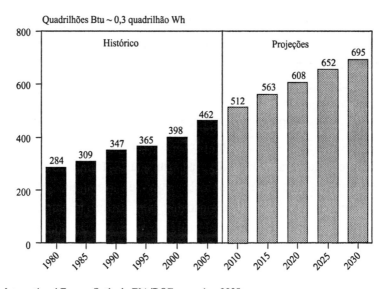

FONTE: International Energy Outlook, EIA/DOE, setembro 2008.

As fontes mais importantes para suprir energia no mundo são os combustíveis líquidos, o carvão mineral e o gás natural. Segundo o relatório, essa predominância será mantida nos próximos anos. A energia hidrelétrica, que é uma das grandes vantagens competitivas do Brasil, representa pouco mundialmente, apenas um décimo da contribuição do petróleo.

Os quatro principais países em desenvolvimento (Brasil, Rússia, Índia e China — BRIC) contabilizarão aproximadamente 2/3 do crescimento da demanda de energia, pois necessitam levar as condições mínimas de conforto energético às parcelas consideráveis de sua população.

Naturalmente, associada à produção de energia, principalmente às não renováveis, ocorre a emissão de gases de efeito estufa. O mais relevante é o dióxido de carbono (CO_2), contudo há outros poluentes como os óxidos de enxofre e de nitrogênio, denominados SOx e NOx, além de materiais particulados. Portanto, um dos grandes desafios da humanidade é desenvolver a capacidade de gerar a energia necessária para seu consumo futuro de forma sustentável para o planeta.

A geração de energia necessária ao crescimento e seu uso inteligente requerem a implementação de políticas, a elaboração de leis e a realização de pesquisa e desenvolvimento para que haja disponibilidade de energia sem a emissão de gases de efeito estufa na mesma proporção observada até o momento. Caso contrário, o planeta estará em uma situação muito mais delicada dentro de 100 anos, para dizer o mínimo.

Ainda segundo o relatório do DOE, a distribuição do consumo de energia no mundo por setor de atividade é dominada pelo setor industrial, seguido do setor de transportes. O transporte é responsável por quase 30% da utilização de energia de todo o mundo, sendo maior que os setores residenciais e comerciais juntos.

Com relação ao Brasil, o Gráfico 2 elaborado pela Empresa de Pesquisa Energética (EPE), mostra a distribuição por fonte da energia usada em 2005 e a sua projeção para 2030. Observa-se um aumento previsto da utilização de combustíveis renováveis (biocombustíveis) e das energias renováveis, gás natural e energia nuclear. Além disso, projeta-se a redução proporcional do uso de petróleo, lenha e carvão vegetal.

O consumo de energia no Brasil (2005) era de 219 Mtep, correspondendo a 1,9% do consumo mundial. Esse 1,9% corresponde, também, à participação do Brasil na economia mundial. No caso da produção científica brasileira, ela também correspondia a 1,9% da produção mundial, mas em 2008 saltou para cerca de 2,1%, segundo dados da Thompson Reuters.

Para 2030, a EPE projeta um aumento superior a 100% na energia utilizada, mas mantém a participação importante das energias renováveis que passarão de 44,5%, em 2005, para 46,6%, em 2030, apesar do consumo energético total dobrar no mesmo período — o que demonstra o quanto as energias renováveis são importantes para o Brasil.

GRÁFICO 2
CONSUMO DE ENERGIA NO BRASIL POR FONTE

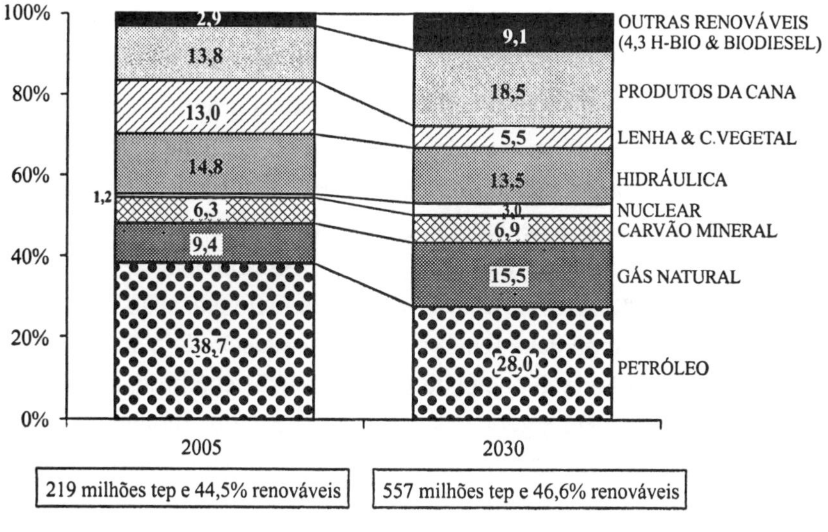

Fonte	2005	2030
OUTRAS RENOVÁVEIS (4,3 H-BIO & BIODIESEL)	2,9	9,1
PRODUTOS DA CANA	13,8	18,5
LENHA & C. VEGETAL	13,0	5,5
HIDRÁULICA	14,8	13,5
NUCLEAR	1,2	3,0
CARVÃO MINERAL	6,3	6,9
GÁS NATURAL	9,4	15,5
PETRÓLEO	38,7	28,0

219 milhões tep e 44,5% renováveis | 557 milhões tep e 46,6% renováveis

FONTE: EPE.

Em relação ao consumo final por setor no Brasil, a situação não é muito diferente do perfil mundial. Ainda conforme a EPE, a previsão é o aumento da demanda no setor de transportes, crescendo de 30% para 34% até 2030, ou seja, o transporte tanto no Brasil quanto no mundo tem uma participação muito importante no consumo final de energia.

O Brasil possuía, em 2007, cerca de 25,3 milhões de veículos, correspondendo a 2,5% do total mundial, ou seja, cerca de 1/10 da frota americana, que é de aproximadamente 250 milhões. Essa grande diferença advém do fato de que os norte-americanos têm aproximadamente um veículo para cada habitante enquanto os brasileiros têm um para cada oito. Mesmo com uma frota relativamente pequena em relação a outros países, o Brasil deveria realizar mais esforços para prover mais incentivos aos transportes coletivos, por ser uma opção mais eficiente, tanto no aspecto energético quanto em relação à sustentabilidade.

A indústria automobilística é importante e sempre foi utilizada como promotora do desenvolvimento, entretanto faltam políticas que realmente evitem que o Brasil siga os passos dos Estados Unidos no setor de transporte. Dos 25,3 milhões de veículos no Brasil, 20 milhões são automóveis, 1,5 milhão são caminhões, 3,4 milhões são veículos comerciais leves e apenas 0,4 milhão são ônibus.

ALTERNATIVAS PARA PROPULSÃO VEICULAR

O setor de transportes tem como característica própria a elevada demanda por combustíveis fósseis, em especial os derivados de petróleo. Um dos grandes desafios da sociedade contemporânea é o desenvolvimento de novos combustíveis, ou fontes de energia, que possam substituir tais derivados, independentemente de sua oferta atual e futura. As principais forças mobilizadoras para esse desenvolvimento passam pela racionalização do uso dos recursos naturais disponíveis, sendo a possível exaustão do petróleo no século XXI a mais importante, o que pode favorecer a sustentabilidade em todas as suas dimensões, seja energética, econômica, social ou ambiental.

No momento, as alternativas mais viáveis para propulsão veicular são os biocombustíveis e os veículos elétricos, a curto prazo, e o hidrogênio, a médio prazo. Há novas oportunidades para o Brasil, que exigem grande esforço de pesquisa e desenvolvimento por parte da comunidade de ciência e tecnologia, mas com fundamental participação do setor empresarial. A inovação na empresa é uma das prioridades da atual política de ciência e tecnologia, por ser ela que possibilita transformar conhecimento e tecnologia em produtos e serviços de alto valor agregado e que dinamizam a economia.

BIOCOMBUSTÍVEIS

Há anos a política de Estado do Brasil optou pela utilização dos biocombustíveis como uma alternativa energética viável para o uso veicular.

No Gráfico 3, o álcool (etanol) representa hoje 22% do total de combustíveis, a gasolina próxima a mesma fração, sendo o óleo diesel, o mais utilizado com uma demanda de 51% do total. O biodiesel ainda detém apenas uma pequena fração tendendo aumentar, com o aumento da proporção do biodiesel misturado ao diesel fóssil, que a partir de julho de 2009 passará de 3% para 4%.

Destaque cabe ao gás natural veicular (GNV) cuja utilização cresceu muito nos últimos anos devido aos incentivos governamentais, principalmente em frotas de taxi e veículos leves de serviços nas grandes cidades.

Essa diversificação de combustíveis automotivos, aliada a posição do Brasil de autossuficência do petróleo confere ao país uma posição privilegiada em termos mundiais e, de certo modo, cria uma certa blindagem à instabilidade dos preços e do fornecimento de petróleo.

GRÁFICO 3
ESTRUTURA DO CONSUMO NO SETOR DE TRANSPORTE BRASILEIRO

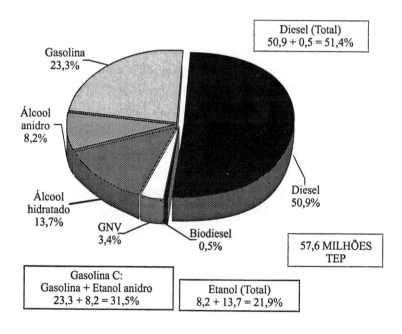

FONTE: Balanço Energético Nacional-EPE, 2007. Ministério de Minas e Energia (MME).

Esse quadro representa o fato de que o Brasil é hoje, reconhecidamente, o país que mais consistentemente utiliza biocombustíveis em sua matriz de transportes; em razão da natureza que deu ao país muitas terras aráveis, água abundante e muito sol. Toda energia contida no biocombustível origina-se no sol, devido ao processo vegetal de converter energia solar em energia biológica (processo de fotossíntese), que, eventualmente, pode ser utilizada nos combustíveis líquidos.

No início, durante a implantação do Programa Proálcool houve um grande esforço de desenvolvimento e de aprendizado. As dificuldades foram vencidas e hoje o país colhe os frutos que foram plantados há três décadas. O uso de etanol no Brasil em veículos leves é tido como o maior e melhor programa mundial de substituição de combustíveis fósseis líquidos. Naturalmente o sucesso é devido a participação da sociedade brasileira, com papel destacado para o setor empresarial e para a comunidade de C&T. Em qualquer área da economia na qual se implemente uma política de desenvolvimento é fundamental o envolvimento, e mais, o engajamento direto do setor empresarial e dos brasileiros que acreditaram e adquiriram veículos a álcool.

Voltando ao fato de que a energia dos biocombustíveis provêm do sol, as plantas como conversores de energia solar não apresentam boa eficiência de conversão. Ela é da ordem de 0,5% da energia solar recebida durante toda vida da planta. Já as células solares fotovoltaicas são muito mais eficientes do que as plantas, porque têm fator de conversão entre 12% e 18%. Essa é uma área na qual o mundo está investindo muito e há espaço para o desenvolvimento de sistemas com maior eficiência. O programa brasileiro de produção de álcool obtém sucesso por ser baseado na cana-de-açúcar, uma das plantas mais eficientes na conversão de energia. No caso do biodiesel, a grande vantagem competitiva é nossa biodiversidade que nos permite ter dezenas de oleaginosas viáveis, além das matérias-primas residuais, tais como os óleos de fritura, e os resíduos das atividades de pecuária.

O etanol (puro ou em mistura com gasolina) e o biodiesel (puro, como mistura ou como aditivo ao diesel) são utilizados em motores à explosão convencionais que são altamente ineficientes. Para 100% de energia contida no combustível, apenas 12,6% é aproveitada para tração e movimento. O resto é perdido sob a forma de calor ou na ineficiência de seguidas conversões. Ou seja, as perdas são muito grandes. Essa eficiência é ainda menor na medida em que, nas grandes metrópoles, os veículos param, por muito tempo, com os motores ligados, principalmente em decorrência do trânsito.

Sumarizando, os biocombustíveis têm como vantagens o fato de serem renováveis, promoverem o desenvolvimento econômico e social (na medida em que geram muitos empregos no campo e no Brasil), de produzirem menores emissões de gases de efeito estufa (do que os derivados de petróleo) e promovem a segurança energética para os países que não têm petróleo mas área e clima para plantar. Como desvantagens apresentam a baixa eficiência de conversão da energia solar, a baixa eficiência inerente aos motores a combustão, o fato de que poucos países dispõem de solo e clima na quantidade e qualidade adequadas, além da competição com os alimentos. Sobre isto, os biocombustíveis não representam um problema para o Brasil, na medida em que o Brasil tem grandes extensões territoriais e a parcela destinada às plantas que produzem biocombustíveis é muito pequena em relação ao total do território nacional.

Veículos elétricos

A utilização da eletricidade para propulsão veicular já é conhecida e praticada há tempo. Faz parte do cotidiano a visão de *trolleybus*, trens elétricos, bondes e metrôs, nos quais a energia provém diretamente da rede elétrica durante o trajeto do veículo e é transmitida através de fios ou dos trilhos.

Os veículos elétricos autônomos (não interligados a rede) remontam seu primeiro exemplo no início do século XIX com um automóvel elétrico desenvolvido em 1900 por Ferdinand Porshe (Figura 1). Com o tempo a grande densidade de energia existente nos combustíveis fósseis em comparação com a das baterias, fez com que a tração elétrica fosse substituída pelo motor a combustão para a maioria das aplicações.

Figura 1
VEÍCULO ELÉTRICO HÍBRIDO DE 1900

Hoje em dia, os veículos elétricos (Figura 2) são encontrados em diferentes tecnologias, tamanhos e aplicações, utilizados onde suas características únicas são necessárias.

FIGURA 2
VEÍCULOS ELÉTRICOS ATUAIS

Existem várias concepções de veículos elétricos, desde os interligados à rede elétrica, como metrôs, até os que utilizam tecnologia combinada de motores a combustão e motores elétricos, os chamados veículos híbridos.

O tipo mais tradicional de veículo elétrico é o veículo elétrico a bateria (VEB), em que toda a energia está armazenada na bateria e o motor para tração do veículo é inteiramente elétrico. Naturalmente, quando a bateria é recarregada, ela está usando a energia que foi produzida em outro lugar. Caso esta energia da bateria seja gerada por uma fonte termoelétrica fóssil, o veículo continua contribuindo negativamente para o clima da Terra.

Outra concepção é o veículo elétrico híbrido (VEH). É um veículo que possui um conjunto composto de motor a combustão interna, gerador elétrico, conjunto de baterias e motor elétrico que trabalham juntos para a propulsão. Na partida e em baixas velocidades, o motor elétrico traciona o veículo. À medida que são necessários maiores potências ou cargas da bateria o motor a combustão parte automaticamente auxiliando a tração do veículo. Esses veículos, normalmente, dispõem de frenagem regenerativa na qual a energia despendida na frenagem é recuperada para carregar a bateria. Os veículos híbridos atualmente possuem um rendimento em torno de 25 km por litro de combustível.

Um dos grandes problemas limitadores dos veículos elétricos, desde sua origem, são as baterias. Responsáveis por armazenar a energia para propulsão do veículo, as baterias necessitam atender a uma série de requisitos, que muitas vezes são conflitantes entre si e que as tecnologias atuais ainda não conseguem prover. Um dos maiores problemas está na baixa relação da energia armazenada por peso e volume, fazendo com que as baterias disponíveis hoje sejam pesadas, volumosas e consequentemente de alto custo. Além disso, ocupam um grande espaço reduzindo significativamente e, em muitas vezes, eliminando o porta-malas dos veículos. Como exemplo, um veículo típico a bateria com autonomia de 170 km necessita de uma bateria de íon-lítio com cerca de 300 kg. Outros requisitos importantes são o tempo de recarga, durante o qual o veículo não pode ser utilizado (tipicamente oito horas), e o número de recargas suportado pela bateria, que, normalmente, define a sua vida útil.

Das baterias existentes, as mais utilizadas para veículos são as denominadas chumbo-ácido, de baixo custo, com boas características para acionar o motor de arranque dos veículos. Essas baterias possuem baixa densidade de energia, 35 Wh/kg. Entretanto, o uso das tecnologias de carbono em baterias chumbo-ácido confere novas características que permite maior densidade de energia e novos usos — são as chamadas baterias chumbo-carbono (PbC).

Nos últimos anos, a proliferação de equipamentos eletrônicos portáteis, exigiu muito esforço de produção e desenvolvimento (P&D) no setor de baterias. Muitos desenvolvimentos foram realizados a partir de outras concepções e materiais tais como níquel-cádmio, hidretos metálicos e, finalmente, a bateria de íon de lítio (Tabela 1). Esta última está dominando as aplicações em *notebooks* e telefones celulares, pois tem densidades de energia que alcançam 140 Wh/kg. No entanto, a bateria de íon-lítio tem de 5 a 7 vezes o custo das de chumbo-ácido.

TABELA 1
ALGUMAS CARACTERÍSTICAS DE BATERIAS ATUAIS

Tipo de bateria	Ciclos	US$/kWh	Wh/kg	W/kg
Chumbo-ácida (Pb)	250-600	100-150	35	~200
Níquel cádmio (NiCd)	300-700	300	40-60	140-220
Hidreto Metál. de Niq (NiMH)	300-800	300-400	60	130-200
Íon de Lítio (LI)	500-3.000	400-650	115-140	200-430

Um dos principais problemas de baterias íon-lítio é relativo à segurança, uma vez que elas podem explodir ou entrar em combustão quando perfuradas ou sobrecarregadas. Por esta razão, as baterias de íon-lítio não passam em *crash-tests* da indústria automobilística. Outro problema é a disponibilidade de lítio no mundo, um metal escasso na natureza. As maiores reservas, cerca de 56% do total conhecido, encontram-se na Bolívia, que recebe diversas propostas de outros países interessados em negociar. Além da Bolívia o Chile tem 31%, os Estados Unidos 4% e o Brasil 1% das reservas mundiais. Ressalta-se que o lítio tem também aplicações no setor de defesa e na área nuclear.

Os veículos elétricos têm como vantagens a eficiência do motor elétrico, de 80% a 90%, e as emissões de gases de efeito estufa desprezíveis no local de uso. Sua adoção em larga escala contribuiria, por exemplo, para a redução das emissões nas grandes metrópoles. Eles também tem operação silenciosa, alto torque em velocidade baixa e tecnologia conhecida e mais simples que o motor a explosão. As desvantagens estão relacionadas à baterias que armazenam a energia para a sua tração e envolvem o seu peso/volume e custo, o tempo de recarga e o tempo de vida. Além disso, em respeito às questões ambientais — a maioria das baterias contém ácidos e metais-pesados o que torna imperativo o desenvolvimento das tecnologias para a indústria da reciclagem.

Hidrogênio

Outra tecnologia importante para tração veicular é a de células a combustível (*fuel cell*), como fonte de energia para os veículos elétricos. Uma célula a combustível é um gerador de energia elétrica, similar a uma bateria em permanente processo de carga, que utiliza a reação do hidrogênio com o oxigênio para a geração de energia elétrica, tendo como subproduto dessa reação o vapor de água (Figura 3). No Brasil já existe uma empresa, a Eletrocel que fabrica células de até 50 KW de potência. A Eletrocel é uma empresa incubada no Centro Incubador de Empresas Tecnológicas (Cietec), a incubadora do Instituto de Pesquisas Energéticas (Ipen), em São Paulo.

Os veículos elétricos com célula a combustível são desenvolvidos com a concepção de veículos híbridos, com a utilização de duas fontes de energia,

FIGURA 3
FUNCIONAMENTO DE UMA CÉLULA A COMBUSTÍVEL

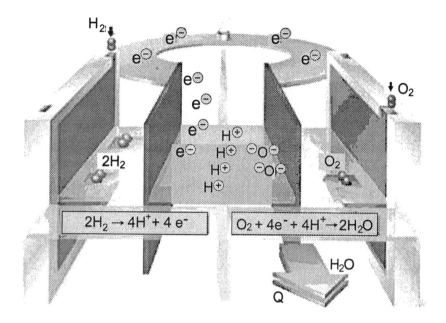

FONTE: IPEN/MCT.

a bateria e a célula a combustível. Já existem diversos protótipos desenvolvidos com essa tecnologia, mas ainda estão em estágio experimental. Um dos principais problemas ainda não solucionados é o armazenamento do hidrogênio no veículo, o que exige tanques para pressões muito elevadas ou para armazenamento criogênico. Outros problemas são: a durabilidade da célula a combustível é pequena, logística para distribuição do hidrogênio e formas sustentáveis de produção de hidrogênio.

Recentemente, o desenvolvimento dessa tecnologia sofreu um duro golpe quando, alegando a necessidade de priorizar soluções imediatas, que melhorem a eficiência dos veículos comercializados nos Estados Unidos, o novo secretário de Energia daquele país anunciou a diminuição no esforço da pesquisa em veículos a hidrogênio. Isto representou uma surpresa para todo mundo, porque essa é uma tecnologia que necessita de muita pesquisa e desenvolvimento.

Sumarizando, os veículos a célula a combustível têm como vantagens a baixa emissão de gases de efeito estufa, alta eficiência na conversão de energia, operação silenciosa e o fato de que o hidrogênio pode ser obtido de diversas fontes primárias. As principais desvantagens são o estágio incipiente da tecnologia de célula combustível, os problemas relacionados ao hidrogênio, alto custo de produção, transporte e armazenamento.

PROGRAMAS DE P&D NO BRASIL

O Ministério da Ciência e Tecnologia (MCT) tem suas ações norteadas pelo Plano de Ação em CT&I, 2007-2010, elaborado em articulação com vários ministérios e órgãos federais. O chamado Programa de Aceleração do Crescimento (PAC) de CT&I tem quatro prioridades estratégicas, quais sejam: (i) expansão e consolidação do sistema nacional de CT&I; (ii) promoção da Inovação Tecnológica nas Empresas; (iii) PD&I em áreas estratégicas; e (iv) CT&I para o desenvolvimento social. Nessas quatro prioridades existem 21 linhas de ação e 87 programas ou iniciativas, dentre eles dois são voltados para novas energias para propulsão veicular: Programa de Biocombustíveis e o Programa de Energia Elétrica, Hidrogênio e Energias Renováveis. Esses programas possuem diversas ações e metas para desenvolvimento de infraestrutura e incentivo à pesquisa e capacitação contando com a participação da comunidade científica e do setor empresarial.

PROGRAMA DE BIOCOMBUSTÍVEIS

Na linha de ação do Programa de Biocombustíveis, o investimento do MCT nos últimos 4 anos foi de R$ 220 milhões, cabendo destacar alguns programas:

Biodiesel

O MCT coordena a ação de desenvolvimento tecnológico no âmbito do Programa Nacional de Produção e Uso de Biodiesel (PNPB), com o objetivo organizar e fomentar a base tecnológica existente no país para gerar resultados que atendam às demandas do PNPB, como aumentar a produtividade e competitividade na cadeia produtiva do biodiesel, com a garantia da qualidade no produto final e com rotas tecnológicas apropriadas à geração de empregos e ao desenvolvimento regional. Nesse sentido, foi implantada a Rede Brasileira de Tecnologia de Biodiesel (RBTB), que viabiliza a articulação entre diversos atores, permitindo a convergência de esforços e otimização de investimentos públicos na busca por soluções para os desafios tecnológicos em toda cadeia produtiva do biodiesel. Atualmente, as principais prioridades do programa de pesquisas são: domesticação de oleaginosas com alto potencial de produção de óleo por hectare, uso de microalgas, domínio da rota etílica de produção, otimização de processos industriais, uso sustentável de co-produtos, resíduos e rejeitos (tais como tortas, farelo e glicerina), análise da estabilidade, armazenamento e problemas associados, entre outras linhas. Além disso, o MCT coordena um comitê com a participação de órgãos do governo, institutos de pesquisa e fabricantes de veículos e autopeças para realização de testes e ensaios em motores veiculares e estacionários. O objetivo principal desse comitê é a validação no Brasil da utilização do biodiesel em misturas ao diesel comercializado. Os subsídios resultantes da realização desses testes são utilizados pelo governo federal na tomada de decisões envolvendo a ampliação do uso do biodiesel no Brasil, além da validação de seu uso em frotas cativas veículos.

Etanol

O MCT apoia e incentiva, por meio de universidades e centros de pesquisa, diversas ações em PD&I envolvendo toda a cadeia produtiva do etanol. Esse PD&I é fortemente apoiado pelo setor privado, por meio de empresas e centros de pesquisas. Entretanto, algumas áreas do conhecimento ainda enfrentam o desafio de vencer as metas de aumento da produção de álcool e açúcar, sem a expansão da fronteira agrícola e a manutenção de preços competitivos. Com esse objetivo, o MCT iniciou, em 2008, a implantação de um novo centro de pesquisas, o Centro de Ciência e Tecnologia do Bioetanol (CBTE), localizado no Campus do Laboratório Nacional de Luz Síncrotron, em Campinas. O CBTE é dedicado ao apoio à pesquisa como um instrumento estratégico ao desenvolvimento tecnológico no etanol. A previsão é que o centro comece a operar em 2010. Para a hidrólise enzimática, o MCT operacionaliza a pesquisa por meio da Rede Bioetanol, cujo objetivo é produzir etanol a partir do material celulósico da cana-de-açúcar e envolve cerca de 30 instituições brasileiras em um projeto integrado, além de cooperação internacional. Os resultados do projeto serão testados em uma planta piloto, em processo de implantação no CBTE.

No campo do desenvolvimento de cultivares, melhoramento genético e produção de mudas, além da formação de recursos humanos, o MCT financia as ações da Rede Interuniversitária para Desenvolvimento do Setor Sucroalcooleiro (RIDESA) em pesquisas de novas variedades e melhoramento genético da cana-de-açúcar

Existem também estudos prospectivos do Centro de Gestão e Estudos Estratégicos (CGEE), entidade vinculada ao MCT, que mostram que o Brasil pode produzir etanol suficiente para substituir entre 5% e 10% da gasolina mundial. Apenas a título complementar, o MCT está financiando a implantação de um laboratório para certificação de motores aviônicos a pistão no Centro Tecnológico Aeronáutico (CTA) e projeto de *flexfuel* para aviões.

Apoio à Embrapa

O MCT apoia o Programa de Agroenergia da Embrapa e a criação da Embrapa Agroenergia, com pesquisas em etanol e biodiesel, aproveitamento energético da biomassa e pesquisa e desenvolvimento de insumos minerais para agropecuária e agricultura.

Programa de Energia Elétrica, Hidrogênio e Energias Renováveis

Na linha de ação do Programa de Energia Elétrica, Hidrogênio e Energias Renováveis, o MCT promove ações integradas e articuladas com o Ministério de Minas e Energia (MME) e diversas entidades para o desenvolvimento de ciência, tecnologia e inovação nas áreas de energia elétrica, hidrogênio e energias renováveis. Isto é feito por meio da implementação e da expansão da infraestrutura de PD&I e do desenvolvimento de novas tecnologias para geração, transmissão, distribuição e uso final de energia elétrica; da consolidação do programa de CT&I para a economia do hidrogênio, a fim de permitir que o país alcance o uso comercial do hidrogênio como combustível nas próximas duas décadas; e da implementação do programa de CT&I para energias renováveis, com foco nas fontes de maior potencial para o país (hidráulica, biomassa, biogás, eólica e solar), abrangendo as áreas não cobertas pelos programas de biodiesel e de etanol. Dentro desse programa cabe destacar:

Hidrogênio

O Programa de CT&I para a Economia do Hidrogênio (PROH$_2$) busca promover ações para a produção de hidrogênio e de sistemas de célula a combustível, habilitando o país a se tornar um produtor competitivo nesta área. Trata-se de um programa de longo prazo envolvendo pesquisa básica e aplicada. As ações do programa iniciaram em 2004 priorizando a consolidação de infraestrutura para pesquisa, a formação de recursos humanos e o desenvolvimento de protótipos baseados em tecnologia nacional. O programa está em andamento com a consolidação das redes de pesquisa, que envolveram a articulação de 40 laboratórios de 20 universidades e centros de pesquisas.

Como principal resultado do programa, salienta-se a articulação de estudos brasileiros em hidrogênio para projetos integrados baseados em redes de pesquisa com apoio a formação de infraestrutura em seus laboratórios e à formação de recursos humanos especializados. Esses projetos terão seus resultados avaliados em 2009, e conta com 10 pedidos de patentes depositados.

Energias Renováveis

A biomassa possui como um dos seus focos a produção de combustíveis de segunda geração, produzidos a partir de gases de síntese provenientes de processo termoquímicos e biológicos de gaseificação. A grande vantagem de tais combustíveis é a alta pureza que confere baixíssimos níveis de materiais particulados e emissões quando utilizados em motores de combustão interna.

Baterias

Quanto às baterias e veículos elétricos, o MCT tem realizado reuniões de avaliação com a participação de centros de pesquisas, pesquisadores, empresas e órgãos da administração pública, de um programa para apoio ao desenvolvimento de dispositivos acumuladores de médio e grande porte para aplicações estacionárias, tracionárias, automotivas e em áreas estratégicas.

CONSIDERAÇÕES FINAIS

Oficialmente, o uso do álcool para fins carburantes começou em 1927, quando foi instalada a primeira bomba de rua de Usga (mistura de 79,5% de álcool anidro, 20% de éter e 0,5% de óleo de mamona refinado) em Recife-PE, na praça do *Diário de Pernambuco*. No final de 1927, a Usina Serro Grande de Alagoas lançou no Nordeste o álcool-motor Usga. A quantidade de álcool na gasolina variou muito durante a primeira metade do século XX chegando a percentuais próximos a 50%, entretanto pesquisas mostraram que a melhor mistura era aproximadamente 25%, pois elevava a octanagem e o poder calorífero, condições básicas de um bom combustível e sem alterações no motor (isso somente foi regulamentado em 1966 quando se determinou que as misturas de álcool na gasolina não poderiam exceder 25%). Isso demonstra a experiência de cerca de 80 anos no uso de etanol combustível.

Apesar da primeira patente brasileira do biodiesel datar de 1980, somente em 2005 foi autorizado oficialmente a adição de 2% de biodiesel no diesel fóssil e atualmente é adicionado 4%. Além do sucesso dos veículos *flexfuel*, o Brasil lançou o primeiro avião originalmente projetado para funcionar a álcool.

O Brasil como detentor de enorme território não apresenta problemas de competição entre alimentos e biocombustíveis o que possibilita um diferencial em um momento em que se questiona a sustentabilidade dos combustíveis.

Aliado a grande quantidade de combustíveis renováveis, a geração de energia no Brasil apresenta valores de energia renováveis superiores a 45% e com tendência a aumentar até 2030. Tais valores são muito superiores a média mundial e a dos países da Organização para a Cooperação e Desenvolvimento Econômico (OCDE).

O desenvolvimento de projetos de veículos leves elétricos, de ônibus híbridos e a hidrogênio, demonstra que o país está atento às tendências tecnológicas, mesmo tendo uma solução nacional de biocombustíveis. Por isso o Ministério da Ciência e Tecnologia está fomentando políticas de PD&I, canalizando investimentos, criando infraestrutura e formando recursos humanos que permitam ao Brasil, não apenas acompanhar as novas tecnologias, mas também desenvolver localmente tecnologias de acordo com a realidade nacional. Trata-se de fator estratégico para o desenvolvimento e para a soberania nacional.

O autor agradece as contribuições inestimáveis dos doutores Adriano Duarte Filho — coordenador-geral de Tecnologias Setoriais e Eduardo Soriano Lousada — coordenador de Tecnologias Setoriais do Ministério da Ciência e Tecnologia.

REFERÊNCIAS BIBLIOGRÁFICAS

Associação Brasileira do Veículo Elétrico (ABVE). Disponível em: www.abve.org.br/

Centro de Gestão e Estudos Estratégicos (CGEE). Estudo sobre as possibilidades e impactos da produção de grandes quantidades de etanol visando à substituição parcial da gasolina do mundo. Brasília 2005.

Costa, M.L.O. *Setor sucroalcooleiro: da rígida intervenção ao livre-mercado*. São Paulo: Editora Método, 2003.

De Carli, G. *Desafio energético*. Recife: Companhia Editora de Pernambuco, 1981.

Empresa de Pesquisa Energética (EPE). Plano Decenal de Energia. Disponível em: www.epe.gov.br/Estudos/Paginas/default.aspx

Energy Information Administration (EIA). International Energy Outlook, 2008.

Instituto de Pesquisas Energética e Nucleares (IPEN). Centro de Células a Combustível. Disponível em: www.ipen.br

Instituto Nacional de Eficiência Energética. Disponível em: www.inee.org.br/veh_sobre.asp?Cat=veh

International Energy Agency (IEA). Energy Technologies at the Cutting Edge, 2007.

Itaipu Binacional. Projeto Veículo Elétrico Itaipu. Disponível em: www2.itaipu.gov.br/ve/

Ministério da Ciência e Tecnologia (MCT). Plano de Ação 2007-2010: Ciência e Tecnologia e Inovação para o Desenvolvimento Nacional.

Ministério de Minas e Energia (MME). Balanço Energético Nacional, 2007.

———. Plano Nacional de Energia 2030. Disponível em: www.mme.gov.br.

Portal VE. Disponível em: www.portalve.com.br

Sousa, M. M. V. M. Tecnologia do Hidrogênio. Rio de Janeiro: Synergia/Faperj, 2009.

United Nations Development Programme. United Nations Department of Economic and Social Affairs, World Energy Council, World Energy Assessment: Energy and the Challenge of Sustainability, 2000.

A matriz elétrica brasileira e a economia de baixo carbono

Cláudio R. Frischtak*

---
* Consultor de empresas. Ex-economista sênior do Banco Mundial.
O autor contou com a valiosa colaboração de Aleida Auld e Heloísa Jardim.

INTRODUÇÃO

AO FINAL DE 2008, o Plano Decenal de Expansão de Energia 2008-2017 foi apresentado à consulta pública.[1] Este documento é o instrumento de planejamento setorial de médio e longo prazo em infraestrutura no país mais completo e sofisticado, e deve ser lido em conjunto com o Plano Nacional de Energia 2030 e o Balanço Energético Nacional,[2] assim como os documentos operacionais do setor. O setor elétrico, por sua vez, possui uma excepcional institucionalidade, tanto em termos de planejamento, regulação e operação do setor,[3] assim como mecanismos que asseguram o equilíbrio dinâmico do balanço oferta-demanda.

O cerne do Plano Decenal diz respeito à expansão da oferta de energia elétrica no chamado Sistema Interligado Nacional (SIN), por meio da ampliação da capacidade instalada em geração e das interligações entre os subsistemas,[4] e as condições de atendimento do sistema ao mercado, e consequentemente a delimitação do risco anual de déficit e os custos marginais de operação no período. O plano conclui que o risco de déficit no período — a denominada "configuração de referência" da oferta de energia elétrica

---

[1] Ver Empresa de Planejamento Energético (EPE), Plano Decenal de Expansão de Energia 2008-2017, em www.epe.gov.br

[2] O balanço energético considera a oferta primária de energia de todas as fontes e em todas as formas, sendo a eletricidade uma delas. Para os resultados preliminares do Balanço Energético Nacional 2009 (ano base 2008), ver www.ben.epe.gov.br/dowloads.resultados.

[3] Além da EPE, o setor conta com o Conselho Nacional de Política Energética (CNPE), a Agência Nacional de Energia Elétrica (Aneel), o Comitê de Monitoramento do Sistema Elétrico (CMSE), a Operadora Nacional do Sistema, o Mercado Atacadista de Energia (MAE), dentre outras instituições.

[4] Existe um grau considerável de substitubilidade — e não apenas complementaridade — entre geração e transmissão: quanto maior a capacidade de transporte entre subsistemas, menor a necessidade de expansão do sistema — o chamado "efeito fio". Do ponto de vista do planejamento setorial, as trocas de energia entre os subsistemas ocorrem considerando a equalização dos custos marginais, de modo a otimizar os investimentos em geração regional e transmissão entre regiões.

— só é significativo (>5%) se a carga se expandir a taxas bastante elevadas, e mesmo assim em 2014-2015 no subsistema Sul.[5]

As projeções do Plano Decenal se apoiam na visão de expansão hidrotérmica que representa uma mudança sensível na composição das fontes de geração, com o crescimento acelerado do uso de óleo combustível e também de fontes alternativas, seguidas do carvão, e um crescimento relativamente modesto da hidroeletricidade. Em particular, a participação das fontes não renováveis cresce de 13,7% da capacidade total em 2008 para 18,9% em 2017, sendo o crescimento projetado do uso de óleo combustível (e diesel), de 20,3 % ao ano, o mais elevado dentre as diversas fontes. Inversamente, a participação hídrica cai de 84,6% para 75,9% no período, resultado de um crescimento abaixo da média das demais fontes (3,75% a.a vs. 5,01% ao ano).

O recuo da hidroeletricidade, e a expansão acelerada principalmente do óleo combustível e do carvão levaram à percepção que o país estaria abandonando a natureza "limpa" e ambientalmente adequada da matriz de geração de energia elétrica. Representaria, neste sentido, um retrocesso quando comparado ao esforço das economias desenvolvidas e emergentes de ampliar o uso de fontes renováveis, e diminuir o impacto adverso no meio ambiente da geração e consumo de energia.

Ademais, o próprio Plano Decenal destaca o risco de uma utilização mais intensiva de fontes térmicas do ponto de vista da emissão de gás de efeito estufa (GEE),[6] caso o prazo de obtenção das licenças ambientais sejam mais longos do que aqueles implicitamente assumidos na "configuração básica" da expansão de hidroeletricidade. Quão relevante é esta mudança do ponto de vista da emissão de GEE? De modo mais geral, qual deve ser o foco do país no objetivo de minimizar as emissões de GEE?

Inicialmente é preciso discutir o posicionamento do país na emissão de GEE, e a contribuição das principais fontes: mudanças no uso da terra (desmatamento, cultivo rotativo, crescimento da vegetação em áreas agrícolas abandonadas); agricultura (incluindo pecuária); e produção e uso de energia.

---

[5] As simulações também apontavam risco de 7,75% no Nordeste em 2009, o que deixou de ser o caso com a queda da demanda de energia no último trimestre de 2008 de corrente da forte desaceleração econômica e do regime de chuvas adequado. Ver Plano Decenal, *op.cit.*, capítulo III-1, p. 58 e passim.
[6] Fundamentalmente CO_2, e marginalmente (< 0,1% do total) de CH_4 (metano) e N_2O (óxido nitroso). Já na agropecuária, a emissão se concentra no óxido nitroso e no metano.

Os dados compilados e analisados pelo trabalho, e sintetizados no Quadro 1 são inequívocos: a contribuição do setor energético — e mais particularmente do setor elétrico — é de segunda ordem, pelo uso relativamente intenso de fontes renováveis de energia e de baixa emissão. Os esforços para minimizar o rastro de carbono no país devem estar centrados na fonte de maior contribuição à emissão dos gases de efeito estufa: o desmatamento — principalmente da Floresta Amazônica (cerca de 60% do total do país), e melhoras nas práticas do complexo agropecuário (26%).[7]

QUADRO 1
BRASIL — *RANKING* E VALOR DAS EMISSÕES DE GASES DO EFEITO ESTUFA TOTAIS E PRINCIPAIS SETORES

	Total	Florestas	Agricultura	Energia	Energia elétrica
Emissões (em MtCO$_2$e)	2.313,8	1.372,1	590,5	348,5	56,6 (13,4)*
Posicionamento geral do Brasil	4º	2º	2º	17º	29º (65º)
Emissão per capita					
Brasil	13,3	65,58	3,2	1,9	0,3 (0,07)
Mundo	5,4	na	0,9	4,4	1,9
PIB/emissões totais					
Brasil	278,45	37,56 (**)	112,29 (***)	2.530,14	15.046,98
Mundo	782,72	na	106,13	1.587,27	3.663,73

NOTA: Total e florestas (2000), agricultura, energia e energia elétrica (2005).
*Dados em parênteses: emissões de combustíveis fósseis — operação do SIN. (**) PIB da região Amazônica por tCO$_2$e; (***) PIB agrícola por tCO$_2$e.
FONTE: Quadros 2-5 e 7, Plano Decenal, op.cit., cap. III-3, p.17.

---

[7] O desafio não apenas ou principalmente do Brasil é considerável. Em 2005, as emissões totais no mundo foram da ordem de 45 GtCO$_2$e, e crescem a uma taxa de anual de 1,78%. Apenas para fins comparativos, as emissões em 1990 foram de cerca de 36,1 GtCO$_2$e (um crescimento implícito da ordem de 1,50% ao ano), e para limitar o aumento da temperatura média da terra em 2ºC, haveria necessidade de reduzir o nível de emissões de GEE para cerca de 23 GtCO$_2$e em 2030, representando *uma redução de mais de 50% em relação aos níveis atuais* (um decréscimo anual da ordem de 3,24% ao ano, ou, visto de outra forma, uma inflexão anual de aproximadamente 5%). Ver propostas setoriais de abatimento e sua economicidade no interessante estudo da McKinsey & Co., "Caminhos para uma economia de baixa emissão de carbono no Brasil", São Paulo, 2009.

A seção III tem por foco a dinâmica da matriz de energia elétrica no contexto do Plano Decenal, e à luz do *rationale* da diversificação da matriz e dos obstáculos à expansão da oferta de energia limpa da fonte mais tradicional (e abundante): a hidroeletricidade. Do ponto de vista de contribuição para o efeito estufa, a matriz elétrica em 2008 teve impacto marginal; e em 2017 assim permanecerá. Ao mesmo tempo, é inequívoco que a emissão de GEE se eleva, e de forma mais acentuada ao se ignorar os custos de oportunidade de restringir novos projetos hidrelétricos e incentivar uso de combustíveis fósseis. Esta dinâmica segue a convergência internacional em torno da instituição de metas para reduções de GEE e de um imposto carbono sobre emissões.

A seção IV conclui com os elementos de uma agenda transformadora, cujo foco é cuidar particularmente do bioma amazônico, a fim de monitorá-lo estrategicamente, evitando o desmatamento, recompondo as áreas desmatadas; e por meio de um processo de licenciamento ambiental que leve explicitamente em consideração os efeitos positivos da geração hidrelétrica sobre o meio ambiente, e os custos envolvidos na postergação e restrição aos projetos.

A EMISSÃO DE GASES DO EFEITO ESTUFA E A MATRIZ DE ENERGIA NO BRASIL

Quais os países que mais emitem GEE? E como o Brasil se posiciona? O Quadro 2 apresenta o total de emissões de GEE em 2000, assim como os níveis per capita, e o volume de produto ou renda gerada por tonelada de CO_2e. Os GEE são oriundos das atividades de geração e uso de energia, processos industriais, agricultura, disposição de lixo, bem como "mudanças no uso da terra".[8] Em alguns casos, estas mudanças absorvem GEE (funcionam como um *carbon sink*), a exemplo do crescimento natural da vegetação; em outros, como no caso de desmatamento, resultam em maiores emissões.

O Brasil era em 2000 o quarto maior emissor de GEE no mundo, após os Estados Unidos, a China e a Indonésia, sendo o responsável por 5,67% das emissões totais, cerca de três vezes sua participação no PIB mundial. Em termos de contribuição de GEE per capita, o país ocupava um lugar significativo (7º emissor dentre os 21 maiores). Finalmente, quanto à denominada

---

[8] Das emissões globais de GEE, 77% são sob a forma de CO_2, 1% de de HFCs, PFCs e SFe, 14% de CH_4 e 8% de N_2O. Ver World Resources Institute, *Navigating the Numbers*, op.cit., nota 9, p. 15.

eficiência ou produtividade ambiental — a razão PIB/emissões —, seu posicionamento era igualmente frágil: apenas 35,6% da média mundial, indicativo de que se produz relativamente pouco, dado o que se emite de GEE. Em contraposição, o Quadro 2 sugere o Japão e os países europeus como os mais eficientes neste aspecto.

QUADRO 2
TOTAL DE EMISSÕES DE GEE, PER CAPITA E POR UNIDADE DE PIB PRINCIPAIS EMISSORES, 2000
EM $MtCO_2e$ E US$

País	2000	% do mundo	Emissões per capita	(PIB) emissões (*)
EUA	6.442,8	15,79	22,8	1.523,7
China	4.771,0	11,69	3,8	251,2
Indonésia	3.066,3	7,51	14,9	54,0
Brasil	**2.313,8**	**5,67**	**13,3**	**278,5**
Federação Russa	1.959,7	4,80	13,4	132,5
Índia	1.551,9	3,80	1,5	297,6
Japão	1.317,1	3,23	10,4	3.544,8
Alemanha	1.006,4	2,47	12,2	1.893,7
Malásia	852,1	2,09	36,6	110,1
Canadá	765,5	1,88	24,9	947,3
México	670,8	1,64	6,8	937,5
Reino Unido	632,2	1,55	10,7	2.341,9
França	535,4	1,31	9,1	2.490,1
Itália	531,0	1,30	9,3	2.072,6
Mianmar	519,6	1,27	11,3	17,1
Coreia do Sul	511,2	1,25	10,9	1.044,0
Austrália	508,4	1,25	26,5	767,0
Nigéria	440,0	1,08	3,5	104,9
Irã	431,2	1,06	6,7	223,7
Rep. Dem. do Congo	407,8	1,00	8,0	10,6
África do Sul	358,3	0,94	8,8	371,1
Mundo	**40.809,0**	**100,0**	**5,4**	**782,7**

NOTA: (*) Em US$ correntes por tonelada de CO_2e. Exclui Ucrânia por falta de informações.
FONTES: Climate Analysis Indicators Tool (CAIT) Versão 6.0 (Washington, DC: World Resources Institute, 2009), e Fundo Monetário Internacional (para as estatísticas de PIB nominal).

Com base nos dados do Quadro 2, os Estados Unidos eram os maiores emissores em 2000 em termos absolutos e per capita, seguidos da China. Contudo, situava-se abaixo da média mundial em bases per capita, argumento que é utilizado pelo país para rejeitar metas de limitação de emissões de GEE (ainda que neste final de década, suas emissões per capita já devem ter ultrapassado a média mundial).

O Quadro 3 apresenta o *ranking* em 2000 dos maiores emissores por conta de "mudanças no uso da terra". De modo geral, tais mudanças são elementos quase neutros ou redutores das emissões agregadas para países, sendo as exceções mais significativas os países onde há forte atividade de desmatamento (tipicamente de florestas tropicais). Utilizando-se os dados de 2000 das emissões com e sem mudanças para isolar seus efeitos naquele ano, é possível estabelecer a dimensão das transformações no uso da terra que geraram GEE ou o sequestraram.

As estatísticas são inequívocas: o Brasil — após a Indonésia — é o maior emissor de GEE devido ao desmatamento e atividades afins. Em 2000, as emissões devido às mudanças do uso da terra (coluna Δ) explicavam 59,3% das emissões do país. No *ranking* dos maiores emissores, Indonésia, Brasil, Malásia, Mianmar e República Democrática do Congo (RDC). Em particular, Indonésia e Brasil foram, naquele ano, responsáveis por, respectivamente, 31,1% e 16,7% das emissões globais oriundas da destruição das florestas tropicais (e ainda o cerrado no caso do Brasil).[9] Já os países mais maduros ou cuja paisagem foi alterada anteriormente ao século XX — como os Estados Unidos — são praticamente neutros ou absorvedores de GEE, pelo processo de regeneração das áreas afetadas e/ou reflorestamento.

Ao se excluir as mudanças no uso da terra, o ordenamento dos maiores emissores muda substancialmente (Quadro 4). Em 2005, a China — pela primeira vez — se torna o maior emissor, por conta do processo acelerado de industrialização, intensivo em energia e calcado no uso do carvão. Junto

---

[9] Cerca de 18% das emissões globais de GEE são referentes a mudanças no uso da terra e florestas, sendo o maior contribuinte após o setor elétrico. Os países industrializados são geralmente absorvedores de GEE nesta categoria. Vale enfatizar o grau de incerteza quanto ao nível de emissões tanto no desmatamento quanto na regeneração. Na década de 1990, o IPCC estimou que o volume total de emissões de desmatamento, regeneração e mudanças no uso da terra atingiu 1,6 gigatom (GtC) por ano, com uma variação de ± 0,8 GtC. Para o World Resources Institute (WRI), as melhores estimativas para aquela década são da ordem de 2,2 GtC. Ver WRI, *Navigating the Numbers: Greenhouse Gas Data and International Climate Policy*, capítulo 17 ("Land Use Change and Forestry"), Washington, D.C.

QUADRO 3
ESTIMATIVA DE TOTAL DE EMISSÕES DE GEE POR
MUDANÇAS NO USO DA TERRA E FLORESTAS
2000 (EM MtCO$_2$e % E tCO$_2$e)

País	Δ (*)	% do mundo	Emissões per capita (**)
Indonésia	2.563,0	31,1	11,3
Brasil	**1.372,1**	**16,7**	**7,3**
Malásia	698,9	8,5	27,2
Mianmar	425,4	5,2	8,9
Rep. Dem. Congo	317,3	3,9	5,4
Federação Russa	54,2	0,7	0,4
Japão	4,3	0,1	0,03
Alemanha	0	0	0
Reino Unido	-1,7	—	—
Índia	-40,3	—	—
China	-47,3	—	—
EUA	-402,9	—	—

(*) Emissões pelas chamadas "mudanças no uso da terra e florestas". A contribuição desta categoria como fonte de GEE em 2000 foi calculada pela diferença do total de emissões incluindo e excluindo o uso da terra. Um número positivo indica que essas mudanças representaram uma fonte de GEE; se negativo, sugere que a regeneração foi suficiente para levar a um sequestro de GEE. O número de países emissores nesta categoria é significativamente maior do que o assinalado no quadro, que apenas indica uma amostra de emissores, incluindo os cinco maiores. No total, as emissões por conta de mudanças no uso da terra e florestas soma 8.241 MtCO$_2$e. (**) Em tonelada de CO$_2$e.
FONTE: Climate Analysis Indicators Tool (CAIT) versão 6.0 (Washington, DC: World Resources Institute, 2009). A atualização do inventário brasileiro de emissões de GEE, baseado nas emissões de 2004 e que deverá ser divulgado até o final de 2009, deverá apresentar um quadro mais preciso no caso do Brasil.

com os Estados Unidos, são responsáveis por 37,5% das emissões mundiais de toda a natureza (com exceção do desmatamento). A Federação Russa, a Índia o Japão seguem, estando o Brasil em 6° lugar. Em termos per capita, os maiores emissores são a Austrália, os Estados Unidos e o Canadá, seguidos da Federação Russa, Japão, Alemanha e Ucrânia, situando o Brasil em 17° lugar. Enquanto à eficiência ambiental — produto ou renda por tCO$_2$e emitida — são os países europeus e o Japão que permanecem como os mais eficientes (como o eram em 2000), em parte devido ao uso mais intenso de energia nuclear. Mesmo desconsiderando o efeito do desmatamento, a eficiência ambiental do Brasil está abaixo da média mundial, principalmente pelas elevadas emissões de GEE pelo setor agropecuário.

QUADRO 4
TOTAL DE EMISSÕES DE GEE EXCLUINDO MUDANÇAS
NO USO DA TERRA, PER CAPITA E POR UNIDADE DE PIB
PRINCIPAIS EMISSORES, 2000 E 2005 EM MtCO$_2$e E US$

País	2000	2005	% do mundo	Emissões per capita	PIB/ emissões (*)
China	4.818,3	7.219,2	19,12	5,5	309,69
EUA	6.845,7	6.963,8	18,44	23,5	1.783,78
Federação Russa	1.905,5	1.960,0	5,19	13,7	389,93
Índia	1.592,2	1.852,9	4,91	1,7	423,26
Japão	1.312,8	1.342,7	3,56	10,5	3.396,64
Brasil	**941,7**	**1.014,1**	**2,69**	**5,4**	**869,49**
Alemanha	1.006,4	977,4	2,59	11,9	2.859,09
Canadá	701	731,6	1,94	22,6	1549,25
Reino Unido	633,9	639,8	1,69	10,6	3.563,71
México	574	629,9	1,67	6,1	1347,88
Indonésia	503,3	594,4	1,57	2,7	480,92
Irã	423,1	566,3	1,5	8,2	332,06
Itália	534	565,7	1,5	9,7	3.147,92
França	541,5	550,3	1,46	9	3.902,41
Coreia do Sul	510	548,7	1,45	11,4	1.540,03
Austrália	504,1	548,6	1,45	26,9	1.300,15
Ucrânia	459,8	484,7	1,28	10,3	177,71
África do Sul	383,6	422,8	1,12	9	573,97
Nigéria	245,2	296,6	0,79	2,1	378,45
Malásia	153,2	146,9	0,39	5,7	939,56
Mianmar	94,2	104,6	0,28	2,2	114,6
Rep. Dem. do Congo	90,5	93,3	0,25	1,6	77,42
Mundo	**33.190,4**	**37.766,8**	**100**	**5,8**	**1.193,91**

Nota: (*) Em US$ correntes por tonelada de CO$_2$e.
FONTES: Climate Analysis Indicators Tool (CAIT). Versão 6.0 (Washington, DC: World Resources Institute, 2009) e FMI (dados de PIB nominais).

Enquanto emissor, a posição do Brasil é afetada, além do desmatamento, pela atividade agropecuária. Em ambos os casos, o país é o segundo maior (Quadro 5). Estima-se que dos 590 MtCO$_2$e oriundos do setor, cerca de metade origina-se da pecuária, resultado da fermentação entérica de cerca de 200 milhões de cabeças do rebanho do país e depósito de resíduos nos pastos; o restante advém do uso intenso (e excessivo) de fertilizantes nitrogenados, e práticas agrícolas adversas — como a queima de palha de cana-de-açúcar no campo, assim como o uso do fogo para "limpeza" da terra para fins de plantio.

QUADRO 5
TOTAL DE EMISSÕES DE GEE NA AGRICULTURA
PRINCIPAIS EMISSORES, EM $MtCO_2e$ E US$, 2005

País	Emissões de GEE	% do mundo	Emissões per capita	PIB/ emissões
China	1.112,5	18,31%	0,9	253,2
Brasil	**590,5**	**9,72%**	**3,2**	**112,3**
EUA	442,4	7,28%	1,5	348,2
Índia	402,7	6,63%	0,4	325,2
Argentina	138,9	2,29%	3,6	113,7
Indonésia	132,2	2,18%	0,6	289,8
Federação Russa	117,8	1,94%	0,8	309,5
Nigéria	114,8	1,89%	0,8	224,9
Austrália	110,0	1,81%	5,4	196,5
França	103,1	1,70%	1,7	410,3
Colômbia	88,9	1,46%	2,0	183,7
Tailândia	88,8	1,46%	1,4	196,6
Alemanha	83,6	1,38%	1,0	264,1
Bangladesh	80,2	1,32%	0,5	147,1
Paquistão	78,9	1,30%	0,5	280,6
Mianmar	78,2	1,29%	1,6	87,4
México	76,6	1,26%	0,7	381,3
Turquia	76,1	1,25%	1,1	630,5
Rep. Dem. do Congo	74,7	1,23%	1,3	44,1
Canadá	72,9	1,20%	2,3	314,1
Vietnã	64,7	1,06%	0,8	170,2
Etiópia	54,6	0,90%	0,7	98,1
Mundo	**6.075,2**	**100%**	**0,9**	**106,1**

FONTES: Climate Analysis Indicators Tool (CAIT) Versão 6.0 (Washington, DC: World Resources Institute, 2009); Fundo Monetário Internacional (PIB em US$ correntes) e para o valor agregado agrícola, www.nationmaster.com/graph/agr_agr_val_add_cur_us_pergdp-added-current-us-per-gdp.

Talvez uma medida mais adequada de eficiência ambiental da agricultura seja, a relação entre o PIB ou valor adicionado agrícola e o volume de CO_2e emitido pelo setor. Neste aspecto, o país revela uma "produtividade ambiental" bastante baixa, cerca de 1/3 dos Estados Unidos e Canadá, e metade da Austrália, todos grandes produtores. O contraste de uma agricultura altamente competitiva, porém ineficiente neste aspecto, explica-se não apenas pelo não confinamento do gado (e uso extenso de pastagens pouco produtivas), como principalmente pela natureza heterogênea da produção agrícola, com práticas antiquadas ainda predominando em muitas (senão a maioria) das propriedades.

O paradoxo maior do Brasil é, simultaneamente, ser um grande emissor em razão do desmatamento e de práticas agrícolas desatualizadas (cerca de 86% do total) e ter uma matriz energética calcada em energias renováveis, limpas e de baixa emissão. O Quadro 6 mostra a evolução das emissões de GEE na geração e no uso de energia em 2000 e 2005. Talvez o fato mais flagrante seja a baixa emissão de GEE no país quando comparado às demais economias, tanto em termos absolutos como (principalmente) em termos relativos. O país se apresenta — dentre as economias de referência — como o terceiro menor emissor em bases per capita, e o sexto mais eficiente quando ajustado para o tamanho da economia.

Globalmente, a causa fundamental das elevadas emissões é o uso de combustíveis fósseis (petróleo, carvão, gás natural) para fins tanto de geração de energia elétrica, como energia industrial e no transporte,[10] do qual provém cerca de 65% das emissões de GEE. A rápida expansão das economias em anos recentes levou — na maior parte — a uma expansão concomitante dos níveis de emissão na geração e uso de energia, com exceção da Alemanha, e alguns poucos países que conseguiram praticamente estabilizar seus níveis (Japão, França, Reino Unido). Dentre os maiores emissores, China e Índia foram os países que adicionaram os volumes mais significativos de GEE entre 2000 e 2005, ainda que permaneçam abaixo da média mundial em termos per capita (Quadro 6). No caso específico da China, um crescimento das emissões de 10,3% ao ano, como observado em 2000-2005, configura-se como insustentável, e menos de mudança radical no padrão de emissões das usinas térmicas à base de carvão.[11]

---

[10] Ver Robert Bacon e Soma Battacharya, "Growth and CO_2 Emissions: How do Different Countries Fare?" Environmental Department Papers 113, novembro 2007, World Bank, Washington, D.C.

[11] O país planeja aumentar em 30% a produção de carvão até 2015 para suprir as termelétricas em construção e planejadas, o que possivelmente explica a posição oficial de não aderir a metas de redução de emissão de GEE no contexto das negociações para Copenhagen. Ainda que os argumentos da China tenham razoabilidade histórica — grande parte do GEE acumulado e responsável pelo aquecimento global é fruto do processo de industrialização e elevação do consumo dos países desenvolvidos, e em termos per capita, seus níveis de emissões ainda são uma fração dos Estados Unidos, dentre outros países — estão na prática caducos, pois o mundo não assistirá passivamente um país a ampliar suas emissões ao custo de uma catástrofe ambiental. O mesmo aliás se aplica ao Brasil e à destruição da Floresta Amazônica.

QUADRO 6
TOTAL DE EMISSÕES DE GEE NA GERAÇÃO E USO DE ENERGIA, PRINCIPAIS EMISSORES, 2000 E 2005 (PER CAPITA E POR UNIDADE DE PIB) EM MTCO$_2$e E US$

País	2000	2005	% Δ 2005/2000	% do mundo	Emissões per capita	PIB/ emissões (*)
EUA	6.008,00	6.084,10	1,27	21,42%	20,5	2.041,7
China	3.232,20	5.278,60	63,31	18,58%	4,0	423,6
Federação Russa	1.715,80	1.750,10	2,00	6,16%	12,2	436,7
Índia	1.045,90	1.238,50	18,41	4,36%	1,1	633,2
Japão	1.183,00	1.221,20	3,23	4,30%	9,6	3.734,6
Alemanha	862,30	842,40	-2,31	2,97%	10,2	3.317,3
Canadá	590,50	609,90	3,29	2,15%	18,9	1.858,4
Reino Unido	550,80	559,90	1,65	1,97%	9,3	4.072,3
Irã	365,40	495,70	35,66	1,74%	7,2	379,4
México	436,00	478,80	9,82	1,69%	4,6	1.773,3
Itália	442,70	472,50	6,73	1,66%	8,1	3.768,9
Coreia do Sul	431,40	456,60	5,84	1,61%	9,5	1.850,7
Austrália	372,90	416,00	11,56	1,46%	20,4	1.714,6
Ucrânia	402,50	415,30	3,18	1,46%	8,8	207,1
Indonésia	331,30	407,70	23,06	1,44%	1,8	701,1
França	394,80	401,50	1,70	1,41%	6,6	5.348,7
Brasil	**321,40**	**348,50**	**8,43**	**1,23%**	**1,9**	**2.530,1**
Espanha	292,10	348,30	19,24	1,23%	8,0	3.250,5
África do Sul	310,50	343,10	10,50	1,21%	7,3	707,3
Arábia Saudita	253,80	323,90	27,62	1,14%	14,0	974,9
Polônia	312,30	316,70	1,41	1,11%	8,3	959,8
Turquia	247,30	275,60	11,44	0,97%	3,8	1.751,4
Mundo	**24.731,20**	**28.407,40**	**14,86**	**100%**	**4,4**	**1.587,3**

NOTA: (*) Em US$ correntes por tonelada de CO$_2$e
FONTES: Ver Quadro 4.

No caso do Brasil, a combinação de geração hidrelétrica e por biomassa (extraída da cana-de-açúcar e florestas plantadas para fins de produção de energia), o uso intenso de etanol na frota de automóveis do país,[12] bem como a substituição de óleo combustível por gás natural pela indústria, seriam as causas mais relevantes para explicar o comportamento "fora da curva" do país.[13] De fato, a matriz energética brasileira, quando comparada aos países

---

[12] O etanol serve de combustível diretamente enquanto hidratado (usado maciçamente em carros *flex*) quanto anidrido, neste último caso adicionado na proporção de 25% na composição da gasolina. Em 2008, de um total de 2.712.857 veículos leves vendidos no mercado interno, 86,8% eram *flex*, admitindo misturas variáveis de gasolina e álcool, comparado com apenas 3,7% em 2003 (ano de lançamento) e 50,2% em 2005. Ver: www.anfavea.com.br.
[13] Ver a apresentação sintética e elucidativa da natureza da matriz energética no Brasil pela Confederação Nacional da Indústria, em "Matriz energética e emissão de gases de efeito estufa: fatos sobre o Brasil", edição revista, Brasília, 2008.

da Organização para Cooperação e Desenvolvimento Econômico (OCDE) e globalmente, se caracteriza: primeiro por uma elevada proporção de energia primária renovável, sete vezes a média da OCDE e três vezes e meia a média mundial; e segundo por uma participação igualmente elevada de hidroeletricidade (Quadro 7). Inversamente, porém, referente às energias alternativas de natureza — solar e eólica mais particularmente —, o Brasil ainda encontra-se no início de seu uso de forma mais sistemática; na OCDE, sua intensidade é cerca de nove vezes maior.[14]

QUADRO 7
ESTRUTURA DA MATRIZ ENERGÉTICA BRASIL (2008),
CHINA, ÍNDIA, OCDE E MUNDO (2006)
EM %

	Brasil	China	Índia	OCDE	Mundo
Renováveis					
Biomassa	31,4	12,0	28,3	3,80	10,14
Hidráulica	13,8	2,0	1,7	2,00	2,22
Eólica, solar, geotérmica	0,1	0,2	0,1	0,92	0,6
Subtotal	45,3	14,2	30,1	6,5	12,96
Não renováveis					
Urânio	1,5	0,8	0,9	11,09	6,20
Carvão mineral	6,2	64,2	39,3	20,56	26,01
Gás natural	10,3	2,5	5,6	21,86	20,51
Petróleo e derivados	36,7	18,3	24,1	39,77	34,32
Subtotal	54,7	85,8	69,9	93,28	87,04
Total	100,0	100,0	100,0	100,0	100,0

FONTES: www.epe.gov.br (Balanço Energético Nacional 2009, resultados preliminares — ano base de 2008), e OECD/IEA Energy Statistics.

Em síntese: a matriz energética brasileira tem duas características que a diferenciam da grande maioria dos demais países: o uso da cana-de-açúcar como energético tanto na geração de eletricidade como para movimentação da frota de veículos; e a participação sete vezes mais intensa da hidroeletri-

---

[14] De acordo com o Plano Decenal 2008-2017, a participação da energia eólica dentre as fontes de geração de energia elétrica evoluirá de 0,3% para 0,9%, cerca de 1.400 MWs de capacidade instalada, ou apenas 1% da potencial estimado do país.

cidade comparada à média dos demais países.[15] Um elemento que reforça essa especificidade é a elevada eficiência e baixos níveis de perda na transformação de energia, no seu transporte e armazenamento.[16] Um corolário relevante é a combinação de hidroeletricidade e biomassa como fontes primárias de energia que possibilita o crescimento da economia — assim como o consumo de energia — com base em níveis limitados de emissão de GEE, quando comparados às formas dominantes de energia não renovável: petróleo e derivados, carvão mineral e derivados, e gás natural. Assim, o fato do país produzir e consumir, aproximadamente, 2,0% da energia mundial, e ser responsável por cerca de 1,23% das emissões de GEE, é fundamentalmente explicado pela qualidade de suas fontes primárias de energia.

O PLANO DECENAL E A CONTRIBUIÇÃO DA MATRIZ DE ENERGIA ELÉTRICA PARA A EMISSÃO DE GEE

A matriz elétrica brasileira está na fronteira ambiental, por ser uma matriz de baixa emissão. Sua característica central é a base na hidroeletricidade, que no ano de 2008 perfazia 84,6% do total de capacidade, enquanto as não renováveis somavam 13,7% (Quadro 9). É um sistema que contribui de forma determinante para a eficiência da matriz energética, tanto pela natureza de sua energia quanto pela integração e interligação por extensa rede de transmissão (cerca de 88 mil km de linhas de alta tensão), que permite o aproveitamento da diversidade hidrológica regional (além de minimizar o risco de falta de energia e possibilitar a otimização do uso dos recursos de geração do sistema).

Como consequência, o país ocupa uma posição "peculiar" no que diz respeito às emissões de GEE (Quadro 8), com uma participação residual no mundo (0,48%), um dos mais baixos níveis de emissão per capita (0,3 tCO_2,

---

[15] Em 2008, de acordo com o balanço energético, a participação dos produtos de cana de açúcar na oferta primária de energia foi de 16,4%, superando a de energia hidráulica (13,8%). Foi em 2007 que observou-se pela primeira vez a dominância dos produtos de cana-de-açúcar em relação à energia de fonte hidráulica (respectivamente 15,9% *versus* 14,9%).

[16] Ver CNI, op.cit., p. 12-15. Em 2006, o Brasil apresentava 19% de perdas (no próprio processo de geração de energia, e entre a produção e o consumo final; *versus* 31% para a OCDE e o mundo em média. Um elemento adicional é a cunha tributária sobre o petróleo e derivados — imposta não por razões ambientais — mas que resultou em um consumo relativamente mais parcimonioso desta fonte de energia.

QUADRO 8
TOTAL DE EMISSÕES DE GEE POR ELETRICIDADE E CALEFAÇÃO, PRINCIPAIS EMISSORES, 2005 (PER CAPITA E POR UNIDADE DE PIB) EM MTCO$_2$e E US$

País	2005	% do mundo	Emissões per capita	PIB/emissões
EUA	2.743,6	22,29%	9,3	4.527,58
China	2.669,4	21,69%	2	837,55
Federação Russa	933,9	7,59%	6,5	818,35
Índia	694,8	5,65%	0,6	1.128,74
Japão	512,9	4,17%	4	8.891,93
Alemanha	363,7	2,96%	4,4	7.683,47
Austrália	236,2	1,92%	11,6	3.019,74
Reino Unido	232,8	1,89%	3,9	9.794,08
África do Sul	210,5	1,71%	4,5	1.152,86
Coreia do Sul	199,6	1,62%	4,1	4.233,55
Canadá	191,2	1,55%	5,9	5.927,97
Polônia	172,2	1,40%	4,5	1.765,27
Arábia Saudita	172	1,40%	7,4	1.835,81
México	166,5	1,35%	1,6	5.099,28
Itália	160,9	1,31%	2,7	11.067,63
Taiwan	152,0	1,24%	6,6	2.343,60
Indonésia	135,1	1,10%	0,6	2.115,88
Espanha	129,3	1,05%	3	8.755,84
Ucrânia	126,6	1,03%	2,7	680,39
Irã	108,1	0,88%	1,6	1.739,56
Tailândia	91,6	0,74%	1,5	1.925,24
Cazaquistão	85,2	0,69%	5,6	670,42
Turquia	81,1	0,66%	1,1	5.951,73
França	71,9	0,58%	1,2	29.867,80
Países Baixos	71,9	0,58%	4,4	8.895,40
República Checa	65,4	0,53%	6,4	1.904,42
Egito	61,6	0,50%	0,8	1.457,69
Malásia	59,1	0,48%	2,3	2.335,40
Brasil	**58,6**	**0,48%**	**0,3**	**15.046,98**
Mundo	**12.307,2**	**100%**	**1,9**	**3.663,73**

FONTE: Ver Quadro 4.

menos de 1/6 da média mundial) e a segunda mais elevada eficiência ambiental (US$ 15.047 por tCO_2 emitida, em contraposição a uma média mundial de US$ 3.664).

Em termos de participação nas emissões globais de GEE, e dentre os países da OCDE, a França seria único país próximo ao Brasil, com níveis ainda mais elevados de eficiência ambiental (praticamente o dobro), porém mais modestos sob o critério de emissões per capita. A razão básica da França se posicionar na fronteira é pela preponderância de energia nuclear na sua matriz e o consequente baixo nível de emissão.

É importante mencionar que fonte básica de dados neste artigo para as emissões nacionais de GEE foi o Climate Analysis Indicators Tool (CAIT, v. 6.0) do World Resources Institute, visto por muitos analistas como uma das mais confiáveis. Neste aspecto — de emissões de GEE pela matriz elétrica —, há uma discrepância considerável entre os dados divulgados pela EPE e pelo WRI. Em particular, em 2005 a EPE indica emissões da ordem de 13,4 MtCO_2e (e não 56,4 MtCO_2e).[17] Assim, a posição do país seria drasticamente alterada: no ordenamento das emissões, cairia para 65º lugar; no volume emitido por habitante, iria para 0,07 tCO_2e (1/27 das emissões per capita do mundo); e em termos de eficiência ambiental, o Brasil passaria a ser isoladamente o mais produtivo, com cerca de US$ 64.500 por tCO_2e emitido, mais do que duas vezes que a França, país que sob este parâmetro se encontraria na fronteira.

Em uma perspectiva de médio e longo prazos, o novo Plano Decenal 2008-2017, documento básico de planejamento indicativo do setor, direciona a um rápido crescimento de fontes não renováveis, com ênfase no óleo combustível. Em contraposição, a fonte hidro é a que menos cresce no período (Quadro 9).

Até que ponto o país estaria diante de um retrocesso? E de modo mais geral, por que a mudança na matriz? Há fundamentalmente duas razões distintas para as mudanças em execução e planejadas. A necessidade de reequilíbrio da matriz seria resultado *primeiro*, da preponderância e excessiva dependência do regime de chuvas, levando a um risco crescente, inclusive pelo fato de que as mudanças climáticas estão reduzindo a previsibilidade dos índices pluviométricos nas bacias. Também, a partir de meados da década de 1980,

---

[17] Os dados da EPE levam em consideração "as emissões provenientes da queima de combustíveis fósseis na operação do SIN" (Plano Decenal, op.cit., cap. III-3, p. 17). Ainda que seja uma parcela das emissões totais (dado que parte da geração térmica está fora do sistema integrado), as emissões do SIN devem ser, com toda a probabilidade, a parte preponderante. Neste sentido, permanece inexplicada a discrepância.

QUADRO 9
EVOLUÇÃO DA CAPACIDADE INSTALADA
POR FONTE DE GERAÇÃO 2008-2017
(FINAL DO PERÍODO, EM MW E %)

Fonte	2008		2017		Δ 2008-17	g
Hidro	84.374	84,6	117.506	75,9	33.132	3,75
Alternativa	1.256	1,2	6.233	4,0	4.977	19,48
Nuclear	2.007	2,0	3.357	2,2	1.350	5,88
Gás Natural	8.237	8,3	12.204	7,9	3.967	4,47
Óleo	1.984	2,0	10.463	6,8	8.479	20,29
Carvão	1.415	1,4	3.175	2,0	1.760	9,40
Outras	469	0,5	1.859	1,2	1.390	16,54
Total	99.742	100	154.797	100	55.055	5,01

NOTAS: g — taxa média de crescimento no período; fonte hidro inclui PCHs; alternativa inclui biomassa e eólica; óleo inclui óleo combustível e diesel. Outras incluem gás de processo e vapor, e térmicas ainda em estágio indicativo.
FONTE: EPE, op.cit., Tabela 32.

o ritmo de crescimento da capacidade de armazenamento dos reservatórios não acompanhou a potência hidráulica instalada pela necessidade de construir usinas a fio d'água.[18] Assim, reduziu-se a eficácia de um mecanismo de estoque e regulação plurianual do volume de energia hidráulica disponível.

O imperativo da redução do risco de desabastecimento, principalmente tendo em vista a crise de 2001 e o consequente racionamento, levou à busca de alternativas com capacidade de resposta de curto prazo. A solução foi a ampliação do componente térmico (inicialmente por meio de um programa de térmicas emergenciais e pelo PPT, este último com base em gás natural e liderado pela Petrobras), e com usinas operando na ponta. Eventualmente as térmicas emergenciais foram descontinuadas, e novas unidades foram contratadas por meio dos leilões de energia, com a consolidação do novo modelo setorial.[19]

---

[18] Por razões ambientais e para evitar deslocamentos populacionais, inclusive de grupos protegidos (a exemplo de indígenas), evitou-se nas duas últimas décadas a construção de barragens com grandes reservatórios ocupando extensas áreas. Enquanto no período 1982-2005 a potência hidráulica instalada se expande em cerca de 30 GWs para 70 GWs, a capacidade de armazenamento (para usinas representando 75% do total) pouco cresce e permanece abaixo de 200 GW mês. O resultado foi o país abrir mão de estoques reguladores de 3-4 anos de duração.
[19] A mitigação do risco foi reforçada com uma resolução do Comitê de Monitoramento do Setor Elétrico (CMSE) de junho de 2008 que determina o acionamento das termelétricas para assegurar que em 30 de novembro os reservatórios do Sudoeste-Centro Oeste estejam com um mínimo de 53% de sua capacidade de armazenamento, e os do Nordeste, em 35%, rompendo (potencialmente) a ordem de mérito calcada no custo econômico de acionamento das usinas.

A redução do risco também foi obtida por meio da expansão das linhas de transmissão, como parte de um programa extremamente bem-sucedido de leilões sucessivos e com deságios crescentes. Em certa medida, geração e transmissão são substitutos, e a capacidade de transportar energia entre as principais regiões do país não apenas aumenta a confiabilidade do SIN e o otimiza, como reduz o risco e a necessidade de prover capacidade adicional em cada região.[20]

A *segunda* razão para a evolução da matriz e a transição para uma geração mais "suja" refere-se à complexidade do processo de licenciamento ambiental e a postergação dos projetos com base hídrica, que igualmente acelerou o processo de rebalanceamento da matriz.[21] O adiamento — e o aumento da incerteza quanto ao tempo de entrada em operação dos novos projetos hidrelétricos — combinado com a necessidade de atendimento do mercado sob os critérios de custo e risco[22] implicou-se no aumento da geração com base em combustíveis fósseis: diesel, óleo combustível, carvão e gás natural, e levou o novo Plano Decenal a programar uma expansão bastante agressiva de fontes não renováveis (com destaque para o óleo combustível).

Quais as implicações para a emissão de GEE? O Plano tem por base a configuração de referência, e examina duas hipóteses com a retirada de 14 GWs de capacidade instalada: alternativa 1, com a substituição por 13.200 MW de oferta adicional por termelétricas com base em gás natural e carvão, e fontes alternativas (correspondendo a um incremento de 5.241 MWmed); e alternativa 2, com base em uso menos intenso de gás natural, maior de carvão e principalmente de fontes alternativas, totalizando 12.456 MWs (Quadro 10).

Na configuração de referência, o incremento de GEE no decênio é estimado em 25 $MtCO_2e$ — e de cerca de 60 $MtCO_2e$ caso haja a retirada de 14 GWs de capacidade por cancelamento ou atraso, e sua substituição por

---

[20] O Plano Decenal de Energia 2008-2017 indica na Configuração de Referência do Sistema de Transmissão um conjunto de 129 projetos com 29.824 km, dos quais 11.726 km são interligações de alta tensão (500 Kv ou acima), um acréscimo de 34% em extensão frente a 2007. Ver EPE, op.cit., cap. III-3.
[21] Ver o excelente trabalho do Banco Mundial, "Licenciamento ambiental de empreendimentos hidrelétricos no Brasil: uma contribuição para o debate", Brasília, Relatório Principal, março de 2008.
[22] De acordo com as normas do CNPE, o planejamento deve garantir em simultâneo a igualdade dos custos marginais de expansão e operação (CME = CMO), e risco de insuficiência de oferta menor do que 5%. A limitação do risco em 5% seria obtida, entre outros fatores, pela garantia de níveis mínimos nos reservatórios ao final da estação seca (ver nota 18).

térmicas a gás e/ou carvão (alternativas 1 e 2 do Quadro 10).[23] Ainda que o incremento de 25-60 MtCO$_2$e seja de 1-3% do total de emissões do país, ou colocado de outra forma, de 2-5% das emissões por desmatamento, não há razão para que esse fato leve a uma acomodação, pelo contrário.

QUADRO 10
EMISSÕES DE GASES DO EFEITO ESTUFA PELA GERAÇÃO DE ENERGIA ELÉTRICA 2008-2017 (CONFIGURAÇÃO BÁSICA, ALTERNATIVAS 1 E 2)
EM MTCO$_2$eq

Fonte	Configuração básica	Alternativa 1	Alternativa 2
Carvão	22,05	49,0	51,0
Gás natural	11,38	22,0	16,0
Óleo	5,67	4,0	7,0
Total	39,0	75,0	74,0

FONTE: EPE.

O país deve avançar no objetivo de se consolidar como uma economia de baixo carbono, e que deve ser o objetivo, independente de compromissos obrigatórios no contexto de convenções ou compactos do clima, por ser de interesse nacional. A seção que segue, discute uma agenda de trabalho, centrada em iniciativas para reduzir (e eventualmente eliminar) o desmatamento predatório do bioma mais importante — a Amazônia; melhorar a prática na agropecuária, cujo resultado é simultaneamente maior produtividade econômica e ambiental; e promover a expansão de fontes renováveis, tanto hídricas quanto eólicas (dentre outras), levando em consideração o custo de oportunidade do atraso dos projetos tanto em termos econômicos quanto ambientais por ocasião do processo de licenciamento.

A Amazônia ainda detém a chave para o Brasil entrar em uma era de baixo carbono: o eixo central é estabelecer os incentivos adequados para a manutenção da floresta com a redução significativa do desmatamento e recomposição da co-

---

[23] As emissões de GEE no país em 2008 devido a geração de energia elétrica foram de 14,43 MtCO$_2$e, dos quais cerca 13 MtCO$_2$e por plantas de carvão e gás natural (com leve preponderância de carvão) e 1,43 MtCO$_2$e por geração na base de óleo. Entre 2003 e 2007, o nível de emissões foi em média de 12,7 MtCO$_2$e, sendo 6,84 MtCO$_2$e das usinas de carvão, 5,52 MtCO$_2$e de gás natural e o restante (0,34 MtCO$_2$e) de óleo. Deve-se considerar que usinas operantes apenas na ponta (gás natural e óleo) tendem a poluir menos, pois funcionam um número menor de dias em relação àquelas que operam na base do sistema.

bertura natural; o complemento crítico é o uso inteligente dos aproveitamentos hidrelétricos da região. Na base, um plano de desenvolvimento sustentável.

ELEMENTOS DE UMA AGENDA TRANSFORMADORA

Inexoravelmente, avançamos para um mundo multipolar, em que países desenvolvidos irão compartilhar poder e responsabilidades com as economias emergentes. A liderança do crescimento econômico é a expressão sintética de um novo padrão: desde 2007, as economias emergentes e em desenvolvimento sustentam o crescimento mundial (ou impedem um descenso ainda mais acentuado, como em 2009).

A natureza da competição entre nações mudou: não se resume à dimensão militar ou econômica. Países projetam poder pela forma inovadora e responsável com que lidam com os grandes temas globais. Neste início de século XXI, dois temas têm importância transcendental: a erradicação das formas mais degradantes de pobreza e a preservação do meio ambiente.

Para o meio ambiente, a emissão de GEE e seu impacto no futuro do planeta tornou-se a questão de maior relevância. Para o Brasil — signatário da Convenção Quadro das Nações Unidas sobre a Mudança do Clima — é simultaneamente uma oportunidade, pela sua vocação de economia de baixo carbono, e uma ameaça. A forma como governo e sociedade tratarão esta temática em 2009 — quando ocorre a conferência de Copenhagen, na qual será assinado um novo tratado com metas visando a redução dos GEE para substituir o Protocolo de Kyoto de 1997 — e nos próximos anos irá, potencialmente, localizar o país nos polos opostos de responsabilidade global e eficiência ambiental.

Há, de fato, uma enorme oportunidade para o país: capturar os incentivos econômicos e a liderança política da transição para uma economia de baixo carbono que será requerida dos maiores emissores. O país fez o mais difícil: construiu uma matriz energética sustentável e uma matriz elétrica de alta qualidade ambiental. Entretanto errou no mais essencial: evitar as práticas predatórias no trato dos recursos naturais.

Qual é o desafio? Como se viu nesse artigo, o país — em termos absolutos — é o quarto maior emissor e, no nível per capita — 13,3 tCO_2e —, emite 2,5 vezes mais do que a média mundial. Em PIB por tCO_2e, gera-se apenas US$ 278 (vs. US$ 783 para o mundo). Emite-se muito GEE; gera-se relativamente pouca renda. Em síntese, o país é ambientalmente ineficiente.

O desmatamento é o calcanhar de aquiles do país. O bioma amazônico ocupa cerca de 8 milhões de km^2, sendo 5 milhões de km^2 no Brasil. O desmatamento principalmente da Floresta Amazônica — processo que historicamente foi responsável por cerca de 60% das emissões de GEE — já consumiu, desde 1970, cerca de 18% da floresta brasileira, e a degradação atinge um percentual próximo.

Travar este processo supõe um entendimento de sua lógica[24] e uma estratégia que contemple alguns pontos essenciais:

Primeiro, estabelecer mecanismos que incentivem a manutenção da floresta, assim como o reflorestamento e o manejo florestal, gerando emprego e renda para a população. Essas três dimensões são complementares e se aplicam às diferentes áreas ou zonas. Em alguns casos, a floresta deverá permanecer intocada;[25] em outros, pode ser sujeita a concessão a terceiros — inclusive e principalmente às comunidades — para fins de manejo adequado.[26] E, em muitos casos, em áreas degradadas, o essencial é um processo de reflorestamento que combine áreas plantadas com espécies nativas e áreas plantadas com árvores voltadas, por exemplo, à produção de celulose. O caos fundiário que caracteriza a Amazônia, e particularmente o estado do Pará, é um óbice-chave tanto para o manejo como principalmente para ações em larga escala de reflorestamento.

---

[24] O processo de rápida expansão econômica (*boom*) com a extração predatória de recursos naturais seguida de colapso, com seu esgotamento, é descrita com base na experiência de 286 municípios da região em A. Rodrigues, R. Ewers, L. Parry, C. Souza Jr, A. Veríssimo e A. Balmford, "Boom-and-Bust Development Patterns Across de Amazon Deforestation Frontier", *Science* 12/6/2009, v. 324, p. 1435-37.

[25] Manter a floresta, com apoio de mecanismos como o REDD — Redução de Emissões por Desmatamento e Degradação (ainda em fase de definição) — é essencial: de acordo com estimativas do Instituto de Pesquisa da Amazônia (Ipam), Universidade de Minas Gerais e Woods Hole Research Center, há cerca de 47 bilhões de toneladas de carbono estocadas na floresta, sendo 15 bilhões nos 100 milhões de hectares de terras indígenas e reservas extrativistas. Tomando por base as emissões mundiais de 45GtCO$_2$e, a liberação de um décimo do estocado na floresta equivaleria a mais do que 100 vezes o GEE emitidos anualmente, o que obviamente teria implicações drásticas sobre o clima. Ver *Valor*, 12/5/2009, p. A2 ("Terras Indígenas e reservas possuem 30% do carbono estocado na Amazônia").

[26] Vale notar que em cada quatro árvores derrubadas, apenas uma tem aproveitamento econômico adequado. De acordo com Adalberto Veríssimo, do Imazon, "por ano, se extraem da Amazônia cerca de 24 milhões de metros cúbicos de tora. Isso dá 6 milhões de árvores. A conta final é que na extração de 6 milhões de árvores danificam-se outras 4 milhões. Quando se derruba uma árvore na floresta, derrubam-se outras e machucam-se muitas. O cálculo mais conservador é de que cada 4 árvores destruídas, apenas uma vira de fato móvel, piso ou forro. Outras se tornam carvão, pó de serra ou galhos que ficam por lá... Precisamos transformar o manejo, que é exceção, na regra. A produção de madeira manejada na Amazônia representa 10% ou 15% no máximo, do volume. O problema é que a oferta de área legalizada é muito tímida, a demanda de madeira continua, o setor que opera na clandestinidade cresce nesta crise..." Ver a entrevista extremamente lúcida em *Valor*, 15/5/2009, p. A16 ("Sobra pouco tempo para salvar a Amazônia").

Segundo, e nesta perspectiva, deve-se promover o cadastramento, regularização e licenciamento ambiental das propriedades, sem necessariamente aguardar a regularização fundiária.[27] Se esforços decisivos forem empenhados, deverá levar, no mínimo, uma a duas décadas para sua realização (cerca de 53% da região tem propriedade indefinida); não há razão de se aguardar este prazo para iniciar — uma vez definido o legítimo dono da terra — as ações de restauração e preservação da floresta.

Terceiro, é necessário fiscalizar de forma efetiva e monitorar a agressão à floresta e a degradação florestal, comunicando ao governo e órgãos de Estado, assim como à sociedade, para que haja ações repressivas e educativas em tempo hábil. Neste sentido, o monitoramento necessita ter caráter estratégico, antecipativo, focalizando nas tendências de avanço da atividade predatória e exploração ilegal de madeira. É necessário fornecer os meios materiais e humanos para que governo e sociedade monitorem algo que pertence a todos.

Quarto, é fundamental prover as bases de sustentação econômica da população da região no médio e longo prazos. É necessário mais do que um conjunto articulado de ideias, mas um plano de ação com medidas palpáveis, com financiamento determinado, inscritas em um marco que dê racionalidade a essas ações. Estas devem ter por referência um amplo Zoneamento Econômico-Ecológico (ZEE) da região, que defina as vocações das diferentes áreas e regiões. Seria com base no ZEE que se estabeleceriam os incentivos, seja à produção, à preservação, seja à constituição de uma infraestrutura física e institucional de suporte.[28]

Quinto, o governo deve aprender com os erros anteriores para evitar cometê-los novamente. Historicamente, as estradas abertas sob a premissa de ocupação (a qualquer custo) foram os vetores maiores de devastação da floresta, além, em muitos casos, de enorme desperdício de recursos públicos. A rodovia Porto Velho-Manaus (BR-319) deverá abrir uma nova frente de desmatamento, inclusive porque a capacidade do Estado

---

[27] A complexidade do processo de regularização está detalhada em P. Barreto, A. Pinto, B. Brito e S. Hayashi, *Quem é o dono da Amazônia? Uma análise do recadastramento de imóveis rurais*, Instituto do Homem e Meio Ambiente da Amazônia — Imazon, Belém, março de 2008. O texto ajuda a compreender porque a Medida Provisória nº 458, em discussão no Congresso, é falha e insuficiente.

[28] Ações significativas de geração de emprego e renda em bases sustentáveis econômica e ambientalmente e com ênfase na regeneração da floresta já são realizadas por empresas com interesse no desenvolvimento da região, a exemplo do Vale Florestar, projeto da Vale de recomposição ambiental e reflorestamento em terras degradadas no Pará.

de evitar desmatamento em uma área relativamente intocada da floresta e grilagem de terras públicas é obviamente limitada.[29] A menos do imperativo político do Ministério dos Transportes, não há *rationale* para este tipo de obra no miolo do bioma.

Além do desmatamento, o complexo agropecuário — altamente heterogêneo — é a outra fonte significativa de GEE (com cerca de 26% do total do país), centrados no metano e no óxido nitroso. Como visto, o país tem uma agropecuária de alto carbono, com um baixo nível renda setorial por tonelada de CO_2e emitido, por uma combinação de uso excessivo de fertilizantes nitrogenados, gestão antiquada de solos agrícolas e pastos, assim como dos rebanhos, e a queima de resíduos.

A McKinsey discute o potencial de abatimento das emissões do Brasil, dentre outros países[30] recentemente. O país tem o potencial de reduzir em 70% suas emissões em uma perspectiva temporal de médio e longo prazo (2030) e de forma competitiva, com um gasto médio de US$ 13,5 por tCO_2e (vs. US$ 27 em média globalmente), ou aproximadamente 1% do PIB.[31]

De acordo com o estudo, a eliminação do desmatamento e as melhorias das práticas agrícolas representam 86% do potencial de redução de emissões no país (72% e 14%, respectivamente). No caso do desmatamento, estima-se um custo de US$ 12 por tCO_2e para abatimento das emissões por desmatamento e desenvolvimento da região, o que equivale a cerca de US$ 8,6 bilhões ao longo de 20 anos ou 0,6% do PIB (decrescendo esta proporção ao longo dos anos).

O custo médio de abatimento no setor agropecuário é mais reduzido e estimado em US$ 3 por tCO_2e, que inclui a melhoria de gestão dos pastos (de

---

[29] A ausência de fiscalização está na base na ineficácia de muitas das medidas do governo, e a oposição de grupos ambientalistas a propostas de flexibilização do quadro legal e regulatório. No caso da BR-163 (Cuiabá-Santarém) e BR-230 (Transamazônica), em que o governo modificou a área de reserva legal no entorno das duas rodovias de 80% (exigido em todo o bioma amazônico) para 50%, obrigando aos que têm proporção inferior a replantar com nativas e demarcar a (Área de Preservação Permanente — APP — encostas e beira dos rios), não há segurança de efetivo cumprimento. Este é ilustrado pela dificuldade de implantação do distrito florestal na BR-163 e o desmatamento de novas unidades de conservação. É neste sentido que o Zoneamento Econômico-Ecológico em si não sustenta sem eficácia fiscalizatória.
[30] Ver McKinsey & Co., "Caminhos para uma economia de baixo carbono no Brasil", op.cit.
[31] Para Nicholas Stern, para atingir a meta de se reduzir em 50% das emissões mundiais até 2050, com base no ano de 1990, haveria necessidade de se investir anualmente 2% do PIB mundial ou cerca de US$ 1 trilhão (o dobro do proposto em 2006 no Relatório Stern encomendado pelo governo britânico, tendo em vista o aumento dos riscos — e custos — do aquecimento global). Ver *A Blueprint for a Safer Planet — How to Manage Climate Change and Create a New Era of Progress and Prosperity*, Londres: Bodley Head, 2009.

modo a aumentar a produtividade de criação por hectare), da fermentação ruminal (com medicamentos que selecionam as bactérias desejáveis em câmaras de fermentação animal), assim como a restauração de solos agrícolas, inclusive por meio de plantio direto. Como resultado dessas medidas, haveria uma redução de 32% das emissões estimadas para 2030 (dos quais 60% do abatimento na pecuária e o restante na agricultura).

A agenda de transição para uma economia de baixo carbono, no caso da matriz energética, necessita levar em consideração que, na realidade, esta matriz é um fator de diferenciação competitiva, por ser apoiada fortemente em fontes renováveis; pela elevada proporção da hidroeletricidade; pelo uso intensivo do etanol na frota de veículos e da biomassa de cana-de-açúcar na co-geração. De modo geral, a matriz se caracteriza pelo crescimento moderado das emissões no período 2000/2005, baixa participação no total mundial e uma eficiência ambiental relativamente elevada.

É recente o avanço marginal de fontes não renováveis na matriz direcionada basicamente por mudanças na matriz elétrica. Dado o potencial energético do país em fontes renováveis e limpas, não haveria necessidade de incorrer em um retrocesso, quando o mundo caminha — de forma irreversível — para um uso mais intenso de fontes renováveis.

Há um amplo leque de iniciativas no sentido de avançar para uma economia de baixo carbono e maior economia energética, desde mudanças nos processos siderúrgico, químico e de produção de cimento, ao padrão de edificações e no uso de veículos híbridos e elétricos. A ênfase maior, contudo, deve ser a matriz de geração de energia elétrica no Brasil, dado o enorme potencial de energias renováveis no Brasil, principalmente hídrica, eólica e solar.

Nesta perspectiva, é importante não apenas não retroceder como consolidar a posição do país na fronteira de geração limpa, e redefinir a própria fronteira. A agenda neste caso tem por ponto de partida o aproveitamento ótimo dos recursos hídricos do país para geração hidrelétrica, que atualmente residem de forma preponderante na Amazônia.[32]

---

[32] De um total potencial hidrelétrico viável de exploração econômica estimado em 260GWs, cerca de 84,4 GWs estavam utilizados ao final de 2008. O restante em construção (a exemplo das UHEs de Santo Antônio e Jirau no rio Madeira em Rondônia totalizando 6.450 MWs) ou são objetos de estudos ou se encontram preponderantemente na região Norte. Atualmente são realizados e/ou finalizados estudos de viabilidade econômica e EIA-RIMA em aproveitamentos com capacidade estimada em 31.268 MWs (dos quais 11.181 MWs referentes a Belo Monte) na região, e estudos de inventário em 10 bacias da região totalizando cerca de 29.400 MWs (incluindo 10.682 MWs no rio Tapajós, 5.000 MWs no rio Juruena, 3.100 MWs no rio Araguaia — cujo uso para fins hidrelétricos é improvável — e 3.000 MWs cada nos rios Aripuanã e Trombetas).

Para tanto é essencial que o licenciamento dos projetos hidrelétricos tenha explicitamente em consideração seus benefícios ambientais e os *trade-offs* envolvidos na sua postergação.[33] Deste modo, o cálculo efetuado pela Empresa de Pesquisa Energética (EPE) no contexto do Plano Decenal 2008-2017 é um avanço em virtude de identificar (nas alternativas à configuração básica) as implicações em termos de maiores emissões de GEE da postergação e/ou cancelamento de projetos.

O cerne do problema quanto ao processo de licenciamento está na falta de clareza sobre a divisão de responsabilidades entre as diversas esferas, fundamentalmente federal e estadual;[34] a ausência de mecanismos de resolução de conflitos entre as diversas esferas para o processo de licenciamento (principalmente para o caso dos grandes projetos); e possivelmente, a ausência de adoção de um processo de concessão e licenciamento, bem como atribuição de responsabilidades, por bacia hidrográfica.

Quanto a este último aspecto, seria importante analisar em profundidade os custos e benefícios de mudanças no processo de concessão contemplando a bacia no seu conjunto e o uso múltiplo dos recursos hídricos, e não projetos individuais e fragmentados, sendo a concessionária a "autoridade de bacia".[35] O modelo mais próximo é o Tennessee Valley Authority (TVA), corporação do governo federal dos Estados Unidos instituído pelo presidente Roosevelt para promover desenvolvimento integrado de uma região englobando vários estados do sul do país. A discussão deve ser ampliada e aprofundada, na medida em que o conceito de uma autoridade única, sujeita à regulação, e responsável pelo múltiplo aproveitamento dos recursos — geração de energia, agricultura, transporte, serviços ambientais — pode ser uma solução para soluções que caracterizam frequentemente o aproveitamento das bacias no país.

---

[33] Ver Banco Mundial, "Licenciamento ambiental de empreendimentos hidrelétricos no Brasil: uma contribuição para o debate", op.cit. Ao impor custos significativos aos projetos hidrelétricos — estimados em US$ 143 a US$ 183 por kW instalado ou 15-20% dos custos totais — o processo de licenciamento ambiental no setor cria incentivos indiretos para uso da energia térmica.

[34] Do ponto de vista jurídico, seria essencial regulamentar o parágrafo único do artigo 23 da Constituição por delegar aos três níveis da federação a competência de proteger o meio ambiente e fiscalizar os empreendimentos que afetam seus territórios. Ver a esse respeito a opinião de Sérgio Guerra, "Os Conflitos de Licenciamento Ambiental", *Valor*, 9/3/2009, p. E2.

[35] No contexto da renovação das concessões dos aproveitamentos hidrelétricos em 2015 e obrigação da resolução do processo de outorga em 2012, esta proposta foi lançada por José Luiz Alquéres em "Energia e meio ambiente: a grande oportunidade" em *Valor*, 13/5/2009, p. A10, e seguida por uma discussão por Jérson Kelman no mesmo veículo em 14/5/2009, p. A10.

Nesta perspectiva, é essencial que os projetos hidrelétricos — na Amazônia em particular, pela especificidade do bioma e seus desafios ambientais — integrem uma estratégia mais ampla de desenvolvimento sustentável, calcada no zoneamento econômico-ecológico da região (e das bacias), e que definam suas vocações e restrições. Na realidade, a inscrição destes projetos em um marco preestabelecido com envolvimento da sociedade civil e governo local, com base em processo participativo e com resultados aceitos pela população, desinflaria parte das demandas judiciais que frequentemente afetam seu cronograma e, eventualmente, sua viabilidade.

Além dos projetos hidrelétricos, uma agenda de baixo carbono estabeleceria metas ambiciosas (porém críveis) de ampliação de capacidade em energias alternativas e geração distribuída. Neste aspecto o país é relativamente pródigo, ilustrado pelo potencial a ser realizado em energia eólica, dentre outras fontes alternativas.

Enquanto que a capacidade instalada do parque gerador de *energia eólica* é de apenas 247,1 MWs, o potencial dos país seria da ordem de 143,4 GWs (dos quais 75 GWs no Nordeste, 29,7 GWs no Sudeste, 22,8 GWs no Sul, 12,8 GWs no Norte e 3,1 GWs no Centro-Oeste). O primeiro leilão de eólica está previsto para novembro de 2009. A questão central permanece nos custos de investimento relativamente elevados por falta de escala da indústria no Brasil. Ao governo cabe dar maior visibilidade quanto ao uso dessa energia: um programa de energia eólica contemplando um horizonte de previsibilidade e esforços consistentes de atração de investimentos para produção de equipamentos no país viabilizariam a energia eólica a um custo mais competitivo.

Já a opção por termelétricas a óleo deve ser limitada, em princípio cancelando novas outorgas, e convertendo projetos contratados para gás natural na medida em que sua oferta no país alarga, inclusive com o desenvolvimento de novos projetos nas Bacias de Campos e Santos.[36] Dada a relevância e o interesse do país em se tornar uma economia de baixo carbono — e ser

---

[36] De fato, o MME e a EPE propuseram à Petrobras que garanta oferta de gás natural aos projetos termelétricos movidos a óleo combustível aceitos em 2008 (leilão A-3), o que seria factível a menos do preço que de acordo com a empresa não incorpora um prêmio para garantir a pronta entrega. A questão, portanto, é quem assumiria o risco do (não) despacho e da volatilidade da demanda de gás para fins de geração — o dono do projeto ou a fornecedora de insumo. De acordo com a Petrobras, o contingenciamento de gás para fins de geração em 2009 é da ordem de 20 milhões de m³ por dia, 50 milhões de m³ em 2013 e chegando a 75 milhões de m³ em 2017. Ver comentários de Graça Foster no Gas Summit 2009 em *Valor*, 27/5/2009, p. B7.

percebido enquanto tal —, é necessário que os custos econômicos e ambientais desta opção de combustível sejam internalizados.[37]

Deve-se ao mesmo tempo avançar na energia nuclear. Esta opção — que por muitos anos foi vista como indesejável pelos riscos aparentes em desastres como Three Mile Island e Chernobyl e pela escalação nos custos — deve ser seriamente considerada à luz do desenvolvimento de plantas mais seguras e compactas, e pelo fato crítico de emissão apenas residual de GEE. Ademais, e do ponto de vista econômico, estas usinas operam na base da curva de carga do sistema elétrico, e portanto representam uma utilização mais eficiente de capital.

Os planos de construção a partir de 2012 de quatro usinas de 1 GW cada abrigadas em duas centrais nucleares, e localizadas possivelmente no Nordeste, devem ser levados adiante, desde que possam ser viabilizados com forte envolvimento privado, de modo a assegurar custos e tempos de construção mais competitivos. Deve-se organizar um processo licitatório sob a forma de um leilão, da mesma forma que se faz para outras fontes de energia.[38] Em paralelo, deve-se eliminar o monopólio de exploração de urânio no país, inclusive para ampliar suas reservas e aumentar a produção de combustível para as novas usinas.

Finalmente, é necessário articular um programa nacional de pesquisas e um projeto de desenvolvimento tecnológico e industrial de médio e longo prazo calcado no paradigma de uma economia de baixo carbono, e no contexto do Plano Nacional sobre Mudança do Clima, lançado em dezembro de 2008.[39] Apesar de um dos "eixos" do Plano ser "pesquisa e desenvolvimento",

---

[37] Instrução Normativa do Conama de abril de 2009 dispõe que 1/3 da mitigação dos impactos ambientais decorrentes das emissões de CO^2 de novas usinas termelétricas a óleo diesel e carvão (ie., aquelas ainda em fase planejamento ou obtenção de Licença Prévia) deverão ser sob a forma de plantio de árvores e 2/3 por meio de projetos de eficiência energética ou redução por outras fontes. O programa de recuperação florestal deverá priorizar áreas de preservação permanente e reserva legal, localizadas nas áreas de influência direta e indireta do empreendimento, e preferencialmente em unidades de conservação e terras públicas degradadas. Seis usinas movidas a óleo ou carvão com potência total estimada de 3500 MWs já estariam sujeitas às novas regras: Candiota III, MC-2 Gravatá, MPX Sul, Termomaranhão, Seival e Porto do Aratu, esta última a óleo combustível, e as demais a carvão mineral. De acordo com o Instituto Acende Brasil, no caso de uma térmica a carvão de 600 MWs, operando na base do sistema, a compensação de 1/3 de suas emissões demandaria (em tese) o plantio de 40,9 milhões de árvores em uma área de 24.064 hectares, e a um custo estimado de R$ 168 milhões. Ver *Valor*, 15/6/2009, p. A4.

[38] A menos de elemento inesperado, Angra III deverá entrar em operação comercial ao final de 2014 (por conta do atraso de emissão da licença de instalação).

[39] O Plano é resultado do trabalho do Comitê Interministerial sobre Mudança do Clima, com a colaboração do Fórum Brasileiro de Mudanças Climáticas, a Comissão Interministerial de Mudança Global do Clima, a III Conferência Nacional do Meio Ambiente, dentre outras organizações. Ver o texto do Plano em: www.mma.gov.br.

esta dimensão está basicamente centrada nos esforços de aumento da eficiência energética — dando continuidade às realizações dos últimos anos — e na previsão e adaptação às mudanças climáticas. Neste sentido, faltam vetores público-privados de formulação e execução de uma estratégia voltada para a inovação no campo maior da descarbonização da economia brasileira.

O Brasil é — de fato — uma potência energética (emergente): está na fronteira da produção de etanol de cana-de-açúcar e no seu aproveitamento para fins de geração de energia; e detém tecnologia de distribuição e uso deste e outros biocombustíveis. Da mesma forma, o país domina conhecimento relevante na engenharia de grandes aproveitamentos hidrelétricos. Todavia, dado a importância de descarbonização das indústrias de transformação, extração mineral e construção civil, e crescentemente do setor terciário, isso ainda é pouco.

Os países desenvolvidos, assim como a China, intensificam esforços para desenvolver inovações — muitas radicais — para poder cumprir o futuro Protocolo de Copenhagen. Para o conjunto dos países não ultrapassarem em 2020 o nível de emissões de GEE de 1990 (36,1 $GtCO_2e$) e chegarem em 2050 com níveis dramaticamente menores (estimados em 7,2 $GtCO_2e$) — de modo a estabilizar o aumento da temperatura da terra em 2°C ao final do século, será necessário uma mobilização possivelmente sem precedentes de recursos científicos, tecnológicos e industriais.

Neste contexto, há um risco que o Brasil desempenhe um papel subordinado no processo de transição para uma economia global de baixo carbono, centrado na eliminação do desmatamento, em contraposição à descarbonização da base produtiva do país, e a incubação de novas tecnologias para tanto.[40] Apesar de ações que almejam acabar com o desmatamento sejam centrais para o país se posicionar na liderança do processo de transição para uma nova economia, a complexidade deste processo reside na construção de novas institucionalidades — regras, normas e sua fiscalização, e de mecanismos efetivos que premiem a conservação dos biomas críticos, eliminem o desmatamento ilegal, e zerem a perda líquida de cobertura florestal.

Em paralelo, contudo, o país deve avançar na pesquisa, desenvolvimento e aplicação de soluções de baixo carbono nos setores energético, recursos

---

[40] Esse ponto foi levantado em recente artigo de José Eli da Veiga, "Brasil pode perder o bonde do carbono", *Valor*, 9/6/2009, p. A13.

naturais, extração mineral, industrial e de construção civil, dentre outros. Atualmente estes esforços ainda estão centrados nas universidades e institutos de pesquisa. Mas devem progressivamente migrar para as empresas que atuam na produção de inovações.

Muito desses esforços necessitam de escala e são empreendidos por vários países. Para o Brasil liderar o processo de redução das emissões pela eliminação da perda (líquida) de cobertura florestal e garantir a proteção dos seus principais biomas, particularmente o da Amazônia, o país deveria negociar um amplo acordo de transferência e codesenvolvimento de novas tecnologias de baixo carbono. Tal acordo seria inscrito em um programa estratégico de inovação cujos vetores — tanto no plano da formulação quanto execução — seriam governo, setor privado e universidades/institutos de pesquisa, com protagonismo diferenciado do setor privado e, pelo governo, do Banco Nacional de Desenvolvimento Econômico e Social (BNDES).

Portanto: o mundo mudará possivelmente de forma dramática nos próximos anos. Ainda há um certo grau de imprevisibilidade quanto à extensão, distribuição geográfica e *timing* dos efeitos do aquecimento global. Pode-se estar na antevéspera de eventos catastróficos, no caso, por exemplo, do descongelamento da *permafrost* Ártico; ou de um *continuum* de pequenas mudanças, mas que nas próximas décadas alterem de forma adversa a vida na Terra, particularmente para as populações mais pobres e grupos mais vulneráveis.

Transitar para economias de baixo carbono não é uma opção, mas um imperativo. Fazê-lo de forma sensata, eficiente e sustentável é o desafio que todos os países enfrentarão.

O Brasil está no cerne da questão, seja pelo nível de emissões, seja pela factibilidade das medidas que podem posicionar o país na liderança da descarbonização. Há uma oportunidade sem paralelo para o país tomar medidas decisivas de proteção de seus biomas — particularmente a Amazônia — acumular substanciais recursos de poder, e se posicionar na fronteira da inovação da nova economia. Nesta perspectiva, Copenhagen deveria ser encarado como instância em que o país mostra estar maduro no tratamento de uma das questões transcendentais da humanidade.

Novas tecnologias em biocombustíveis: oportunidades e riscos para o Brasil

*Luiz Augusto Horta Nogueira**

---

* Professor da Universidade Federal de Itajubá, Unifei. (Atualmente na Cepal.)

A ATUAL LIDERANÇA brasileira na transição energética global, com o desenvolvimento e efetiva utilização em larga escala de formas modernas e sustentáveis de bioenergia, com destaque para o bioetanol de cana-de-açúcar, se encontra ameaçada frente à possibilidade de que sejam desenvolvidas rotas bioenergéticas mais eficientes e competitivas em países desenvolvidos?

BIOENERGIA NO BRASIL

O emprego de energia solar mediante biocombustíveis sempre foi significativo no Brasil. Apesar da introdução de tecnologias energéticas convencionais desde o final do século XIX, a bioenergia permaneceu mais importante do que o petróleo até o ano de 1964, atendendo grande parte das necessidades energéticas das famílias, da indústria e dos sistemas de transporte na primeira metade do século passado (Dias Leite, 2007). Mesmo na atualidade, frente a consumos elevados e diversificados, a contribuição da bioenergia é destacada, conforme apresentado no Gráfico 1. Em 2007, a cana-de-açúcar e a lenha corresponderam, respectivamente, a 16% e 13% do consumo total no país (MME, 2008).

Embora mantenha uma elevada participação na matriz energética brasileira, as escalas e as formas de uso de bioenergia se modificaram ao longo do tempo. Assim, a lenha é cada vez menos utilizada como combustível para cocção doméstica, entretanto constitui a principal energia para diversas agroindústrias e na indústria cerâmica, especialmente de pequeno e médio porte, sendo crescente a produção a partir de silvicultura, em uma cadeia energética que amplia a geração de valor no meio rural. Principalmente através dos biocombustíveis líquidos empregados em veículos automotores, como o bioetanol e o biodiesel, contudo, é que ocorre a expansão mais relevante do uso da bioenergia, incorporando sistemas modernos de produção, com escalas importantes e diversas inovações tecnológicas, na produção e no uso. De fato, o programa brasileiro de biocombustíveis pode ser considerado o maior programa de energia renovável do mundo (Goldemberg, 2007).

GRÁFICO 1
PARTICIPAÇÃO DA BIOENERGIA NA OFERTA
INTERNA DE ENERGIA NO BRASIL

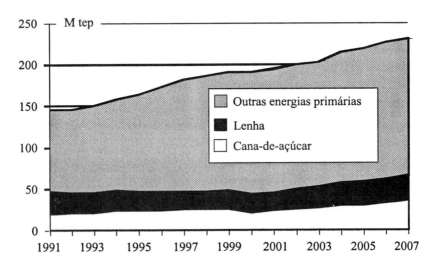

FONTE: EPE, 2007.

A rigor, o emprego de vegetais para produzir combustíveis veiculares não é uma novidade, já foi proposto por pioneiros da indústria automobilística como Rudolf Diesel e Henry Ford. Mas certamente foi no Brasil onde essa tecnologia mais evoluiu e efetivamente se consolidou. A partir do ano de 1931, por decreto presidencial, a gasolina brasileira passou a conter obrigatoriamente bioetanol (anidro), biocombustível que começou a ser usado puro (hidratado) a partir de 1979 em motores preparados para seu uso e, desde 2003, puro ou em mistura com gasolina, em qualquer teor, nos motores flexíveis. O consumo de bioetanol (anidro e hidratado) no mercado brasileiro, da ordem de 19,6 bilhões de litros em 2008, significou uma demanda volumétrica superior à da gasolina e representou 85% da produção desse biocombustível no país, sendo o restante exportado (MME, 2009).

O modelo brasileiro de produção do bioetanol evoluiu bastante durante as últimas décadas. Inicialmente se utilizavam excedentes da capacidade instalada para fabricação de açúcar, com o tempo a produção de energia na forma de bioetanol e bioeletricidade passou a ser cada vez mais autônoma e predominante. Um aspecto notável nessa evolução é o incremento alcançado na produtividade, consequência de ganhos nos rendimentos agrícola e industrial, que apresentaram crescimentos anuais acumulados de 1,4% e 1,6%, respectivamente, e resultaram em uma taxa de crescimento anual de 3,1% no volume de bioetanol produzido por hectare cultivado, ao longo de 32 anos, conforme apresentado no Gráfico 2, em valores médios para todas as unidades produtoras brasileiras (Mapa, 2007 e Unica, 2008). Devido o crescimento da produtividade, a área atualmente dedicada à cultura da cana-de-açúcar para produção de bioetanol, cerca de 3,5 milhões de hectares, é 38% da área que seria requerida considerando o atual nível de produção e a produtividade agroindustrial observada no início do Proálcool, em 1975.

GRÁFICO 2
EVOLUÇÃO DA PRODUTIVIDADE DA AGROINDÚSTRIA
DE BIOETANOL DE CANA-DE-AÇÚCAR NO BRASIL

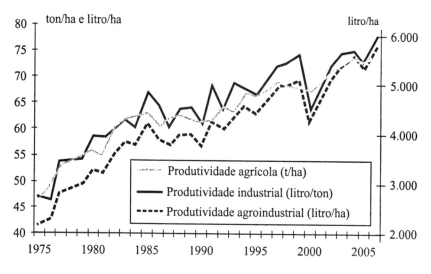

FONTE: Mapa, 2007 e Unica, 2009.

Diversos aspectos indicam que a agroindústria do bioetanol, tal como praticada no Brasil, apresenta boas perspectivas para os próximos anos. Os custos atuais de produção do bioetanol são efetivamente competitivos com os preços do petróleo acima de US$ 60 o barril, nível de equilíbrio sugerido pela Agência Internacional de Energia (IEA, 2008), a demanda interna é robusta devido à crescente frota de veículos flexíveis e as condições de produção atendem, de um modo geral, às exigências de sustentabilidade social e ambiental. Sob tais expectativas, a capacidade de produção se expande de forma intensa, ocupando uma pequena parte da ampla fronteira de terras marginais não florestais existentes no país. A maior incerteza para esse setor está associada ao desenvolvimento do mercado externo para esse biocombustível, que enfrenta barreiras comerciais poderosas, em que pesem suas inequívocas vantagens econômicas e na mitigação das emissões de gases estufa frente às demais alternativas em adoção por outros países.

O biodiesel brasileiro é baseado preponderantemente em óleo de soja, complementado por sebo e, em menor quantidade, oleaginosas diversas ainda é um biocombustível em fase de amadurecimento, cujos indicadores de sustentabilidade precisam ser melhorados ao longo dos próximos anos. Não obstante, motivada pelo mercado garantido mediante a mistura obrigatória de 3% de biodiesel no diesel mineral comercializado no país, a capacidade anual estimada de produção já supera 3 bilhões de litros, com produção em 2008 de cerca de 1,2 bilhão de litros, tornando o Brasil um dos maiores produtores mundiais desse biocombustível (MME, 2009). De todo modo, considerando as perspectivas tecnológicas e de mercado, o biodiesel é bem menos relevante que o bioetanol e será objeto de breves comentários.

São vários os fatores que levaram ao sucesso dessa alternativa energética. Contribuiu o fato de estar associada a uma agroindústria secularmente implantada no país, aproveitando vantagens e disponibilidades edafoclimáticas típicas em países tropicais úmidos, bem como utilizar como vetor energético um vegetal de elevada eficiência fotossintética, que além dos açúcares fermestescíveis, produz fibra (bagaço) em quantidades expressivas, capazes de atender às necessidades de energia para processamento nas usinas e ainda gerar excedentes energéticos importantes. Entretanto esses fatores estão também disponíveis em outros países onde o bioetanol é ainda apenas uma promessa. Esse biocombustível deu certo no Brasil também por outros fatores, como a existência de um mercado interno relevante, a decisão firme de sucessivos governos em apoiar essa alternativa e, fundamentalmente, pelo empenho público e privado no desenvolvimento tecnológico próprio, em especial, mas não somente, em temas agrícolas. Os excelentes resultados no melhoramento de variedades de cana-de-açúcar, resultado de pesquisas acumuladas durante muitos anos, a larga difusão das técnicas de controle biológico de pragas e de reciclagem de subprodutos com potencial fertilizante, como a vinhaça e a torta de filtro, e o significativo ganho de desempenho nos sistemas de cogeração a bagaço são exemplos claros do importante processo de agregação de conhecimento e inovação nessa agroindústria, essencial para sua consolidação nas últimas décadas.

PERSPECTIVAS GLOBAIS

Nos países industrializados a bioenergia ainda é muitas vezes relacionada ao uso residencial de lenha e vista como uma forma superada de energia primária, característica do subdesenvolvimento. Entretanto, progressivamente evidencia-se a diferença entre os paradigmas bioenergéticos, um tradicional, em bases extrativistas, sem adequada valoração econômica dos produtos e, em geral, empregando tecnologias de baixa eficiência e outro, associado aos modernos sistemas bioenergéticos, em que a produção ocorre quase sempre em bases comerciais, por meio de tecnologias eficientes, inclusive do ponto de vista ambiental, visando atender às necessidades da indústria, do transporte e a geração de eletricidade. Um bom exemplo é observado na Suécia e na Finlândia, que mediante a bioenergia atendem, respectivamente, 19% e 20% de sua demanda energética total, apesar do elevado consumo e sua localização em latitudes altas e regiões frias (Hall et al., 2005). Outro exemplo notável estão nos estudos dos Departamentos de Energia e Agricultura dos Estados Unidos que indicam a possibilidade de alcançar em 2030 uma produção anual de biomassa para fins energéticos e industriais da ordem de um bilhão de toneladas (base seca) nesse país, capaz de reduzir em 30% a demanda prevista de petróleo (DOE/USDA, 2005). Nesses casos, assim como na moderna produção de biocombustíveis, a bioenergia passa a ser concebida de forma inovadora, atendendo aos pressupostos de sustentabilidade e sendo reconhecida como uma forma renovável de suprimento energético.

A bioenergia se apresenta como uma das alternativas energéticas mais bem posicionadas globalmente para atender a transição energética futura.

Ela é determinada principalmente pela necessidade de encontrar sucedâneos para o petróleo, na medida em que as reservas desse hidrocarboneto são repostas apenas parcialmente e cada vez mais concentradas em poucos países, sinalizando riscos crescentes de suprimento e maior volatilidade dos preços. Em igual importância, há em vista a urgente necessidade de reduzir o aumento da concentração de gases de efeito estufa, que tem nos combustíveis fósseis a fonte de emissões mais relevante. Com efeito, os biocombustíveis, sempre que adequadamente produzidos, respeitando os pressupostos de sustentabilidade, podem substituir com excelência a gasolina e o diesel, vitais para os sistemas de transporte motorizado, empregando basicamente os mesmos motores, veículos e logística, bem como ampliando a segurança no suprimento energético, dinamizando a atividade agroindustrial e aportando benefícios ambientais locais e globais. Todas as demais tecnologias veiculares, disponíveis ou em desenvolvimento, ainda apresentam obstáculos de ordem técnica e econômica, estando muito aquém dos biocombustíveis modernos.

Foi exatamente no contexto dessas poderosas motivações que os Estados Unidos e a Europa expandiram o papel da bioenergia em suas matrizes energéticas. No começo de 2009 a capacidade norte-americana de produção de etanol alcançou 47 bilhões de litros por ano, com um volume produzido correspondendo a 7% da demanda de gasolina nesse país (RFA, 2009 e EIA, 2009), enquanto na Europa, que concentra 68% da produção mundial de biodiesel, a capacidade anual de produção de biodiesel atingiu 16 milhões de toneladas (EBB, 2009). Considerando apenas o bioetanol, que representa cerca de 90% do consumo mundial de biocombustíveis, estudos de mercado realizados em 2007/2008 indicavam para 2010 uma demanda de bioetanol global da ordem de 100 bilhões de litros, com perspectivas de atingir mais de 150 bilhões de litros em 2015, níveis factíveis frente à expansão prevista para a capacidade de produção (BNDES, 2008).

Não obstante, nos países desenvolvidos, os indicadores de sustentabilidade de seus sistemas bioenergéticos, especialmente do ponto de vista econômico, são pouco promissores. Além de custos elevados, são pouco estimulantes o balanço energético, que expressa a relação entre as energias produzida e consumida no sistema de produção, e a produtividade por unidade de área, parâmetros cruciais para definir a viabilidade da cadeia produtiva de biocombustível. Acredita-se que com o desenvolvimento de novas tecnologias tais fragilidades sejam superadas, através dos denominados biocombustíveis de segunda geração e a bioenergia poderia consolidar-se como uma alternativa doméstica e consistente também para os países industrializados.

NOVAS TECNOLOGIAS

Utilizando diferentes processos, a energia química acumulada nos vegetais pode ser convertida em outros tipos de energia. Desse modo, por exemplo, mediante a combustão da lenha se obtém energia térmica suficiente para atender as demandas de fornos e caldeiras. Empregando rotas mais complicadas, mas amplamente conhecidas, soluções de açúcares e amidos de origem vegetal podem ser fermentadas e com a destilação do vinho produzido, dar origem ao bioetanol.

Essencialmente, as novas tecnologias bioenergéticas se propõem a produzir bioetanol utilizando como matéria-prima biomassa lignocelulósica, por exemplo bagaço, palha e lenha, através de complexos processos bioquímicos ou térmicos, com expectativas de que tais processos estejam comercialmente disponíveis dentro de 10 anos. Outras tecnologias têm sido sugeridas para a conversão de biomassa em biocombustíveis, contudo ainda se encontram no início de seu desenvolvimento, o que pode impor prazos ainda maiores.

EM FASE DE MATURAÇÃO

Os dois processos com desenvolvimento mais adiantado e nos quais se depositam maiores esperanças são a hidrólise (especialmente a enzimática) e a gaseificação. No primeiro caso, trata-se de produzir soluções fermentáveis, a serem convertidas em bioetanol de forma similar à adotada nas usinas brasileiras, e no segundo processo, a biomassa é processada a altas temperaturas e convertida em gases que, mediante processos químicos posteriores, dão origem a hidrocarbonetos.

Hidrólise da biomassa

A biomassa lignocelulósica é composta por polissacarídeos (celulose e hemicelulose) e pela lignina, polímero complexo que mantém as células vegetais unidas. A fração celulósica (40%-60% da matéria seca) é mais difícil de ser quebrada, porém sua hidrólise gera glicose, cuja fermentação é bem conhecida. Por sua vez, a fração hemicelulósica (20%-40%), é mais fácil de ser hidrolisada, apesar de sua fermentação não ser desenvolvida. A fração de lignina (10%-25%) não serve para a produção de bioetanol por rotas fermentativas, no entanto, pode ser empregada como fonte de energia para os processos. De maneira geral, as etapas do processo de hidrólise se iniciam com o tratamento mecânico da matéria-prima, seguido da remoção da lignina e na hidrólise da hemicelulose, que também pode ser denominada pré-tratamento. Para essa etapa, existem diversos tipos de processos, com diferentes rendimentos. A partir da biomassa pré-tratada se efetua a hidrólise da celulose, na qual também podem ser adotados diferentes processos que diferem pela temperatura, pressão dos reatores e tipo de catalisador, que pode ser usualmente ácido diluído, ácido concentrado ou enzimas (celulase). Diversas combinações possíveis entre esses processos estão em estudo, como o SSCF, com hidrólise enzimática e processos de sacarificação e cofermentação simultâneas das hexoses e pentoses, e CBP, no qual se busca consolidar todos os processos biológicos envolvidos, incluindo-se a produção de enzimas, um dos mais caros. Na atualidade, as tecnologias com ácidos estão mais dominadas, porém aquelas que utilizam hidrólise enzimática se apresentam como mais promissoras, especialmente pelo maior rendimento e menor consumo energético.

A Tabela 1, preparada a partir de Seabra (2008), resume os principais resultados de estudos recentes sobre processos em desenvolvimento para produção de bioetanol por hidrólise, devendo-se observar que as previsões de disponibilidade apresentadas na última coluna foram efetuadas, naturalmente, na época dos estudos comentados. O custo utilizado nesses estudos foi definido de forma exógena ao processo produtivo e permite estimar o custo final do bioetanol produzido. Independentemente da rota tecnológica, é importante notar o peso do custo da biomassa sobre o custo final do bioetanol. Em geral, nas estimativas feitas para os países do hemisfério norte, tal custo representa cerca de 40% do custo do bioetanol, e grande parte das reduções do custo do biocombustível para o futuro se baseia na redução do valor da biomassa. Evidentemente, geram-se grandes expectativas quando se considera o caso de outras regiões do planeta, para as quais existem opções de biomassa com custos bem mais baixos.

TABELA 1
COMPARAÇÃO DAS ESTIMATIVAS DE RENDIMENTOS E CUSTOS PARA PRODUÇÃO DE BIOETANOL POR MEIO DA HIDRÓLISE

Referência	Processo	Rendimento (litro/t)	Custo da biomassa	Custo do etanol	Disponibilidade
Hamelinck et al. (2005)	SSF com pré-tratamento com ácido diluído	~300	3 €/GJ	0,98 €/litro	Curto prazo
	SSCF com pré-tratamento com explosão de vapor	~340	2,5 €/GJ	0,58 €/litro	Médio prazo
	CBP com termohidrólise	~400	2 €/GJ	0,39 €/litro	Longo prazo
Aden et al. (2002)	SSCF com pré-tratamento com ácido diluído.	374	33 US$/t	0,28 US$/litro (preço)	Curto prazo
Wooley et al. (1999)	SSCF com pré-tratamento com ácido diluído.	283	44 US$/t	0,38 US$/litro	Curto prazo
	Idem	413	28 US$/t	0,20 US$/litro	Longo prazo

No Brasil, a tecnologia de hidrólise tem sido desenvolvida, com pesquisas aplicadas em estágio razoavelmente avançado. Há alguns anos, em um projeto envolvendo a Fundação de Amparo à Pesquisa do Estado de São Paulo e o Centro de Tecnologia Canavieira, a Dedini Indústrias de Base testam em escala-piloto um processo para a produção de bioetanol com base no bagaço e, eventualmente, palha de cana-de-açúcar, por meio de um pré-tratamento com solvente orgânico combinado com a hidrólise com ácido diluído. No âmbito desse projeto, está em operação uma unidade de cinco mil litros de bioetanol de capacidade diária, instalada em uma usina de açúcar e bioetanol, visando à determinação de parâmetros de engenharia de processos para o dimensionamento de unidades de maior porte (Dedini, 2008). Embora ainda haja pontos a aperfeiçoar, já foram superados desafios complexos, como a alimentação contínua de bagaço em reatores sob pressão elevada e a seleção de materiais compatíveis com as altas solicitações mecânicas em ambientes muito corrosivos. Como nesse processo a fração das pentoses não é aproveitada, os rendimentos são relativamente baixos, da ordem de 218 litros de bioetanol por tonelada de bagaço seco, mas, futuramente, espera-se atingir níveis próximos de 360 litros por tonelada de bagaço, na medida em que essa fração de açúcares venha a ser utilizada (Rossell e Olivério, 2004).

De forma geral, pode-se dizer que muito já foi alcançado no desenvolvimento da tecnologia de hidrólise, mas ainda restam importantes desafios a serem enfrentados para a efetiva implementação de unidades comerciais e competitivas por meio desse processo. Nesse sentido, nos últimos anos foram desenvolvidas linhagens de micro-organismos adaptados, assim como foram modeladas e otimizadas as principais operações envolvidas no processo, basicamente, ainda na escala reduzida de reatores experimentais, em que os controles de temperatura e as condições de assepsia são mais fáceis. Certamente, a transição desses processos biológicos, quando efetivamente desenvolvidos e otimizados, para escalas necessárias na agroindústria energética será um novo desafio, ainda mais considerando a imposição de que os custos sejam aceitáveis.

Gaseificação da biomassa

Esse processo se realiza a elevadas temperaturas e atmosferas controladas, com a conversão das substâncias orgânicas da biomassa em produtos gasosos, principalmente CO, H_2, CO_2 e vapor d'água, observando-se ainda a formação de hidrocarbonetos leves e outros compostos como produtos secundários, sendo os constituintes inorgânicos da biomassa descarregados na forma de cinzas. O processo pode ser efetuado empregando o oxigênio do ar ou do vapor, ou ainda com oxigênio puro, utilizando-se reatores a pressão atmosférica ou pressurizados, com diferentes alternativas nas formas de aquecimento e movimentação da biomassa. Com efeito, a gaseificação apresenta rotas bastante diversificadas, a serem escolhidas em função da biomassa a ser processada, do tipo de produto buscado e da escala da unidade. Além disso, as reações que ocorrem em um gaseificador são bastante complexas e de seu adequado desenvolvimento depende a eficiência do processo.

Essa tecnologia vem sendo desenvolvida desde a década de 1940, quase sempre visando fornecer gases combustíveis para processos industriais e geração de energia elétrica. Assim, muitas das necessidades de desenvolvimento já foram identificadas e parcialmente equacionadas, como a alimentação de biomassa em larga escala em reatores pressurizados e a concepção dos sistemas de limpeza do gás. Atualmente se encontram em estudo as necessidades específicas relacionadas aos processos posteriores de utilização do gás produzido, como em turbinas a gás para gases de baixo poder calorífico e em reatores de síntese para o gás de biomassa, utilizados para produção de líquidos. A síntese de combustíveis pode ser beneficiada pela experiência da indústria de combustíveis fósseis, mas a maior complexidade do processo com o gás de biomassa ainda demanda mais desenvolvimento.

Efetivamente, diversos biocombustíveis, denominados líquidos Fischer-Tropsch (gasolina FT e diesel FT), hidrogênio, metanol, etanol e DME (dimetil éter), podem ser obtidos de gás de síntese produzido com biomassa, após os processos de limpeza, reforma e, se necessário, ajuste de composição. Como nem todo o gás é convertido em combustível, existe a possibilidade de utilizar as correntes excedentes para produção de energia elétrica, uma proposta economicamente interessante. Na produção de combustíveis líquidos por essa tecnologia, a escala de produção é um fator determinante da economicidade do processo, razão pela qual a tecnologia de gaseificação com leito fluidizado pressurizada parece ser preferível. A Tabela 2 apresenta alguns valores da literatura com rendimentos e custos de biocombustíveis líquidos produzidos mediante processos de síntese associados a gaseificadores de biomassa (Seabra, 2008), cuja efetiva viabilização se espera em médio prazo, caso tenham continuidade e alcancem resultados positivos os estudos atualmente em desenvolvimento.

TABELA 2
COMPARAÇÃO DOS RENDIMENTOS E CUSTOS PARA A PRODUÇÃO DE COMBUSTÍVEIS DE SÍNTESE

Referência	Combustível	Rendimento (litro/t seca)	Investimento	Custo da biomassa	Custo do combustível
Phillips et al. (2007)	Etanol	303	0,82 US$/litro/ano	35 US$/t	0,26 US$/litro
Larson et al. (2006)	Líquidos FT	138	1.774 US$/kW$_{comb. PCI}$	50 US$/t	15,3 US$/GJ$_{PCi}$
	DME	468	1.274 US$/kW$_{comb. PCI}$	50 US$/t	13,8 US$/GJ$_{PCi}$
Hamelinck et al. (2002)	Metanol	280-630	930-2.200 US$/kW$_{comb. PCS}$	2 US$/GJ	8,6-12,2 US$/GJ$_{PCs}$

É importante observar que o rendimento apresentado nas tabelas anteriores indica a quantidade de biocombustível produzido por tonelada de biomassa processada, sem computar a parcela eventualmente consumida nas operações industriais, que pode ser relevante. Por exemplo, atualmente nas melhores usinas brasileiras, cerca de 70% do bagaço da cana-de-açúcar é usado para o fornecimento de energia para a produção de bioetanol a partir dos açúcares da cana, sendo incorreto imaginar que todo o bagaço existente na cana possa ser utilizado como matéria-prima para a produção de bioetanol. Por outro lado, com o fim da queimada pré-colheita e a ampla adoção da colheita mecanizada da cana crua, um volume apreciável de biomassa sólida (pontas e palha da cana) passa a ser disponibilizado.

Ainda na semente

Como sinal da relevância da transição energética em curso, diversas instituições em todo o mundo se empenham em encontrar alternativas para a produção de biocombustíveis utilizando biomassa de baixo custo. Além das rotas da hidrólise e da gaseificação razoavelmente conhecidas e com crescentes perspectivas de alcançar a viabilidade econômica em médio prazo, surgem outras possibilidades, contudo ainda carentes de adequada avaliação de viabilidade técnica e econômica em escalas comerciais de produção. Entre tais linhas ainda em estudo, pode ser citada a produção de butanol (C_4H_8O), atualmente fabricado em plantas petroquímicas e com amplo uso como solvente industrial, mediante rotas bioquímicas utilizando materiais lignocelulósicos como matéria-prima, para uso como aditivo à gasolina, em teores elevados e pouco afetando o consumo específico (DuPont, 2008). Outra rota, recentemente sugerida, é a produção de biodiesel por meio de processos bioquímicos com base em açúcares como substrato, até mesmo com a apresentação de projetos para a implantação de unidades industriais envolvendo a empresa detentora da tecnologia e empresas brasileiras (Amyris, 2008).

No âmbito do biodiesel resultante da transesterificação de substâncias gordurosas, uma possibilidade de grande interesse é a utilização de algas como matéria-prima. O elevado teor de lipídios e a excelente produtividade de algumas espécies, combinada com as perspectivas de produzir biomassa sem utilizar recursos naturais eventualmente escassos, como terras aráveis e água, são aspectos realmente relevantes. Embora os estudos dessa alternativa estejam apenas se iniciando, com inúmeras questões em aberto, ela é promissora e poderá de fato representar no futuro uma nova fronteira para a produção de biocombustíveis, em escala global.

Essas são possibilidades interessantes e em alguns casos, com um significativo volume de tecnologia já implementado, embora ainda estejam por ser apresentados indicadores de sua viabilidade econômica e se conheça pouco do desempenho dos processos e dos custos fixos e variáveis envolvidos.

IMPACTOS POTENCIAIS E SUA MITIGAÇÃO

O impacto das novas tecnologias bioenergéticas dependerá de seu desempenho comparado à tecnologia convencional atualmente adotada para a produção de bioetanol de cana-de-açúcar no Brasil, especialmente sob o ponto de vista econômico. Em princípio, no horizonte conhecido de forma ainda preliminar, como pode ser observado nas estimativas de custo para o bioetanol, apresentadas nas tabelas anteriores e sintetizadas no Gráfico 3, tal impacto não é considerado preocupante, pelo menos em médio prazo. A maioria dos custos apresentados em diferentes estudos são superiores ou na mesma magnitude dos custos praticados atualmente no Brasil (entre 0,25 a 0,30 US$/litro), cuja produção de bioetanol é reconhecidamente a mais eficiente em escala global, fazendo com que os indicadores brasileiros sejam na realidade a principal referência de viabilidade buscada por essas tecnologias. Além disso, a evolução contínua da agroindústria canavieira brasileira ainda apresenta ganhos de desempenho, com possibilidade de novos incrementos na eficiência produtiva nos próximos anos, tanto na fase agrícola como na industrial (Macedo, 2007).

Outro aspecto que tende a atenuar o potencial impacto do desenvolvimento de processos inovadores sobre a produção convencional de bioetanol de cana-de-açúcar é o custo da matéria-prima. Naturalmente que se pretende utilizar materiais celulósicos residuais, em especial resíduos de colheita e processamento, como palha e cascas de cereais, que poderão ser obtidos a custos baixos, entretanto a agroindústria canavieira apresenta condições muito vantajosas para oferecer materiais lignocelulósicos a custos reduzidos. A palha da cana-de-açúcar apresenta um custo inicialmente avaliado em cerca 1 US$/GJ (Hassuani et al., 2005), enquanto o bagaço teria custo zero (não levando em conta outros usos e referindo-se aos fatores de produção), níveis bem inferiores às demais alternativas de suprimento usualmente consideradas, como visto na Tabela 1.

GRÁFICO 3
ESTIMATIVAS DE CUSTO DE PRODUÇÃO DE ETANOL A PARTIR DE CELULOSE (A PARTIR DOS VALORES DE SEABRA, 2008)

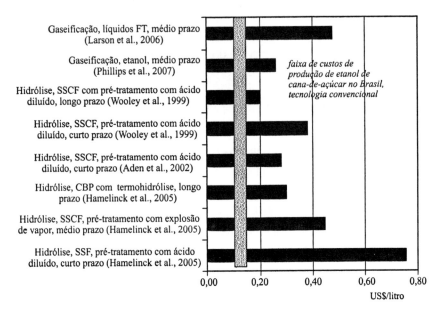

Finalmente, ainda a favor do processo convencional, há os indicadores de sustentabilidade favoráveis, decisivos para definir a efetiva viabilidade de qualquer rota para produção de bioetanol. Enquanto a produção de bioetanol de cana-de-açúcar ocorre com reduzida demanda de recursos naturais, ainda não estão estabelecidos com suficiente confiança parâmetros similares para os processos de hidrólise e gaseificação. Nesse sentido, apenas as rotas tecnológicas eficientes, capazes de produzir biocombustíveis com balanços energéticos confortáveis terão espaço no futuro, porque apenas assim podem realmente reduzir a demanda de energia fóssil e as correspondentes emissões de gases de efeito estufa.

Nesse ponto é interessante observar que os atributos geralmente apresentados como necessários aos "biocombustíveis de segunda geração", cujos processos estariam atualmente em desenvolvimento, e que possibilitaria um amplo uso da bioenergia, seriam: a) competitividade econômica; b) boa relação entre a energia produzida e a consumida em sua produção; c) reduzido impacto ambiental; d) capacidade de mitigar a mudança climática; e) baixo impacto sobre a produção de alimentos; e f) uso integral da matéria-prima, constituem requisitos já plenamente atendidos pelo bioetanol de cana-de-açúcar. Nesses termos, o bioetanol brasileiro é de fato um biocombustível de segunda geração *avant la lettre*, não sendo necessário esperar por tecnologias ainda em bancada, cujos custos projetados para serem alcançados a médio prazo são da mesma ordem dos custos atualmente já praticados na agroindústria canavieira nos países tropicais (IEA, 2004). É oportuno desenvolver novos processos na produção de bioetanol, mas eles não são, em absoluto, imprescindíveis para promover sua fabricação e uso de forma mais intensa, desde agora.

Os parágrafos anteriores deixam a impressão de que os diferenciais favoráveis à produção convencional de bioetanol de cana-de-açúcar são de tal ordem que não existem riscos com o amadurecimento dos processos inovadores atualmente em desenvolvimento. Isso não é correto e corresponde apenas a uma visão no curto e eventualmente no médio prazo. Efetivamente, esses novos processos, associados aos atuais esquemas produtivos, podem representar adicionais importantes de produtividade, com redução de custos e perdas. Assim, o risco tecnológico concreto para as modernas usinas brasileiras, atuais campeãs em eficiência, é o atraso na incorporação dessas novas tecnologias, porque melhor que uma boa usina convencional produzindo bioetanol de cana-de-açúcar, é essa boa usina incorporando os processos inovadores, quando disponíveis. Portanto, torna-se imperativo acompanhar a evolução tecnológica, preservando a liderança brasileira na moderna bioenergia, desafio que cumpre enfrentar visando não apenas manter a competitividade das unidades produtivas instaladas no Brasil, como também continuar oferecendo aos países em condições de adaptar e replicar o modelo energético brasileiro, a melhor e mais eficiente tecnologia para a produção de bioetanol em todas suas etapas, desde os estudos preliminares até as etapas logísticas do produto. A contribuição econômica da produção de bioetanol é muito superior aos seus efeitos imediatos associados ao setor energético, se associando a um amplo e diversificado *cluster* de atividades produtivas e sociais, nas quais centenas de empresas atuam a jusante e montante das unidades produtoras, contando sempre com a inovação tecnológica como um componente essencial em sua dinâmica.

A única forma de enfrentar esse desafio é reforçando o fomento à pesquisa e ao desenvolvimento, em temas básicos e aplicados da agroindústria canavieira, que incluem os novos processos para produção de bioetanol. Durante séculos a indústria açucareira no Brasil empregou tecnologias importadas, com grande parte dos equipamentos industriais concebidos fora do país e as variedades melhoradas de cana-de-açúcar sendo trazidas de outros países, até recentemente. Do mesmo modo, é significativo constatar que os textos clássicos de tecnologia açucareira praticamente ignoravam o Brasil em suas primeiras edições (Hugot, 1977 e Jenkins, 1966). Essa dependência foi paulatinamente rompida a partir do Programa Nacional do Álcool, valorizando-se a geração local e a agregação de conhecimento às usinas, como fator de competitividade, reduzindo os impactos ambientais e diversificando a produção. Na atualidade, o país detém tecnologia própria em bioenergia e em diversas áreas, com forte presença internacional. Com esse propósito a Fundação de Amparo à Pesquisa do Estado de São Paulo tem cumprido um papel destacado, com um volume expressivo de recursos aplicados em mais de uma centena de estudos e pesquisas envolvendo a comunidade acadêmica e as empresas do setor (Fapesp, 2007). Em âmbito federal espera-se o mesmo comprometimento, imprescindível para promover a valorização do conhecimento aplicado em bioenergia de uma forma abrangente no território brasileiro.

COMENTÁRIOS FINAIS

O biodiesel, ainda tem um bom caminho a percorrer para alcançar a sustentabilidade. O baixo desempenho fotossintético inerente à produção de lipídios e à pouca maturidade dos processos industriais, associado às dificuldades de escala e ao alto valor de oportunidade das matérias-primas, são algumas das barreiras que o biodiesel, no Brasil e em outros países, deve superar para ser considerado uma alternativa energética consistente. No quadro atual, as poucas exceções possivelmente podem ser mediante o uso de óleos vegetais de palmáceas e resíduos gordurosos como matéria-prima, por exemplo, sebo e óleos de fritura usados, disponíveis em volumes limitados e constituindo nichos de viabilidade para o biodiesel.

O quadro é diferente com o bioetanol, cuja produção a partir da cana-de-açúcar apresenta excelente desempenho com as tecnologias atualmente disponíveis e ainda pode ser melhorada com as inovações tecnológicas em desenvolvimento. Nesse sentido, a disponibilidade de processos inovadores para produção de bioetanol não deve significar uma mudança radical de perspectivas para a agroindústria energética nacional. Não obstante, a possibilidade de obter incrementos importantes de produtividade na agroindústria energética nacional e manter o protagonismo brasileiro em bioenergia, inclusive ampliando os mercados para bens de capital e serviços produzidos no Brasil, justificam todo esforço em desenvolver localmente essas tecnologias.

A disponibilidade de tecnologias capazes de permitir a produção de bioetanol de materiais celulósicos não constitui apenas um risco à agroindústria brasileira. Na verdade, essas tecnologias podem significar a viabilidade da produção de biocombustíveis em muitos países, expandindo o mercado da bioenergia e possivelmente melhorando as possibilidades de acesso para o bioetanol brasileiro. Visto desse modo, o desenvolvimento de novos processos para a agroindústria do bioetanol é interessante em escala global e quanto mais cedo possa ocorrer, melhor.

Finalmente, todos os cenários indicados reforçam o papel de que os biocombustíveis sustentáveis podem e devem ter na matriz energética brasileira, por suas múltiplas e relevantes implicações e vantagens. Assim, é urgente que a bioenergia e em particular o bioetanol esteja mais bem e mais claramente considerados na política energética nacional e em suas consequências, como na legislação tributária associada aos combustíveis, na política de incentivo a pesquisa e desenvolvimento tecnológico em temas de energia e no marco regulatório setorial.

REFERÊNCIAS BIBLIOGRÁFICAS

AMYRIS. "Amyris and Crystalsev join to launch innovative renewable diesel from sugarcane by 2010". *Amyris Press Release*, abr. 2008.

BNDES. *Bioetanol de cana-de-açúcar: energia para o desenvolvimento sustentável*. Rio de Janeiro: Banco Nacional de Desenvolvimento Econômico e Social, 2008.

DEDINI. *DHR Dedini Hidrólise Rápida*. Dedini Indústrias de Base. Disponível em: http://www.dedini.com.br/pt/pdf/dhr.pdf. Acesso em: março de 2008.

DIAS LEITE, A. *A Energia do Brasil*. Rio de Janeiro: Elsevier, 2007.

DOE/USDA. *Biomass as feedstock for a bioenergy and bioproducts industry: the technical feasibility of a billion-ton annual supply*. Washington, D.C: Department of Energy, US Department of Agriculture, 2005.

DUPONT. *BioButanol*. Disponível em: http://www2.dupont.com/Biofuels/en_US/index.html. Acesso em: maio de 2008.

EBB, *Statistics*, European Biodiesel Board, 2009. Disponível em: http://www.ebb-eu.org/stats.php. Acesso em: abril de 2009.

EIA, *Oil Products Statistics.* Energy Information Administration, Department of Energy, 2009. Disponível em: http://tonto.eia.doe.gov. Acesso em: abril de 2009.

FAPESP. *Brazil world leader in sugarcane and ethanol knowledge and technology (Fapesp's contribution).* São Paulo: Fundação de Amparo a Pesquisa do Estado de São Paulo, 2007.

GOLDEMBERG, J. "Ethanol for a Sustainable Energy Future". *Science.* Vol. 315, n. 5.813, 2007.

IEA. *Biofuels for transport: an international perspective.* Paris: International Energy Agency, 2004.

——. *World Energy Outlook 2008.* International Energy Agency. Paris, 2008.

HASSUANI, S. J. et al. *Biomass power generation: sugar cane bagasse and trash.* Piracicaba: PNUD-CTC, Série Caminhos para Sustentabilidade, 2005.

HALL, D. O. et al. "Visão geral de energia e biomassa". In: Rosillo-Calle, F. et al. (orgs.). *Uso da biomassa para produção de energia na indústria brasileira.* Campinas: Unicamp, 2005.

HUGOT, E. *Handbook of Cane Sugar Engineering*, 2nd edition, Amsterdam: Elsevier, 1972.

JENKINS, G.H. *Introduction to cane sugar technology.* Amsterdam: Elsevier, 1966.

MACEDO, I.C. "Cana-de-açúcar e energia renováveis no Brasil: a perspectiva tecnológica". Revista Opiniões, número especial sobre as energias renováveis, abr.-jun. 2007.

MAPA. *Balanço nacional de cana-de-açúcar e agroenergia.* Brasília: Ministério da Agricultura, Pecuária e Abastecimento, Secretaria de Produção e Agroenergia, 2007.

MME. *Balanço Energético Nacional 2008/ ano base 2007.* Rio de Janeiro: Ministério de Energia e Minas. Empresa de Pesquisa Energética, 2008.

——. *Boletim Mensal de Combustíveis Renováveis.* (diversos números). Brasília: Ministério de Energia e Minas. Departamento de Combustíveis Renováveis, 2009.

RFA, *Statistics*, Renewable Fuels Association, 2009. Disponível em: http://www.ethanolrfa.org/industry/statistics/. Acesso: abril de 2009.

ROSSELL, C. E. V. & Olivério, J. L. *Produção de álcool a partir do bagaço: o processo DHR — Dedini Hidrólise Rápida.* Dedini S/A Indústrias de base, Piracicaba, março de 2004.

SEABRA, J. E. A. *Análise de opções tecnológicas para uso integral da biomassa no setor de cana-de-açúcar e suas implicações.* Campinas: Universidade Estadual de Campinas, Faculdade de Engenharia Mecânica, 2008 (Tese de Doutoramento).

UNICA. *Estatísticas.* União da Indústria de Cana-de-Açúcar, 2008. Disponível em: http://www.unica.com.br. Acesso em: janeiro de 2009.

Observação: Um tratamento mais detalhado desse tema pode ser encontrado na obra *Bioetanol de cana-de-açúcar: energia para o desenvolvimento sustentável*, citada acima e editada em 2008 conjuntamente pelo BNDES, CGEE, Cepal e FAO. Disponível em: www.etanoldecana.org.

Nova logística de transporte de massa nas grandes cidades brasileiras

*Marcus Quintella**

---

* Diretor-técnico da Companhia Brasileira de Trens Urbanos, CBTU.

AS CIDADES CLAMAM POR TRANSPORTE PÚBLICO

AS CIDADES BRASILEIRAS precisam, urgentemente, oferecer melhor qualidade de transporte público em suas regiões metropolitanas, pois a insatisfação com a péssima mobilidade das pessoas é quase unanimidade e atinge toda a população, seja para os usuários de automóvel, de ônibus, trens e metrôs seja para os pedestres.

Há um enorme descontentamento das populações das grandes cidades brasileiras com os gravíssimos problemas de mobilidade urbana e logística de transporte de massa, em virtude da falta de transporte público de qualidade.

Para que haja uma inversão desse quadro atual, as cidades brasileiras precisam investir na modernização e expansão de seus sistemas de trens urbanos e metrôs, na construção de novas linhas de metrôs e Veículos Leves Sobre Trilhos (VLTs) e na implantação de corredores exclusivos de ônibus, além de transformação das atuais linhas de ônibus urbanos em sistemas alimentadores de terminais de integração modal. É preciso que essas ações sejam apolíticas e tenham conotação social e humanística. As populações das grandes cidades brasileiras sofrem pela falta de um transporte público abrangente, integrado, econômico e competente, pois não suportam mais os congestionamentos diários e seus malefícios consequentes, que trazem infelicidade, transtornos e baixa qualidade de vida para todos.

As grandes cidades brasileiras não podem fugir da opção ferroviária de passageiros para resolver seus problemas de mobilidade urbana. Estamos engatinhando no setor metroferroviário, cuja participação na matriz brasileira de transporte urbano é ridícula. Os investimentos nesse setor são irrisórios e duram anos para serem concretizados. Enquanto isso, os congestionamentos aumentam significativamente e as pessoas perdem saúde e tempo de vida.

Atualmente, são transportados em todos os trens e metrôs brasileiros apenas cerca de 6 milhões de passageiros, diariamente, em média, distribuídos da seguinte forma: 2,4 milhões no Metrô-SP, 1,95 milhão nos trens da Companhia Paulista de Trens Metropolitanos (CPTM-SP), 550 mil no Metrô-Rio, 480 mil nos trens da SuperVia-RJ, 180 mil no Metrô de Recife, da Companhia Brasileira de Trens Urbanos (CBTU), 170 mil no Metrô de BH, da CBTU, 160 mil no Metrô de Porto Alegre, 130 mil no Metrô de Brasília, 25 mil nos trens de Fortaleza, 12 mil nos trens de Salvador e 30 mil nos três sistemas da CBTU no Nordeste, Natal, João Pessoa e Maceió. Na realidade, esse total deveria ser a quantidade de passageiros transportados diariamente apenas na região metropolitana de São Paulo, que possui quase 18 milhões de habitantes e ostenta um dos trânsitos mais engarrafados do planeta, com velocidade média entre 7 e 15 km/h, dependendo do dia.

Os benefícios sociais do transporte público baseado em sistemas metroferroviários são enormes, tais como: economias de tempo de viagem, redução de poluição atmosférica e sonora, redução de acidentes de trânsito, economia com manutenção de vias urbanas, economia energética, maior conforto e segurança, valorização imobiliária, estruturação urbana, desenvolvimento econômico, entre outros.

Na prática, as populações das grandes cidades brasileiras precisam se mobilizar para convencer seus governantes e políticos sobre os lucros sociais, econômicos e ambientais de um transporte público de qualidade, que beneficiará democraticamente a todos. Outro apoio importante seria a grande mídia, que poderia apadrinhar o transporte público e passar a promover debates técnicos e políticos sobre o tema, exibir programas e documentários sobre os sistemas de transportes nacionais e internacionais e cobrar intensamente soluções definitivas e competentes.

A CRISE DO TRANSPORTE PÚBLICO

Há anos que o transporte público nas principais cidades brasileiras está em crise, apesar da existência de inúmeros projetos e planos de ação para a resolução do problema. Esta crise não pode ser ignorada pela sociedade, ainda mais que as estatísticas denunciam o crescimento das perdas de demanda, os aumentos tarifários superiores ao poder de compra da população, a má qualidade dos serviços, a redução da velocidade comercial, decorrente dos congestionamentos, e a deficiência na mobilidade urbana. Ademais, pesquisas recentes mostram que apenas 32% dos brasileiros se locomovem por meio de transportes públicos, ou seja, ônibus, trens e metrôs. O restante da população utiliza o automóvel, a bicicleta, a motocicleta, a tração animal ou anda a pé.

Nos últimos anos, o sistema brasileiro de transporte público perdeu 25% de seus passageiros para o transporte não regulamentado ou, como muitos preferem, alternativo. No caso dos ônibus urbanos, o sistema perde cerca de 16 milhões de pessoas diariamente. Já os trens suburbanos e metrôs não conseguem dar conta da demanda, apresentando superlotação, principalmente pela falta de investimentos no setor, contrariando a tese de que são os melhores modos de transporte de massa. Para agravar ainda mais a crise, 63% das cidades com mais de 300 mil habitantes possuem transporte ilegal, que, de forma preocupante, crescem a cada dia.

Um estudo da Associação Nacional de Transportes Públicos (ANTP) prevê que a falta de investimentos no transporte público, no curto prazo, duplicará o nível atual dos congestionamentos nos próximos 10 anos, além de aumentar os acidentes e a poluição nas grandes cidades. Somente na região metropolitana de São Paulo, o custo social das externalidades negativas do sistema de transporte público é aproximadamente R$ 40 bilhões por ano. As velocidades médias dos ônibus urbanos são baixíssimas nas grandes cidades brasileiras, em torno de 20 km/h, sendo que Brasília possui a melhor marca, 27 km/h, e Rio e São Paulo as piores, 18 km/h e 15 km/h, respectivamente. O sistema metroferroviário brasileiro não ultrapassa a velocidade média de 37 km/h. Milhões de brasileiros perdem, em média, três horas por dia dentro de um meio de transporte. Nos casos mais extremos, no Rio de Janeiro e em São Paulo, há casos de pessoas que gastam até seis horas no trajeto casa-trabalho-casa.

Certamente, a solução para os problemas do transporte público nas regiões metropolitanas brasileiras depende exclusivamente de ações políticas. De um modo geral, a mudança do quadro atual somente poderá ocorrer por meio de pesados investimentos em infraestrutura, tais como em corredores exclusivos para os ônibus urbanos, terminais intermodais, estacionamentos centrais, metrôs, veículos leves sobre trilhos, viadutos, vias subterrâneas ou mergulhões, entre outros.

Para que esses investimentos sejam exequíveis, há a necessidade de incentivos tributários e fiscais, associados às linhas de financiamento acessíveis para o setor, além de uma política de transporte público competente, planejada, integrada, apartidária e contínua. Este conjunto possibilitaria um futuro melhor para as populações das regiões metropolitanas, que desfrutariam de uma qualidade de transporte público semelhante aos países desenvolvidos, em substituição aos precários serviços prestados atualmente, que causam danos físicos e psicológicos irreversíveis. Atualmente, esses precários serviços de transporte são oferecidos maciçamente para as classes C, D e E, ou seja, os trens urbanos atendem 94% de pessoas dessas classes, os metrôs, 64%, e os ônibus urbanos, 71%.

O transporte público é essencial para as cidades de médio e grande porte e deve ser considerado como uma necessidade humana básica, uma vez que é o único serviço que participa de todas as atividades da sociedade e afeta as pessoas todos os dias.

O LUCRO DOS TRENS URBANOS E METRÔS

Os especialistas em transportes vêm produzindo diversos estudos comprobatórios da viabilidade econômica dos projetos metroferroviários, que mostram claramente que são gerados benefícios socioeconômicos suficientes para superar os investimentos públicos realizados. Isso significa dizer que os trens urbanos e metrôs são altamente lucrativos, não no sentido financeiro, mas no sentido socioeconômico-ambiental. O transporte público sobre trilhos produz, e sempre produzirá, um imensurável lucro humanístico, de grande percepção e possível identificação.

Esse lucro humanístico pode ser representado pelos seguintes benefícios tangíveis mais comuns: reduções de acidentes de trânsito, diminuição dos tempos de viagem, economia de combustíveis, eliminação de congestionamentos, redução das poluições atmosférica e sonora, valorização imobiliária, estruturação urbana, desenvolvimento econômico regional, geração de empregos, redução dos custos de manutenção das vias urbanas e aumento de arrecadação tributária. Além disso, são gerados benefícios intangíveis como conforto, segurança, tranquilidade e qualidade de vida.

Os grandes sistemas metroferroviários brasileiros emitem 75% de óxido de nitrogênio a menos que os automóveis com um ocupante apenas e quase nenhum hidrocarboneto e monóxido de carbono. Um trem com lotação possui uma eficiência energética 15 vezes superior à do automóvel. Aproximadamente 1.250 passageiros são transportados em uma composição típica de metrô, o que corresponderia a uma fila de 25 ônibus ou a 830 automóveis. São economizadas, nas grandes cidades brasileiras, milhões de horas para os usuários de trens e metrôs, que correspondem a bilhões de reais de benefícios para esses usuários.

Em algumas cidades brasileiras, como Maceió, João Pessoa e Natal, os pequenos sistemas de trens urbanos, movidos a diesel, produzem os mesmos tipos de benefícios humanísticos dos grandes sistemas metroferroviários, mas de outra forma. Para se ter uma ideia da importância desses sistemas, vou descrever como são transferidos para as populações dessas três cidades os benefícios relatados anteriormente.

Os sistemas de trens urbanos dessas três cidades nordestinas são operados pela CBTU, empresa do governo federal, vinculada ao Ministério das Cidades, e transportam perto de 30 mil pessoas por dia, que correspondem a 10 milhões de pessoas, anualmente, sem contar a grande evasão observada. A tarifa social cobrada é de R$ 0,50, para trechos de 30 km, em Maceió e João Pessoa, e de 56 km, em Natal. Os trens da CBTU atendem os pobres municípios das regiões metropolitanas dessas capitais, verdadeiras cidades de interior, que, para a maioria de seus usuários, são o único meio de transporte disponível ou acessível para transportá-los aos centros urbanos, onde trabalham ou sobrevivem com empregos informais. Muitos usuários da CBTU saem de casa apenas com o dinheiro da passagem de ida, ou seja, com R$ 0,50 no bolso. Elas se dirigem para os centros para alimentação, translado de mercadoria, e conseguir o dinheiro da passagem de volta. Caso consigam comer e voltar para casa, já ganharam o dia. Os demais usuários dependem dos trens da CBTU para trabalhar, senão ficariam em casa, pois as tarifas dos ônibus urbanos são inalcançáveis para eles.

Diante do exposto, que, *in loco*, é muito mais impressionante, como alguém poderia questionar se realmente são verdadeiros os benefícios do transporte urbano sobre trilhos, tanto para os grandes sistemas metroferroviários, quanto para os pequenos sistemas de trens urbanos? Tudo isso serve para comprovar que o transporte público sobre trilhos não foi feito para dar lucro financeiro, mas lucros sociais e humanísticos, produzidos pelos investimentos e subsídios operacionais bancados pelo dinheiro público.

CIDADES FORA DOS TRILHOS

Nos últimos anos, observa-se que muitos países vêm descobrindo o trem como solução para os graves problemas no deslocamento das pessoas em suas populosas metrópoles, sobretudo é um consenso entre os especialistas que o transporte urbano sobre trilhos produz reduções de tempo de viagem, poluição atmosférica, consumo energético e acidentes de trânsito e melhora a qualidade de vida da população, desde que bem planejado e integrado com os demais modos de transporte.

O transporte público nas grandes cidades sempre foi um desafio para os governantes em todo o planeta, especialmente no Brasil, onde mais de 75% da população reside em áreas urbanas, gerando cerca de 60 milhões de viagens diariamente, já que os locais de moradia, de trabalho e de lazer estão cada vez mais separados espacialmente entre si. Além disso, o Brasil sofre atualmente as consequências da infeliz opção pelo transporte rodoviário, realizado na metade do século XX, em detrimento do transporte ferroviário. Enquanto nossas grandes cidades possuem poucas linhas de metrôs e deficientes sistemas de trens urbanos, exceto São Paulo, que evolui neste ponto, dezenas de metrópoles pelo mundo afora possuem, há muito tempo, competentes redes metroferroviárias, que são a base de seus sistemas de transporte público.

Para inverter este quadro caótico do transporte público, torna-se imprescindível uma ação premente do governo federal no apoio ao setor metroferroviário. O ponto de partida seria a designação imediata de uma entidade federal com competência e experiência para exercer o papel de órgão de articulação, fomento, apoio técnico-financeiro, orientação e coordenação de uma política nacional do transporte metroferroviário, além de desenvolver estudos e pesquisas necessárias ao planejamento dos transportes sobre trilhos no país.

Hoje, há uma entidade preparada para assumir este papel, sem custos adicionais para o erário: a CBTU, criada em 1984 para dar um tratamento diferenciado ao transporte ferroviário urbano e que, desde então, é referência internacional no setor, apoiada em seus recursos humanos de alta competência técnica e gerencial. A CBTU é o único órgão oficial com capacidade de articulação junto aos governos locais das cidades brasileiras e com experiência comprovada no setor ferroviário de passageiros.

Entretanto, existe uma interpretação da Constituição Federal que dá competência exclusiva aos estados e municípios sobre as questões de transporte urbano e que pode, inclusive, extinguir ou dissolver a CBTU. Desta forma, caso o governo federal não aja com rapidez, ocorrerá mais uma decisão equivocada e mais desperdício de dinheiro público, além de postergar uma oportunidade ímpar de beneficiar o país com uma política nacional de transporte urbano sobre trilhos, capaz de implementar mecanismos coordenados e consistentes de financiamento e apoio técnico ao setor.

Em última análise, o governo federal não pode fechar a CBTU e prescindir de cerca de 350 empregados de sua administração central, preparados durante 22 anos com dinheiro público para serem os gerenciadores que a sociedade precisa para ajudar a colocar as grandes cidades brasileiras nos trilhos e, consequentemente, melhorar as condições de vida e de bem-estar de seus habitantes.

A HORA E A VEZ DOS BONDES E METRÔS

O Detran de São Paulo contabiliza a impressionante marca de mais de 6 milhões de veículos emplacados na maior cidade da América Latina. Considerando-se os veículos da Grande São Paulo, esse número atinge 10 milhões de veículos, ou seja, quase 25% da frota nacional. Na prática, essa quantidade de veículos responde pelos estúpidos engarrafamentos diários da capital paulista, que são medidos pela Companhia de Engenharia de Tráfego (CET), normalmente a 100 km de vias congestionadas. Recentemente, houve registros de 180 km de vias com problemas de tráfego. São problemas oriundos da distorcida matriz de transporte da cidade de São Paulo, no qual os ônibus e lotações possuem uma fatia de 35%, os automóveis, de 48%, trem e metrô, de 12%, táxi, moto e outros, de 5%. Em suma, esse quadro reflete a infeliz opção pelos pneus, escolhida pelos governantes brasileiros, desde o início do século XX.

Guardadas as devidas proporções, todas as grandes cidades brasileiras apresentam os mesmos problemas de mobilidade urbana de São Paulo, além de registrarem, anualmente, milhares de mortes por causa da poluição e de acidentes de trânsito, apesar de existir um clamor popular pela retirada dos automóveis das ruas e uma reivindicação desesperada pela construção de transporte urbano sobre trilhos. No caso de São Paulo, cujo metrô possui apenas 58 km de extensão e 52 estações, o governo estadual pretende investir R$ 16 bilhões em transporte público, até 2010, sendo a maior parte em transporte sobre trilhos. Esses investimentos visam retirar um grande número de carros das ruas, reduzir a poluição atmosférica e sonora, proporcionar maior economia de energia e rapidez nos deslocamentos, além de contribuir para diminuir os custos do transporte e, consequentemente, elevar a qualidade de vida da população.

A ideia do transporte urbano sobre trilhos remonta desde os primeiros bondes que surgiram em Nova York, no ano de 1827, ainda puxados por cavalos. Dois anos depois, esse tipo de transporte era utilizado em Paris e Londres. No Brasil, os bondes foram introduzidos, primeiramente, no Rio de Janeiro, em março de 1856, e, cinco meses depois, em São Paulo. Em 1927, a Light, concessionária dos serviços de bonde, desde 1900, e de energia elétrica, planejava construir três linhas de metrô em São Paulo, em parceria com a prefeitura. Esse modelo de transporte não era novidade no mundo, uma vez que já existia em Londres, desde 1863, e em Buenos Aires, desde 1913. Lamentavelmente, os políticos da época rejeitaram a proposta da Light e a primeira linha de metrô do país tornou-se realidade quase 50 anos mais tarde, quando a cidade já apresentava os primeiros sintomas do caos urbano que vive hoje. Em 1968, os bondes foram eliminados de São Paulo e, poucos anos adiante, começaram as obras do metrô.

Em termos de transporte urbano, especialmente em transporte sobre trilhos, as grandes cidades brasileiras estão atrasadas e precisam, urgentemente, de um plano de longo prazo, eminentemente técnico, com o único objetivo de dotar essas cidades de sistemas de transporte público integrados, abrangentes, energeticamente limpos, operacionalmente eficientes, confortáveis, econômicos e seguros.

Os benefícios sociais, econômicos e ambientais dos trens urbanos, metrôs e bondes deveriam ser mais divulgados, para que todos possam passar adiante essa boa ideia e, quem sabe, um dia, sensibilizar os políticos para que priorizem os trilhos como base de qualquer sistema de transporte público, de qualquer grande cidade brasileira. Vamos voltar ao início dos tempos e começar outra vez pelos bondes, que, hoje, atendem pelo nome de Veículo Leve sobre Trilhos (VLT). Os bondes ainda existem em 325 cidades de todo o mundo, percorrendo uma rede de 15 mil km de trilhos. Felizmente, muitas cidades brasileiras, como Recife, Fortaleza, Natal, Maceió, João Pessoa, entre outras, estudam o retorno dos bondes, desta vez mais velozes, silenciosos e confortáveis.

APOLOGIA AOS TRILHOS URBANOS

Mais uma vez quero levantar a bandeira do transporte sobre trilhos como a principal solução para garantir a qualidade da mobilidade urbana nas grandes cidades brasileiras, cujos benefícios são rapidamente percebidos e sentidos pelas pessoas, em decorrência das reduções de tempo de viagem, poluição atmosférica e ruídos, diminuição dos acidentes de trânsito, especialmente aqueles com mortes, economia de combustíveis, e mais conforto, segurança e rapidez.

O Brasil sofre atualmente as consequências da infeliz opção pelo transporte rodoviário em detrimento do transporte ferroviário. Enquanto nossas grandes cidades possuem poucas linhas de metrôs e deficientes sistemas de transporte urbano, dezenas de metrópoles pelo mundo afora possuem, há muito tempo, competentes redes metroferroviárias, que são a base de seus sistemas de transporte público.

Os gravíssimos problemas dos transportes urbanos em nosso país afetam as vidas das pessoas diariamente e custam muito caro para a sociedade como um todo. Como são serviços públicos fundamentais para a qualidade de vida da população, o transporte urbano precisa ser tratado como uma necessidade humana básica, assim como a educação, saúde, habitação, saneamento, segurança e nutrição. A maioria das cidades brasileiras possui sistemas de transportes altamente dependentes do transporte sobre pneus, em vez de privilegiar o transporte sobre trilhos, que é mais econômico, menos poluente e produtor de grandes benefícios sociais.

O transporte metroferroviário deve ser considerado o coração do sistema de transporte público de qualquer grande cidade brasileira, devido a sua enorme capacidade de atender às crescentes demandas por transporte de massa e por sua reconhecida produtividade, competitividade e eficácia. Além disso, o transporte de passageiros sobre trilhos possibilita um grande poder estruturador sobre a economia das áreas urbanas.

As cidades brasileiras precisam de uma política permanente para o financiamento de sistemas de transporte urbano sobre trilhos, baseada em parte dos recursos da Contribuição de Intervenção no Domínio Econômico (Cide) e no sistema do Banco Nacional de Desenvolvimento Econômico e Social (BNDES), através de linhas para a infraestrutura metroferroviária, equipamentos e material rodante, e nos recursos externos das entidades de fomento ao desenvolvimento, como Banco Internacional para Reconstrução e Desenvolvimento (Bird) e Banco Interamericano de Desenvolvimento (BID). Além disso, o transporte urbano sobre trilhos poderia usufruir da redução ou isenção de tributos municipais, estaduais e federais, incluindo combustíveis e energia elétrica, bem como ser contemplado por Parcerias Público-Privadas (PPPs) bem elaboradas e consistentes.

Em última análise, vale ressaltar que o transporte metroferroviário de passageiros também gera dividendos políticos e contribui para o desenvolvimento econômico do país, com a geração de milhares de empregos, em virtude da reativação da indústria ferroviária nacional e construção civil. Esta pequena apologia do transporte urbano sobre trilhos pode ser suficiente para ajudar a causa ferroviária e despertar o interesse dos milhões de brasileiros que utilizam o transporte urbano diariamente nas regiões metropolitanas brasileiras. Os altos investimentos em sistemas metroferroviários trazem benefícios duradouros, sendo recuperados por meio do lucro social e ambiental e pelos imensuráveis dividendos da melhoria da qualidade de vida e bem-estar das pessoas.

AS VANTAGENS DOS METRÔS E TRENS: PARTE I

Apesar de produzir significativos benefícios socioeconômicos e ambientais para a sociedade como um todo, o sistema metroferroviário tem baixa participação na matriz brasileira de transporte urbano. Isso decorre, entre outras causas, da insuficiência de mecanismos de financiamento e da falta de planos de integração e programas de incentivo ao transporte público competente. Ademais, existe o histórico desinteresse dos governantes brasileiros pelo bem-estar das pessoas.

Tentarei resumir os principais problemas do setor metroferroviário brasileiro e algumas possíveis soluções, com o objetivo de orientar os novos governantes.

Os primeiros problemas são os desvios da finalidade da Cide e o desprezo pelas fontes alternativas de financiamento, tais como as PPPs, o pedágio urbano e o mercado de crédito de carbono.

A Cide foi instituída para ser aplicada, obrigatoriamente, no financiamento de programas de infraestrutura de transportes, mas houve um desvio sistemático e comprovado em sua aplicação. Caso o governo federal aplicasse corretamente 50% de sua parte da Cide arrecadada até hoje, as grandes cidades brasileiras poderiam estar construindo quase 200 km de transporte urbanos sobre trilhos, sem sacrifício da reforma da malha rodoviária nacional, que poderia estar concluída com os 50% restantes. Além disso, se os estados investissem 50% de sua parte em sistemas metroferroviários, mais 80 km poderiam ser construídos.

A Lei das PPPs, criada para ser uma forma alternativa de busca de recursos para a realização dos investimentos em infraestrutura, não consegue ter sucesso, uma vez que há entraves financeiros, políticos e jurídicos que impedem sua implementação, principalmente em nível federal. O ponto de partida para as PPPs federais seria a designação imediata de uma entidade com competência e experiência para exercer o papel de órgão de articulação, fomento, apoio técnico-financeiro, orientação e coordenação de uma política nacional do transporte metroferroviário, além de desenvolver estudos e pesquisas necessárias ao planejamento dos transportes sobre trilhos no país.

O pedágio urbano, a princípio, pode parecer mais um impopular aumento tributário, mas, com o tempo, os benefícios para os usuários ou não de transporte público serão reais e notórios. Segundo estudos preliminares, em uma cidade como São Paulo, o pedágio urbano, sistema inibidor do automóvel nas áreas centrais das metrópoles, poderia arrecadar R$ 2,5 bilhões anualmente, montante que daria para construir cerca de 15 km de metrô anualmente.

Os créditos de carbono poderiam ajudar no financiamento do transporte metroferroviário, mesmo que de forma modesta. Estima-se que, na cidade de São Paulo, os créditos de carbono poderiam financiar uma estação de metrô por ano.

Um metrô típico conduziria, anualmente, a uma diminuição de 640 milhões de litros de gasolina, 140 milhões de litros de álcool anidro, 49 milhões de litros de álcool hidratado e mais de 1,7 bilhão de litros de óleo diesel, devido a menor necessidade de veículos nas ruas. Em valores de 2006, o total de recursos poupados seria de R$ 4,5 bilhões. A redução da poluição do ar evitaria o desembolso de mais de R$ 150 milhões para mitigação dos impactos gerados. Esse valor seria capaz de sustentar mais de 50 mil Bolsas Famílias por ano.

Como o Brasil apresenta uma das maiores cargas tributárias do mundo, a simples citação da palavra "tributo" tem conotação negativa. Contudo, a implantação de sistemas metroferroviários, além de produzirem grandes benefícios socioeconômicos e ambientais para a população, traz significativos ingressos de impostos aos cofres municipais, estaduais e federal. Em 20 anos, um metrô típico brasileiro tem a potencialidade de arrecadar em tributos o equivalente a 33% dos investimentos em sua implantação. A Linha 1 do Metrô-SP, em 25 anos, proporcionou, em seus entornos, um incremento de receitas de IPTU equivalente a todo investimento realizado pela prefeitura.

Em termos de financiamentos de grande porte, inexistem, no país, linhas especiais de empréstimos para a construção de metrôs e trens urbanos e para a aquisição de materiais e equipamentos, nos mercados interno e externo, condizentes com a realidade do setor, sem considerar que não há estímulo para a indústria nacional atuar na substituição das importações de trilhos, locomotivas etc. O país precisa de uma indústria ferroviária forte, com apoio governamental para a desoneração tributária de suas produções.

Para auxiliar na captação de recursos para obras e investimentos, também em sistemas metroferroviários, o governo federal estabeleceu normas gerais de contratação de consórcios públicos, que torna possível a formação de consórcios, entre os estados e a União, para a realização de objetivos de interesse comum. Trata-se de um mecanismo ainda pouco utilizado.

Outro problema pouco divulgado são as tarifas de energia elétrica, definidas pelo governo federal, que afetam o custo operacional dos sistemas metroferroviários, pois são mais elevadas nos horários de pico, horossazonalidade, fato que agrava os custos gerais do transporte público eletrificado, desestimulando os investimentos privados no setor. A suspensão da horossazonalidade poderia reduzir as tarifas metroferroviárias em cerca de 15%, segundo estudos do setor.

Em termos de vantagens competitivas, gasta-se a metade do tempo viajando de trem ou metrô, em comparação com o ônibus ou automóvel. Um trem com lotação possui uma eficiência energética 15 vezes superior à do automóvel. Os sistemas metroferroviários apresentam baixos índices de acidentes, com milhares de mortes e acidentes de trânsito evitados, gerando menos danos às famílias e à sociedade. Os imóveis residenciais e de negócios lindeiros às estações dos sistemas metroferroviários são valorizados. Os carros, estações e leitos ferroviários podem ser explorados para a veiculação de propaganda de diversos modos, gerando receitas extraoperacionais e promovendo o interesse público. Aproximadamente, 1.250 passageiros são transportados em um trem de 65 m, o que corresponderia a uma fila de 25 ônibus (300 m) ou 830 automóveis (4 km).

Recomenda-se aos novos governantes que estudem e entendam os duradouros benefícios socioeconômicos dos sistemas metroferroviários para a sociedade e percebam as suas vantagens políticas de longo prazo.

METRÔS SEMPRE SÃO VIÁVEIS

Com a eleição do novo governador, o Rio de Janeiro volta a discutir seus esquecidos projetos de metrôs, mais especificamente das Linhas 3 e 4, respectivamente, Centro-Itaboraí e Centro-Barra da Tijuca. O ex-prefeito César Maia declarou que, em sua opinião, a Linha 4 é inviável. Já o futuro secretário Estadual de Transporte, Júlio Lopes, foi mais prudente e não descartou o projeto, dizendo apenas que a definição dependerá da demanda.

Cabe ressaltar que projetos de metrôs e de trens urbanos não devem e nem podem ser avaliados por "achologia" ou "opinologia", visto que envolvem grandes investimentos de dinheiro público e influenciarão permanentemente a vidas das pessoas.

É notório que a maioria da população da região metropolitana do Rio de Janeiro depende do transporte público para efetuar seus deslocamentos e que este, lamentavelmente, é deficiente, insuficiente, incompetente, desintegrado e desorganizado. O Rio de Janeiro precisa de um transporte público digno de uma cidade dita maravilhosa, baseado em um abrangente sistema metroferroviário, devidamente integrado aos demais modos de transporte.

Os especialistas em transportes vêm produzindo diversos estudos comprobatórios da viabilidade econômica dos projetos metroferroviários, que mostram claramente benefícios socioeconômicos suficientes para superar os investimentos públicos realizados. Os benefícios mais comuns são as reduções de acidentes de trânsito, diminuição dos tempos de viagem, economia de combustíveis, eliminação de congestionamentos, redução das poluições atmosférica e sonora, valorização imobiliária, estruturação urbana, redução dos custos de manutenção das vias urbanas e aumento de arrecadação tributária. Além disso, são gerados benefícios intangíveis como conforto, segurança, tranquilidade e qualidade de vida.

Para se ter ideia, os sistemas metroferroviários emitem 75% de óxido de nitrogênio a menos que os automóveis com apenas um ocupante e quase nenhum hidrocarboneto e monóxido de carbono. Um trem cheio possui uma eficiência energética 15 vezes superior à do automóvel. Aproximadamente 1.250 passageiros são transportados em uma composição típica de metrô, o que corresponderia a uma fila de 25 ônibus ou a 830 automóveis.

O exemplo do Metrô-SP, evidencia, inclusive, a economia de combustíveis, atualmente de 300 milhões de litros por ano, equivalentes a 3 milhões de barris de petróleo bruto, que proporciona uma economia de US$ 200 milhões para o país. Em 2005, os benefícios totais gerados pelo Metrô-SP totalizaram R$ 3,5 bilhões. Não há nenhum projeto de infraestrutura pública no país que apresente tal nível de retorno. A Linha 1 do Metrô-SP proporcionou, em 25 anos, em seus entornos, um incremento de receitas de IPTU equivalente a todo investimento realizado pela prefeitura.

O novo governo estadual deve, com a prefeitura e o apoio do governo federal, mudar a grave situação da gestão dos transportes público na região metropolitana. Não é preciso haver discussão sobre a viabilidade de linhas de metrô, pois seria perda de tempo e demonstração de desconhecimento sobre o assunto, visto que metrôs são sempre viáveis em metrópoles como o Rio de Janeiro. Enquanto o tempo passa, as coisas deixam de acontecer e perdemos tempo adiando dias melhores para todos.

O caminho do Brasil em Tecnologia da Informação e Comunicação, TIC

*Antonio Carlos Rego Gil**

---

* Presidente da Associação Brasileira de Empresas de Tecnologia da Informação e Comunicação, Brasscom.

A INDÚSTRIA DE tecnologia da informação e comunicação (TIC) no Brasil apresenta os desafios e oportunidades que remetem para uma mesma matriz. É mais do que um simples receituário que está em questão nos dias de hoje. Trata-se de uma agenda diversa na qual o fio condutor encontra-se na possibilidade de o país erguer-se como um dos três principais centros globais de TIC.

O Brasil é o oitavo maior mercado interno do mundo em termos de uso de Tecnologia da Informação, movimentando quase US$ 30 bilhões em *software* e serviços, conforme as estimativas para 2009. Junto com o setor de telecomunicações, formando o complexo TIC, esta indústria atingiu, em 2008, pouco mais de US$ 100 bilhões, representando cerca de 7% do Produto Interno Bruto brasileiro (Gráfico 1).

Entre Brasil, Rússia, Itália e China (BRICs), o Brasil rivaliza com a China, em tamanho de mercado. Em quantidade de mão de obra disponível, perde para a Índia. Contudo, em termos de qualidade, no mínimo, há igualdade com os indianos. O Brasil não é o único na corrida pela exportação de serviços de tecnologia da informação (TI) e *software* (*off-shore*). Nações grandes e pequenas já compreenderam que, em boa medida, sua competitividade global será avaliada, no longo prazo, pela sua capacidade de absorção e criação de valor em TIC, em estreita conexão com o mercado global.

Aqui nascem as oportunidades e os desafios, para todos. O segredo é encontrar o melhor lugar de cada um na divisão internacional do trabalho de TIC. Dito de outro modo, ninguém vai desbancar os Estados Unidos, e em particular a Califórnia, como forças motrizes das TIC no mundo. Dos circuitos integrados aos mecanismos de busca na Internet, as empresas americanas ditam os padrões de inovação na maior parte das vezes. Da simbiose de seu rico sistema acadêmico e de sua criativa indústria de capital de risco, surgem empreendedores de TIC que vão da garagem à estreia em Bolsa de Valores com rapidez e força que ultrapassam as fronteiras nacionais e projetam marcas e produtos que mudam paradigmas.

GRÁFICO 1
SETOR ESTRATÉGICO
GASTOS EM TIC NO BRASIL — US$ BILHÕES, 2008

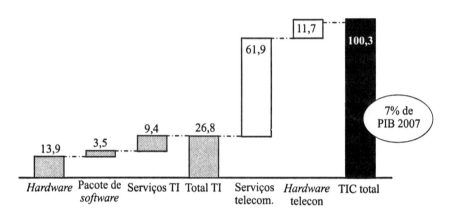

FONTES: IBGE: Contas Nacionais. Relatório TICs 2009; IDC.

A presença pervasiva de TIC em todos os setores da economia, o amadurecimento das diferentes formas e modelos de desenvolvimento de *software* e de prestação de serviços, entre outros fenômenos, frequentemente abrem perspectivas novas em todo o mundo. O mercado mundial de *software* e serviços de TI de US$ 1,4 trilhão, que cresce continuamente há mais de duas décadas acima do crescimento do PIB global, significa falar de um setor econômico vivo e dinâmico, em constante busca de novos talentos, novos modelos de negócios, novas aplicações e novas estruturas de custos. Por isso, empresas que eram desconhecidas há 15 ou 20 anos, tornaram-se estrelas ascendentes no mundo de TIC.

O estudo do caso indiano, feito de forma estruturada pela primeira vez no Brasil há pouco mais de 4 anos, em uma iniciativa comum da Brasscom com o governo brasileiro, ajudou a entender de que forma buscar o melhor posicionamento para nossas empresas e nossos talentos em TIC. A partir deste momento, aprimoramos os estudos acerca de nossa competitividade no mundo e compreende-se mais e melhor o papel central que TIC deve ocupar tanto na elaboração das políticas públicas quanto na definição dos investimentos.

DESAFIO DAS EXPORTAÇÕES E DA MARCA BRASILEIRA

O primeiro estudo realizado, em 2005, pela consultoria AT Kearney apontou um paradoxo agudo na indústria brasileira de Tecnologia da Informação: o contraste gritante entre a importância do mercado interno e a ínfima participação brasileira no mercado externo. Para um mercado interno, na época, de mais de US$ 15 bilhões, as exportações brasileiras de TI sequer atingiam US$ 500 milhões. Mesmo que houvesse nas políticas do governo brasileiro e das entidades do setor uma meta a atingir — US$ 2 bilhões em vendas externas —, havia pouca compreensão de por que nossas empresas não progrediam. O primeiro diagnóstico apresentava a ausência de inúmeros elementos como motivo: políticas corretas de incentivo por parte do setor público; articulação empresarial; esforço de promoção internacional; foco na oferta brasileira em consonância com o que o mercado global estava comprando; uma estrutura de custos minimamente racional, dada a elevada carga tributária, e, finalmente, bons programas de formação de recursos humanos.

Parte desses obstáculos foi removida desde então com algum ganho de progresso, com destaque para o salto em exportações, que atingiram US$ 1,4 bilhão em 2008. Entretanto, pouco avançou a compreensão na sociedade brasileira de que TIC é um bem fundamental para as economias modernas, tal como foram, a seu tempo, o vapor e a energia elétrica. É necessário haver consciência da oportunidade; e, em termos práticos, ampliação do fluxo de negócios, atração de investimentos e geração de emprego e renda.

O aumento das exportações tornou-se um desafio vital para as empresas brasileiras porque neste segmento, em que os custos fixos do investimento são baixos e a prestação de serviços pode ser realizada em qualquer parte do mundo, é a "defesa" do mercado interno que passa a estar em questão caso as empresas brasileiras não sejam capazes de competir internacionalmente. Este é o motivo para que o mercado de TIC concentre uma grande oportunidade, bem como um grande risco. O Gráfico 2 apresenta as projeções sobre o que acontecerá no mercado global de exportação de serviços de TI (*off-shore*) nos próximos 2 anos. Enquanto o mercado global crescerá à razão anual de 3% e a terceirização (*outsourcing*), 6% ao ano, o mercado de *off-shore* crescerá 20% ao ano, mesmo diante da presente crise da economia global.

GRÁFICO 2
EVOLUÇÃO DO MERCADO
IT-BPO MERCADO DE SERVIÇO GLOBAL (GASTOS — US$ BN)

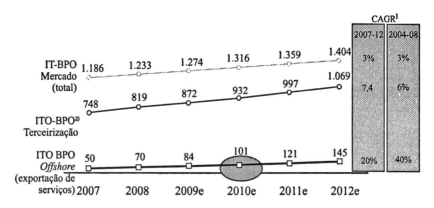

 US$ 101 bi em 2010 – Meta do Brasil: US$ 3,5 bi.
Forte competição por posicionamento como 2º e 3º *players*

O Gráfico 3 reforça a oportunidade e mostra o progresso recente do Brasil em exportações, com alta de 75% em 2008, mas também traz uma clara mensagem a respeito do risco. Dos US$ 30 bilhões de exportações novas de serviços que serão gerados até 2010, a Índia deverá absorver a metade deste valor e outros países, entre os quais o Brasil, deverão ser o destino dos demais US$ 15 bilhões. O custo de não disputar esses mercados de forma consistente seria a perda de competitividade das próprias empresas brasileiras no mercado interno.

Em um eventual cenário menos benigno, as empresas globais instaladas no Brasil perderiam a capacidade de convencer suas matrizes a alocar serviços no Brasil, ao mesmo tempo que as empresas de capital nacional, enfraquecidas, se tornariam alvos de aquisições e consolidação por grupos melhor posicionados internacionalmente. O que não significaria o fim do mercado interno, o qual continuará em expansão, mas sem dúvida haveria exportação de empregos, renda, diminuição na arrecadação de impostos e aumento de remessas de divisas.

GRÁFICO 3
COMPETIÇÃO ACIRRADA
CENÁRIO COMPETITIVO DE *OFF-SHORE* (GASTOS — US$ BN)

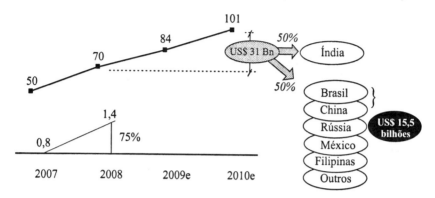

FONTE: Gartner; A.T. Kearney Analysis.

A medida adequada para evitar-se tal cenário não reside em nenhum de tipo de medida protecionista. Seria um contrassenso propormos a expansão das atividades de *off-shore* no Brasil e, ao mesmo tempo, defendermos a imposição de barreiras artificiais contra a competição global.

O remédio adequado consiste em solucionar a origem do problema.

DESAFIO DE CUSTOS E DE ESCALA

A questão do custo tributário brasileiro tem nítida influência sobre a competitividade internacional das empresas nacionais. Em uma empresa de Tecnologia da Informação, os custos de mão de obra representam, em média, 70% das receitas. Deste modo, se os encargos trabalhistas são muito altos, como é o caso no Brasil, mais altos também serão os preços de uma dada empresa brasileira na concorrência pelos contratos das companhias que terceirizam atividades — de manutenção e desenvolvimento de *software* a gerenciamento de folhas de pagamento, por exemplo — e buscam, em movimento contrário, a redução de seus custos no país de origem.

O Gráfico 4 mostra que, se nos impostos incidentes sobre a renda e sobre o valor adicionado gerado pela companhia, o Brasil não se desvia do padrão de concorrentes diretos, o mesmo não acontece nos encargos que incidem sobre o trabalho. A razão principal, no caso brasileiro, decorre do modelo de financiamento da seguridade social, em que a folha de salários das empresas é taxada em 20% do total. Assim, enquanto os encargos totais deste item correspondem a 53,1% do salário do funcionário de uma empresa de TI, no concorrente mais próximo, a China, limitam-se a 35% e na Índia, apenas 16,8%.

GRÁFICO 4
CUSTO TRIBUTÁRIO
QUADRO FISCAL EM COMPARAÇÃO COM OS
PAÍSES SELECIONADOS

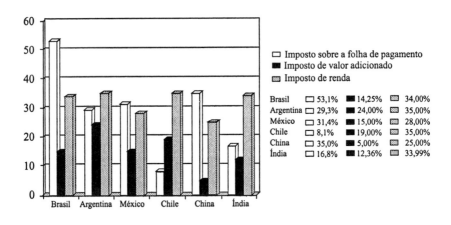

FONTE: The Economist Intellingence Unit; A. T. Kearney Analysis.

Em 2008, ocorrera progressos em termos de desoneração dos encargos trabalhistas para incentivar a exportação. Consubstanciado na Lei nº 11.774, o incentivo concede às empresas uma redução da contribuição sobre folha de 20% para 10%, para a exportação de serviços de TIC. Como parte da Política de Desenvolvimento Produtivo (PDP) do governo federal, esta medida melhora o poder de competição das empresas brasileiras, mas ainda há muito o que fazer em termos de redução de custos. A mesma PDP identifica, corretamente, que melhores custos devem ser acompanhados de maior musculatura das empresas brasileiras, pois ter escala, fôlego financeiro e capacidade de entrega dos serviços são fatores críticos na conquista de contratos que, frequentemente, superam a centena de milhão de dólares.

O desafio a vencer nesse terreno não é pequeno, como pode ser visto no Gráfico 5, em que se compara o porte das empresas brasileiras com as indianas. Entre as cinco maiores exportadoras, o porte das empresas indianas é 7,6 vezes maior do que o das empresas brasileiras líderes em vendas externas. Isto inclui mesmo as multinacionais que operam no Brasil.

Os impactos positivos de uma atividade relevante no mercado internacional de *off-shore* implicam maior demanda e qualificação de pessoal, principalmente nas necessidades brasileiras, isto representa um grande desafio.

GRÁFICO 5
RECEITA MÉDIA DAS EMPRESAS
PORTE DAS EMPRESAS TOP 5 E TOP 10 COM
OPERAÇÕES NA ÍNDIA E NO BRASIL

FONTE: IDG, "100 maiores serviços corporativos", 2008; Brasscom, Yahoo Finance, Companies Website.

DESAFIO DA FORMAÇÃO E DA QUALIFICAÇÃO

O Gráfico 6 confirma, por outro ângulo, o vigor do mercado brasileiro, mas também realça as deficiências do país em suprir o mercado de trabalho com os recursos humanos necessários. Desde 2005, a demanda cresce acima da oferta de profissionais da área, com tendência a acentuar o déficit de mão de obra. De todo modo, esta é uma pressão positiva, sobretudo devido aos profissionais de TI que requerem maior nível de instrução, qualificação e especialização.

O retorno de boas políticas de formação de recursos humanos, o que inclui o necessário treinamento em língua inglesa, significará o reforço à tendência já existente de o setor empregar profissionais altamente qualificados, com renda mais alta. Portanto, tomando-se como referência a média salarial brasileira, de R$ 938, 48, o quadro é amplamente favorável aos rendimentos do profissional de TIC, o qual percebe mais de duas vezes este valor, com média salarial de R$ 2.025,18.

GRÁFICO 6
MERCADO DE TRABALHO
DEMANDA *VERSUS* OFERTA DE PROFISSIONAIS DE TIC

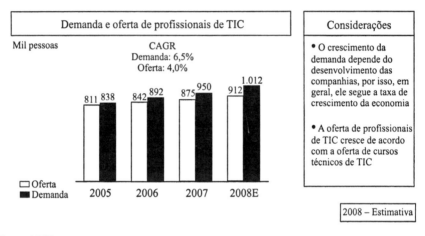

FONTE: MEC.

DESAFIO DA INFRAESTRUTURA E DO INVESTIMENTO

Mais exportações, custos menores e profissionais qualificados são requisitos indissociáveis da necessidade de uma infraestrutura de TIC moderna para o país e que receba investimentos crescentes, de modo a permitir a universalização do acesso, agora e cada vez mais, em banda larga. Neste âmbito, a posição brasileira na América Latina é de 4,6% por grupo de 100 habitantes. Já a penetração de banda larga na Argentina chega a 6,6% e no Chile, 8,8%, conforme estudo IDC/Cisco. Comparativamente a Espanha, com uma penetração de 16%, Estados Unidos (19%) e Coreia (26%), a distância do Brasil é ainda maior — mas precisa ser vencida.

O incentivo adequado ao investimento e a desoneração tributária dos serviços são pontos críticos para a penetração mais rápida da banda larga no país, em todas as suas configurações (fixa, móvel e dedicada). A oferta de banda larga é especialmente importante, porque — como aponta estudo da consultoria Booz&Co feito para a Brasscom — há um impacto direto na competitividade e na produtividade do país. Segundo os dados do estudo, o investimento em TIC contribuiu, em média, com 0,6 ponto percentual para o crescimento do PIB per capita no mundo, entre 1995 e 2001. Em relação ao aumento da produtividade do trabalho, a contribuição, no mesmo período, foi 0,5%, segundo dados da OCDE. Em especial as economias de rápido crescimento da Ásia têm se caracterizado por forte incentivo aos programas de acesso à banda larga. Recentemente, diversos países, a começar por Estados Unidos, investem nesse segmento como parte de uma opção estratégica para a competitividade futura e, também, para a própria recuperação econômica.

DESAFIO DA INOVAÇÃO

Formação de qualidade e infraestrutura moderna em TIC são pilares para vencer o desafio maior desta indústria, o da inovação. Esta, por sua vez, não significa apenas capacidade de gerar e respeitar patentes ou, no caso de *software*, direitos de autoria (*copyright*). Significa encontrar espaços na divisão internacional do trabalho dessas tecnologias, de forma que os países possam se destacar, em particular, na prestação de serviços. O caso indiano também exemplifica este fenômeno, pois as empresas indianas foram capazes de evoluir em bases globais escalando na cadeia de valor da indústria. De uma atividade inicial de manutenção de sistemas e atendimentos de *call center*, elas evoluem para a disputa de contratos de mais alto valor que implicam desenvolvimento de soluções.

A própria experiência brasileira de TI com serviços de qualidade para o sistema financeiro local e para governo eletrônico também sugere um caminho a percorrer. Para o Brasil e suas empresas, não se trata nem de desafiar voluntariosamente empresas e países que foram capazes de inventar partes relevantes desta indústria, tampouco buscar uma equação de custos como a que existe na Índia, por exemplo, onde a renda per capita e os modelos de previdência e de remuneração do trabalho encontram-se aquém dos padrões já alcançados no Brasil.

O Brasil investe em Tecnologia da Informação há 45 anos, dispõe de empresas de qualidade, tem um ambiente, em geral, favorável aos negócios e pode enfrentar o desafio de dar o salto para frente, equilibrando a força do mercado interno com uma presença internacional mais relevante. A agenda, para tanto, está pronta. Ela aparece ora sob a forma de redução de custos, ora sob a forma de formação de recursos humanos, por exemplo. Mas é cada vez mais claro que os temas compõem um todo no qual as partes se completam e requerem políticas integradas. O fio condutor é o entendimento de que o Brasil pode se constituir em um dos três maiores polos globais de Tecnologia da Informação e Comunicação.

TERCEIRA PARTE

PLANO DE AÇÃO, III: OPORTUNIDADES ECONÔMICO-SOCIAIS

Crise econômica e pobreza: o que há de novo no Brasil metropolitano

Marcio Pochmann*

---
*Presidente do Instituto de Pesquisa Econômica Aplicada, Ipea.

O PRESENTE ESTUDO refere-se à recente evolução da condição de pobreza metropolitana no Brasil, especialmente no momento cuja crise econômica internacional contamina desfavoravelmente a trajetória de expansão socioeconômica nacional. A análise sobre a pobreza frente ao agravamento atual do quadro econômico brasileiro encontra-se divida em quatro partes, sendo a primeira constituída de uma breve descrição do ciclo positivo de crescimento econômico combinado com melhorias sociais. Na segunda parte, apresenta-se a trajetória recente da pobreza no Brasil, com o foco nos meses cujos sinais da crise internacional passaram a se aprofundar. A terceira parte recupera sinteticamente os três principais períodos de forte desaceleração econômica ao longo das duas últimas décadas com o objetivo de considerar suas relações com o comportamento da pobreza.

Por fim, na quarta parte são destacados os principais elementos que podem estar contribuído para que a pobreza persiga, pelo menos até o momento, trajetória distinta da verificada em outras circunstâncias de crise econômica. As considerações finais reúnem as idéias principais do presente estudo que tem como base de informações para as seis principais regiões metropolitanas do país (Rio de Janeiro, São Paulo, Salvador, Recife. Belo Horizonte e Porto Alegre), a pesquisa de Emprego e Desemprego do Instituto Brasileiro de Geografia e Estatística (IBGE).[1]

---

[1] Agradeço a especial atenção de Ricardo L. C. Amorim, Milko Matijascic, Guilherme Dias, Jorge Abrahão de Castro, Aparecido, Helder, Fábio, Suellen e Richard.

INFLEXÃO NO CICLO DE EXPANSÃO ECONÔMICA COM AVANÇO SOCIAL

Com a crise da dívida externa (1981-1983), o Brasil não registrava um período mais longo de expansão dos investimentos como o verificado nos últimos 5 anos. No último trimestre de 2008, contudo, a evolução dos investimentos sofreu uma importante inflexão como decorrência da internalização da crise internacional pelo setor produtivo nacional.

O resultado final foi a queda no comportamento do PIB, colocando em xeque a trajetória positiva de expansão dos investimentos e dos produtos com a melhora social. Isso pode ser observado pelo avanço na formalização do total das ocupações.

GRÁFICO 1
BRASIL — ÍNDICE DE EVOLUÇÃO DO PRODUTO INTERNO BRUTO, DOS INVESTIMENTOS E DA FORMALIZAÇÃO DAS OCUPAÇÕES (6 REGIÕES METROPOLITANAS) DESDE 2002

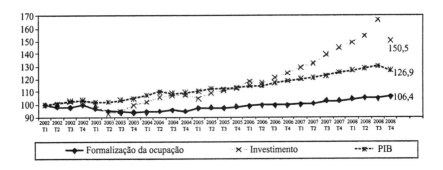

FONTE: IBGE/PME e Contas Nacionais (elaboração Ipea).

Já os indicadores de ocupação total e desemprego começaram a apresentar piora a partir do segundo semestre de 2008. Somente o comportamento do salário médio real manteve até março de 2009 leve elevação.

A inflexão na dinâmica econômica nacional trouxe impactos generalizados ao país, ainda que não homogêneos por regiões, setores e perfil populacional. Em relação ao comportamento da pobreza, percebe-se o impacto distinto da crise econômica no Brasil.

GRÁFICO 2

BRASIL METROPOLITANO — ÍNDICE DE EVOLUÇÃO DA OCUPAÇÃO, DA TAXA DE DESEMPREGO E DO SALÁRIO MÉDIO REAL DESDE 2002

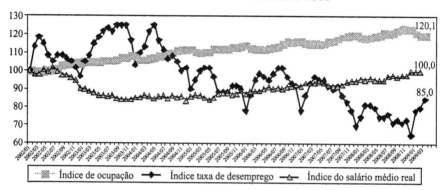

FONTE: IBGE/PME (elaboração Ipea).

POBREZA RECENTE NO BRASIL METROPOLITANO

Em conformidade com a nova série metodológica do IBGE para a Pesquisa de Emprego e Desemprego iniciada no ano de 2002, o conjunto das seis principais regiões metropolitanas do Brasil apresentam tendência de queda da taxa de pobreza desde abril de 2004. Entre março de 2002 e abril de 2004, a quantidade de pobres metropolitanos cresceu 2,1 milhões de pessoas, enquanto no período de abril de 2004 e março de 2009, a quantidade de pobres foi reduzida em quase 4,8 milhões de pessoas.

Em virtude disso, a taxa de pobreza, que era 42,5% do total da população das seis regiões metropolitanas no mês de março de 2002, passou para 42,7% em abril de 2004, com aumento de 0,5%. Para o mês de março de 2009, a taxa de pobreza no Brasil metropolitano foi de 30,7%, o que significou queda de 28,1% em relação ao mês de abril de 2004.

Com os sinais de internalização da crise internacional no Brasil desde outubro de 2008, observa-se que não houve, até o mês de março de 2009, interrupção no movimento de queda da taxa de pobreza nas seis principais regiões metropolitanas do país. A taxa de pobreza de 30,7% de março de 2009 foi 1,7% menor que a de março de 2008, acusando também redução de 670 mil pessoas da condição de pobreza (queda de 4,5% no número de pobres).

GRÁFICO 3
BRASIL METROPOLITANO — EVOLUÇÃO DA TAXA DE POBREZA
NO TOTAL DA POPULAÇÃO DESDE MARÇO DE 2002 (EM %)

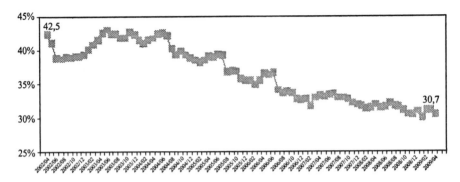

FONTE: IBGE/PME (elaboração Ipea).

Além da manutenção da tendência de queda na taxa de pobreza, constata-se também que no mês de março de 2009, havia menos de 54% do total dos desempregados das seis principais regiões metropolitanas do país na condição de pobres, enquanto em março de 2002 eram mais de 66% nesta condição. A queda de 18,8% na taxa de pobreza entre os desempregados pode indicar que a piora no mercado de trabalho desde outubro de 2008 não atingiu ainda os segmentos de menor rendimento.

GRÁFICO 4
BRASIL METROPOLITANO — EVOLUÇÃO DO ÍNDICE DE
DESEMPREGADOS (MAR/2002 = 100) E DA PARCELA DE TRABALHADORES
POBRES NO TOTAL DOS DESEMPREGADOS (EM %) DESDE 2002

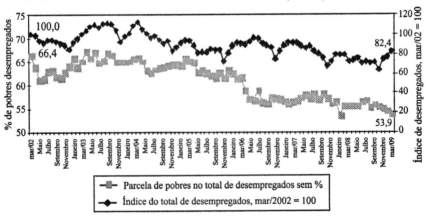

FONTE: IBGE (elaboração própria).

Entre janeiro de 2005 e março de 2009, por exemplo, a taxa de pobreza entre os desempregados caiu 16,3%, enquanto o contingente de desempregados diminuiu somente 5,5%. Mesmo com a contaminação do Brasil pela crise internacional não houve modificação clara na taxa de pobreza entre os desempregados. De outubro de 2008 a março de 2009, a taxa de pobreza entre os desempregados teve queda de 2,5%, enquanto o número de desempregados aumentou 16,5%.

Mesmo com o desemprego manifestando-se mais acentuadamente no interior da população não pobre, percebe-se ainda a existência de diferenças enormes no interior da população. Entre os pobres, por exemplo, a taxa de desemprego nas seis regiões metropolitanas alcança quase 25% da População Economicamente Ativa (PEA), enquanto no interior da população não pobre, a taxa de desemprego atinge somente 5,2% da força de trabalho. De outubro de 2008 a março de 2009, a taxa de desemprego entre a população pobre aumentou 18,5%. Para a população não pobre, a taxa de desemprego cresceu 24,8%.

PERÍODOS DE DESACELERAÇÃO ECONÔMICA E COMPORTAMENTO DA POBREZA NO BRASIL METROPOLITANO

Nas últimas três décadas, a economia brasileira registrou quatro importantes movimentos de inflexão desaceleradora do nível de produção, com importantes impactos sobre o consumo, investimento, emprego e renda. No início da década de 1980 e de 1990, o Brasil conviveu com a recessão. Entre 1981 e 1983, houve a crise da dívida externa, enquanto durante os anos de 1990 e 1992, a queda da produção ocorreu devido a adoção de programas de combate à inflação e abertura comercial. Nos períodos de 1998/1999 e de 2008/2009, o Brasil registrou importante desaceleração econômica, ambas relacionadas às crises de origem financeira.

Em função disso, quatro períodos de tempo foram selecionados por registraram importantes desacelerações econômicas. Entre 1982 e 1983, o PIB caiu 2,9%, enquanto entre 1989 e 1990, foi reduzido em 4,2%. Nos anos de 1998 e 1999, o PIB cresceu somente 0,2%. Para os anos de 2008 e 2009 não há ainda informação sobre comportamento do PIB, embora tenha registrado queda de 3,6% no último trimestre de 2008.

GRÁFICO 5
BRASIL METROPOLITANO — ÍNDICE DE EVOLUÇÃO DA
TAXA DE DESEMPREGO EM PERÍODOS SELECIONADOS
DE DESACELERAÇÃO ECONÔMICA

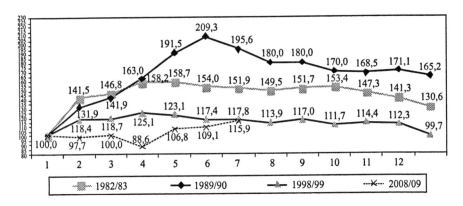

FONTE: IBGE/PME (elaboração Ipea).

De acordo com a taxa de desemprego aberto nas seis principais regiões metropolitanas do país nos 12 meses seguintes a manifestação da crise para cada um dos períodos de forte desaceleração econômica, nota-se os efeitos sobre o aumento da população sem trabalho. Para os anos de 1982/1983, por exemplo, constata-se que a taxa de desemprego cresce mais de 50%, enquanto para os anos de 1989 e 1990, a taxa de desemprego foi multiplicada por mais de duas vezes.

Entre os anos de 1998 e 1999, a desaceleração econômica resultou na ampliação do desemprego, embora abaixo dos períodos anteriores de recessão. Na desaceleração atual, a taxa de desemprego aumentou sem ainda estar na mesma intensidade verificada nos outros períodos considerados.

Se considerada a evolução da taxa de pobreza nas seis principais regiões metropolitanas do país nos 12 meses que se sucederam a cada um dos períodos de alta desaceleração econômica, pode-se observar o impacto do movimento de inflexão da produção sobre a pobreza.

Nos anos de 1982/1983, observa-se que a taxa de pobreza cresceu rápida e imediatamente. No segundo período (1989/1990), a taxa de pobreza se elevou mais lentamente, sem atingir o mesmo patamar da recessão do início da década de 1980.

GRÁFICO 6
BRASIL METROPOLITANO — ÍNDICE DE EVOLUÇÃO
DA TAXA DE POBREZA EM PERÍODOS DE
DESACELERAÇÃO ECONÔMICA SELECIONADOS

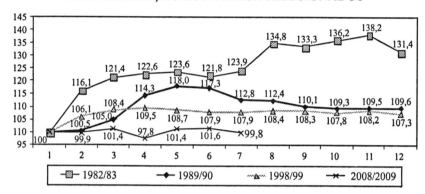

FONTE: IBGE/PME (elaboração Ipea).

Para o terceiro período (1998/1999), a desaceleração econômica também implicou elevação importante na taxa de pobreza do Brasil metropolitana. Somente no quarto período de tempo selecionado (2008/2009) não se observou aumento na taxa de pobreza, seis meses após a manifestação dos sinais de crise.

GRÁFICO 7
BRASIL METROPOLITANO — EVOLUÇÃO DO NÚMERO
DE POBRES EM PERÍODOS DE DESACELERAÇÃO
ECONÔMICA SELECIONADOS

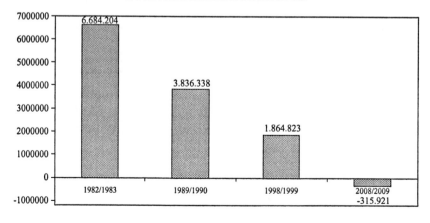

FONTE: IBGE (elaboração Ipea).

Nos primeiros seis meses de manifestação da crise internacional no Brasil (out./2008–mar./2009) registra-se a diminuição em quase 316 mil pessoas da condição de pobreza no Brasil metropolitano. No período anterior selecionado de desaceleração econômica (1998/1999), a quantidade de pobres aumentou em quase 1,9 milhão de pessoas.

Nos períodos recessivos, a pobreza aumentou mais. Entre 1982/1983, a quantidade de pobres cresceu em quase 7,7 milhões de pessoas nas seis regiões metropolitanas, enquanto em 1989/1990, o número de pobres cresceu em mais de 3,8 milhões de brasileiros.

BASE DA PIRÂMIDE SOCIAL E POLÍTICA PÚBLICA

Tendo em vista o comportamento distinto da taxa de pobreza no Brasil metropolitano em relação aos outros três períodos anteriores selecionados de desaceleração econômica, cabe questionar algumas das razões explicativas. Ainda que se considere a não manifestação plena da crise atual, mas podendo ocorrer mais tardiamente, observa-se que o país conta com uma rede de atenção pública voltada, sobretudo à base da pirâmide social, outrora pouco ou quase nada desenvolvida.

GRÁFICO 8

BRASIL — ÍNDICE DE EVOLUÇÃO DO PODER DE COMPRA DO SALÁRIO-MÍNIMO EM PERÍODOS DE DESACELERAÇÃO ECONÔMICA SELECIONADOS

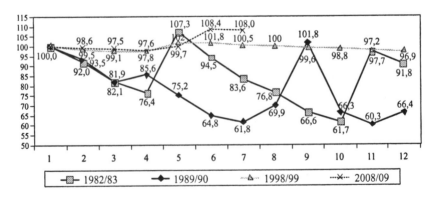

FONTES: MTE e Dieese (elaboração Ipea).

Também se pode mencionar o papel do valor real do salário-mínimo em relação à base da pirâmide social, especialmente aos trabalhadores ocupados e aos inativos associados às políticas de garantia de renda. Seus valores encontram-se indexados ao valor do salário-mínimo.

Durante os quatro períodos de desaceleração econômica considerados, nota-se que somente no período atual, o valor real do salário-mínimo conseguiu guardar seu valor real superior (8%). Entre os anos de 1998/1999, o salário-mínimo perdeu 3,1% do seu poder aquisitivo. Na recessão de 1989/1990, seu valor real caiu para 33,6%, enquanto entre 1982/1983 a perda no poder de compra do mínimo foi de 8,2%.

GRÁFICO 9
BRASIL — PERCENTUAL DA POPULAÇÃO TOTAL QUE RECEBE BENEFÍCIOS MONETÁRIOS CONDICIONADOS PELA PREVIDÊNCIA E ASSISTÊNCIA SOCIAL

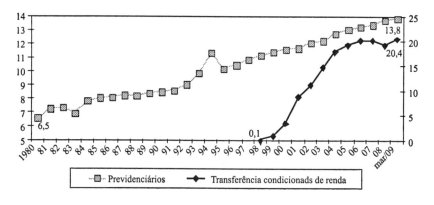

FONTES: IBGE, MPS e MDS (elaboração Ipea).

Além da importância do valor do salário-mínimo para os trabalhadores ativos no interior do mercado de trabalho, convém destacar a sua relação para os benefícios da previdência e assistência social. Como os benefícios monetários encontram-se indexados ao valor do mínimo nacional, parcela importante da população inativa também termina sendo beneficiada pelo poder aquisitivo garantido nos períodos de forte desaceleração econômica.

A base da pirâmide social brasileira constitui atualmente uma rede de garantia de poder de compra originária nos programas de transferências condicionadas de renda. O programa Bolsa Família destaca-se pelo universo de beneficiados em todo o país. Somadas as parcelas com benefícios previdenciários e assistenciais, o Brasil conta atualmente com 34,1% da população, sobretudo a de menor rendimento protegida com algum mecanismo de garantia de renda, o que se constitui algo inédito em relação aos outros períodos de forte desaceleração econômica no país.

CONSIDERAÇÕES FINAIS

A pobreza nas seis regiões metropolitanas não se elevam desde o início da contaminação do Brasil pela crise internacional. Pelo contrário, registra-se, inclusive, a continuidade até o mês de março de 2009, a sua queda.

Tudo isso ocorre de forma distinta do verificado em outros períodos em que o Brasil registrou forte desaceleração econômica. De maneira geral, as recessões de 1982/1983 e de 1989/1990 impuseram forte aumento da pobreza no Brasil metropolitano. Ainda que a taxa de pobreza não tenha se elevado tanto como nos períodos recessivos, a desaceleração de 1998/1999 impôs perdas importantes à base da pirâmide social.

Entre as possíveis razões explicativas para a recente trajetória de pobreza metropolitana diversa de outros períodos analisados, encontram-se as políticas públicas. A elevação do valor real do salário-mínimo e a existência de uma rede de garantia de renda aos pobres devem estar contribuindo decisivamente para que a base da pirâmide social não seja a mais atingida, conforme observado em períodos de forte desaceleração econômica no Brasil.

Como gerar oportunidades para os pobres
Sonia Rocha* e Roberto Cavalcanti de Albuquerque**

---

* Do Instituto de Estudos do Trabalho e Sociedade, IETS.
** Do Instituto Nacional de Altos Estudos, Inae (Fórum Nacional). Ex-secretário de Planejamento da Presidência da República.

INTRODUÇÃO: A REDUÇÃO DA POBREZA

A REDUÇÃO DA pobreza do Brasil nos últimos anos vem sendo com razão uma conquista muito celebrada. Desde o Plano Real até 2003, a proporção de pobres na população total se manteve em patamar estável e elevado: em torno de 35%, oscilando pouco, para mais ou para menos, em função do evoluir da conjuntura econômica.

Considerando-se o desempenho medíocre do crescimento médio anual da renda entre 1996 e 2003, a estabilidade dos indicadores de pobreza nesse período até pode ser vista como resultado favorável. Realizada por meio de uma conjunção de fatores, entre os quais cabe destacar a redução do ritmo da expansão demográfica, os efeitos distributivos dos aumentos reais do salário-mínimo e a ampliação da cobertura das transferências de renda previdenciárias e assistenciais. Durante o período em que os indicadores de pobreza estiveram relativamente estáveis, ocorreram reduções sustentadas da pobreza rural, o que evidencia melhoria relativa da incidência de pobreza onde as condições de vida se mostravam mais críticas. Sendo sintomático que a desigualdade de renda, responsável pela manutenção dos índices elevados de pobreza absoluta no país, venha declinando de forma contínua desde 1997.

A queda dos índices de pobreza — desde o pico de 2003, quando a proporção de pobres atingiu 35,6%, até o mínimo histórico de 25,1% obtido em 2007 — ocorreu em virtude da mudança do cenário macroeconômico. A retomada da atividade produtiva, elevando o crescimento médio do PIB para 5% ao ano no período 2004-2008,[1] repercutiu sobre o mercado de trabalho: primeiro, com expansão da ocupação; em seguida, pelo aumento real do rendimento médio do trabalho beneficiando primordialmente os trabalhadores

---

[1] O crescimento médio anual do PIB no período 1996 a 2003 tinha sido de 2,1%.

com ganhos em torno do salário-mínimo. O fato, óbvio, de a renda das famílias ser formada preponderantemente pelo rendimento do trabalho torna o crescimento da ocupação e do rendimento, principalmente com o viés distributivo favorável presente desde 2004, o caminho desejável e natural para a redução da pobreza.

Subsidiariamente, tanto a estabilidade dos indicadores de pobreza no cenário econômico adverso quanto o declínio deles durante a retomada do crescimento foram determinados pelas transferências previdenciárias e assistenciais. As coberturas e dispêndios crescentes aumentaram sua participação na formação da renda das famílias. As transferências previdenciárias ganharam importância em função do envelhecimento da população, da ampliação dos atendidos e da política de ajuste dos benefícios. As transferências assistenciais se expandiram em função da consolidação dos direitos de cidadania. Eles tanto facilitam o acesso aos chamados Benefícios de Prestação Continuada (BPC) constitucionais aos idosos e portadores de deficiência pobres quanto favorecem a expansão de "novos" programas, consolidados sob o guarda-chuva do Programa Bolsa Família (BF), que tem como público-alvo as famílias pobres em geral.

A pobreza como insuficiência de renda, portanto, foi reduzida, recentemente, em função de dois vetores básicos: o mercado de trabalho e as transferências públicas de renda. O cenário ideal seria aquele em que o rendimento do trabalho fosse capaz — tanto no presente, quanto no futuro (como resultado de benefícios previdenciários contributivos) — de garantir o bem-estar de todos, eliminando a pobreza. No entanto, os desequilíbrios entre oferta e demanda de mão de obra, que resultam de um mercado de trabalho que rapidamente se especializa em confronto com enorme contingente da força de trabalho pouco qualificado, tornam inevitável o recurso a mecanismos de transferência assistencial para enfrentar a questão estrutural da exclusão econômica e social.

Embora a solução para pobreza resida em inserção adequada no mercado de trabalho com níveis crescentes de produtividade, as transferências assistenciais constituem hoje mecanismo inevitável de salvaguarda para proteger pessoas e famílias com desvantagens estruturais e que não podem ser sanadas em curto e médio prazos. Apesar de as transferências de renda não visarem diretamente às causas da pobreza — por conseguinte, não são consideradas "porta de saída" para os pobres —, deve-se articular a elas ações de educação, saúde e assistência social com o potencial de tirar da pobreza as famílias assistidas no menor prazo possível.

O objetivo deste texto é enfocar as transferências públicas de renda e o mercado de trabalho no que respeita a seus potenciais de reduzir e amenizar os problemas associados à pobreza entendida como insuficiência de renda.

Em primeiro lugar, após exame das características básicas dos sistemas de transferências públicas assistenciais e previdenciárias, são apresentados os resultados de exercício de simulação que enseja análise dos impactos, sobre os indicadores de pobreza, da exclusão dessas transferências, bem como dos efeitos delas sobre as desigualdades de renda. Considerando-se, em segundo lugar, o objetivo de inserção produtiva dos pobres no mercado de trabalho formal e gerador de renda suficiente, propõe-se um conjunto de medidas visando a atenuar o conflito entre a baixa escolaridade da população pobre do Brasil e as exigências de qualificação cada vez mais elevadas do mercado de trabalho. Sistematizam-se, em terceiro lugar, as conclusões e as recomendações.

A base de informações utilizada inclui principalmente a Pesquisa Nacional por Amostra de Domicílios (Pnad/IBGE), de 2007, e a Relação Anual de Informações Sociais (Rais) também de 2007, do Ministério do Trabalho e Emprego.

MAIS RENDA PARA OS POBRES VIA TRANSFERÊNCIAS

Embora ao se tratar de pobreza venham em mente as transferências assistenciais, isto é, aquelas focalizadas nas pessoas ou famílias com renda julgada insuficiente, optou-se por tratar aqui do tema de forma mais abrangente: considerando também as transferências previdenciárias, porque, de certa maneira, assistenciais ou previdenciárias, elas se confundem em diversos aspectos. Isto ocorre por várias razões: porque a previdência reconhecidamente tem um papel relevante na redução da pobreza; porque dentre as transferências previdenciárias se incluem as pensões e aposentadorias rurais não contributivas e, portanto, de caráter claramente assistencial; e porque uma parcela relevante dos benefícios assistenciais tem valor equivalente ao piso previdenciário, ao qual corresponde a maioria dos benefícios da própria previdência.

AS TRANSFERÊNCIAS DE RENDA ASSISTENCIAIS

Nos últimos 10 anos, as transferências monetárias como mecanismo de política antipobreza vêm ganhando no Brasil uma atenção crescente, tanto da mídia e de especialistas quanto da população-alvo e do público em geral. Isto ocorre por um lado porque sua cobertura tem se ampliado muito; por outro, porque os valores médios transferidos se elevam sistematicamente.

Não surpreende, portanto, que o valor total das transferências assistenciais se expanda fortemente em relação às transferências previdenciárias,[2] passando de 7%, em 2001, para 16%, em 2008. Mesmo assim, as transferências assistenciais envolvem ainda valores relativamente modestos, representando 0,91% do PIB em 2008.[3]

GRÁFICO 1
TRANSFERÊNCIAS FEDERAIS FOCALIZADAS NOS POBRES, 2001-2008

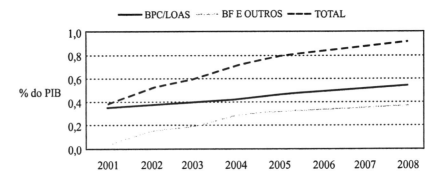

FONTES: MPS, MDS e IBGE.

A importância e visibilidade das transferências de renda focalizadas nos pobres ocorrem por terem se tornado o carro-chefe da política social do governo Lula — o qual, por sua vez, tem a assistência aos pobres como o objetivo central de sua atuação na área social. Embora desde o governo de Fernando Henrique Cardoso a intenção declarada em âmbito federal tenha sempre sido ter uma política antipobreza integrada por mecanismos diversos

---

[2] Vale lembrar que o sistema de previdência no Brasil é composto do Regime Geral da Previdência Social (RGPS), que atende aos trabalhadores do setor privado, pelo Regime Próprio dos Servidores Públicos (RPSP) e os sistemas de previdência complementar, abertos ou fechados. Neste parágrafo, as comparações referem-se somente ao valor dos benefícios de aposentadorias e pensões pagos pelo RGPS.
[3] As transferências assistenciais representavam 0,39% do PIB em 2001.

— articulados de modo a remediar as carências reconhecidamente múltiplas da pobreza —, as transferências mensais em dinheiro do BF tornaram-se centrais seja em decorrência de sua bem-sucedida implementação, seja pela efusiva receptividade da parte dos beneficiários.

É interessante observar que tanto as críticas quanto os louvores às transferências de renda aos pobres se concentram no BF, revelando em grande parte o desconhecimento da existência de outro programa federal de transferência de renda aos pobres desde sua origem na década de 1970.

Trata-se das transferências constitucionais focalizadas nos idosos e portadores de deficiência, pobres, que foram reguladas pela Lei Orgânica da Assistência Social (Loas), de 1993.[4]

Criado no âmbito da Previdência Social, em 1974, para assistir idosos e portadores de deficiência, pobres, o então chamado "amparo previdenciário", no valor de meio salário-mínimo, cresceu rapidamente em abrangência, chegando a atender a 1,3 milhão de beneficiários no início dos anos 1980, declinando desde então paulatinamente. A expansão em novos moldes — como direito constitucional e benefício equiparado ao salário-mínimo — ocorreu a partir de 1996. Daí em diante, seu crescimento tem sido significativo, tanto em termos de cobertura quanto do valor das transferências, alimentadas pelos aumentos reais do salário-mínimo que vêm ocorrendo desde o Plano Real.

São pagos hoje, mensalmente, 3,3 milhões de transferências assistenciais de caráter constitucional (BPC), sendo consensual que o programa já atinge, pelo menos em termos de cobertura, sua clientela-alvo. No que respeita aos idosos, o programa concede anualmente novos benefícios, equivalentes a cerca de 30% da população que atinge 65 anos. No que concerne aos portadores de deficiência, a expansão anual do número de benefícios concedidos se faz ao ritmo próximo a 5% do aumento da população residente, o que corresponde às estimativas internacionais da proporção de portadores de deficiência na população em geral.

Por volta de 1990, o programa constitucional se encontrava em compasso de espera, ainda com meio salário-mínimo para uma clientela relativamente restrita. Como resultado, as transferências assistenciais dele decorrentes ficaram ao largo das discussões quando se iniciou, por volta de 1990, mobilização nacional pela necessidade de combate imediato à pobreza, levando a propostas de implantação de programas de renda mínima. A frustração com o pífio desempenho da

---

[4] Uma descrição da evolução deste programa encontra-se em Rocha (2008).

década de 1980 em termos de crescimento econômico, a manutenção de elevados níveis de pobreza absoluta, os índices explosivos de desigualdade de renda concomitantes criaram um cenário propício para o que efetivamente se seguiu.

Não se tratava mais de aguardar o crescimento econômico e os seus efeitos distributivos, viabilizadores de redução da pobreza. Tratava-se, sim, de reduzir a pobreza de imediato através de mecanismos de transferência pública de renda. Trilharam-se então caminhos próprios, que evoluíram desvinculados do programa de transferência de renda constitucional preexistente: a criação dos programas de Bolsa Escola municipais a partir de 1995; sua encampação pelo programa Bolsa Escola federal a partir de 1997; o redesenho do Bolsa Escola federal; a implantação de outros programas federais de transferência de renda aos pobres, como o Bolsa Alimentação e o Auxílio Gás; e, finalmente, a consolidação desses "novos" programas e a universalização de seus benefícios a todos os pobres, definidos segundo um único critério de renda.[5]

Em decorrência dessa evolução, existem hoje no Brasil dois sistemas de transferência pública de renda focalizadas nos pobres, operando em paralelo e utilizando conceitos, parâmetros e lógicas próprios: o sistema constitucional de Benefício de Prestação Continuada (BPC/Loas); e os "novos" programas, que vêm sendo incorporados ao Bolsa Família (BF) (Tabela 1).

TABELA 1
CARACTERÍSTICAS DOS DOIS SISTEMAS DE
TRANSFERÊNCIAS ASSISTENCIAIS (EM 2007)

	BPC/Loas	**Bolsa Família**
Público-alvo	Idosos e portadores de deficiência	Todas as famílias pobres
Limite da renda familiar per capita	¼ SM (R$ 116,25)	R$ 120,00
Conceito de família	"Previdenciário"	Grupo domiciliar
Valor do benefício mensal	1 SM (R$ 465,00)	Mínimo: R$ 20,00 Máximo: R$ 182,00

Como resultado das diferenças entre os dois sistemas, o BPC, com benefícios equivalentes a cerca de 30% daqueles mantidos pelo BF, tem um dispêndio anual 37% maior que este último (Tabela 2).

---

[5] Para uma descrição mais detalhadas da criação dos novos programas a partir da proposta do programa Bolsa Escola da plataforma do Partido dos Trabalhadores de 1989, ver Rocha (2008).

TABELA 2
NÚMERO DE BENEFÍCIOS E DISPÊNDIOS DOS SISTEMAS
DE TRANSFERÊNCIAS ASSISTENCIAIS, 2008

	BPC/Loas	Bolsa Família	Total
Número de benefícios pagos/mês	3,3 milhões (24%)	10,6 milhões (76%)	13,9 milhões (100%)
Dispêndio anual	R$ 15,8 bilhões (60%)	R$ 10,6 bilhões (40%)	R$ 26,4 bilhões (100%)
% do PIB	0,55%	0,37%	0,91%

FONTES: MPS e MDS.

Tendo em vista que as transferências assistenciais têm tido uma participação crescente na renda das famílias — em parte em função do desempenho medíocre do mercado de trabalho na maior parte do período pós-Real —, é relevante examinar qual a contribuição dessas transferências para a redução da pobreza vista como insuficiência de renda.

AS TRANSFERÊNCIAS PREVIDENCIÁRIAS

Malgrado o objetivo primordial de analisar o impacto das transferências assistenciais sobre a pobreza, optou-se por considerar também, para efeito de comparação, as transferências previdenciárias.

Em princípio, a Previdência Social é contributiva, enquanto a Assistência Social é um mecanismo compensatório, de última instância, para os que não dispõem de renda suficiente para atender às suas necessidades mínimas segundo algum critério preestabelecido.

No caso brasileiro, no entanto, a Previdência tem, pelo menos, duas particularidades relevantes quando se consideram seus efeitos sobre a pobreza e a desigualdade.

Existe uma componente quase assistencial no escopo do Regime Geral de Previdência Social (RGPS), que são as aposentadorias rurais não contributivas. Seu impacto é enorme nas áreas rurais das regiões mais pobres, pois elas garantem o pagamento de um salário-mínimo a uma grande massa de trabalhadores rurais, seus beneficiários não contribuintes.[6]

---

[6] O salário-mínimo é um valor de referência relativamente elevado quando se consideram os rendimentos prevalecentes em áreas pobres. Em setembro de 2007, por exemplo, o rendimento médio do trabalho no Nordeste era R$593, apenas 56% acima do salário-mínimo de R$ 380 em vigor.

Atualmente são pagas 7,6 milhões de aposentadorias e pensões rurais no país, o que representa 36% do total das aposentadorias e pensões pagas pelo RGPS. O caráter assistencial da Previdência no que se refere à população rural se evidencia quando considerado o descompasso entre sua participação no total de benefícios previdenciários pagos e a participação na população brasileira dos residentes em áreas rurais, que é da ordem de 15%.

Na verdade, esse mecanismo foi criado quando a pobreza no Brasil era predominantemente rural e a incidência da pobreza em áreas rurais, bem mais elevada do que em áreas urbanas. Hoje, além de contribuir diretamente na redução da pobreza, esses recursos estimulam a atividade econômica em áreas rurais pouco dinâmicas, com efeitos positivos indiretos sobre a redução da pobreza.

No entanto, diante da desejável modernização e formalização das relações trabalhistas nos estabelecimentos agrícolas que se organizam em bases capitalistas, a manutenção dessa assistência nos moldes atuais torna-se crescentemente anacrônica.

A segunda especificidade das transferências previdenciárias no Brasil é a existência de um Regime Próprio de Previdência Social (RPPS) para os servidores públicos. Embora de natureza não complementar, essas aposentadorias e pensões podem atingir valores relativamente elevados em comparação tanto ao teto dos benefícios pagos pelo RGPS quanto aos rendimentos médios do trabalho no Brasil.[7]

Os dados relativos ao número de benefícios pagos, e dos dispêndios correspondentes, pelo RGPS e pelo RPPS, evidenciam o desequilíbrio da política previdenciária, determinando iniquidades reconhecidas, obviamente indesejáveis em função dos impactos distributivos adversos: em 2007, o RPPS realizou pagamentos de pensões e aposentadorias no montante de R$ 56,7 bilhões, correspondente a 40% dos dispêndios realizados com o mesmo fim pelo RGPS, mas pagou benefícios a 2,08 milhões de pessoas, o que equivale a apenas 10% dos benefícios pagos pelo RGPS em dezembro daquele ano.[8]

---

[7] Em fevereiro de 2009, o valor máximo pago pelo RGPS era de R$ 3.092, enquanto o valor médio pago a algumas categorias de servidores aposentados da União — tais como Ministério Público, Poder Legislativo e Poder Judiciário — ultrapassava R$ 13 mil por mês (Caetano, 2008).

[8] Dispêndio do RGPS em 2008: R$ 142 bilhões. Fonte: Anuário estatístico da Previdência Social, 2008. No caso do RPPS, note-se que os servidores públicos estatutários vêm recolhendo, desde os anos 1950, contribuições previdenciárias correspondentes a percentuais incidentes sobre o total de seus vencimentos, e não sobre um teto prefixado, a eles inferior, como no caso do RGPS. Essa é, aliás, a norma que prevalece hoje para o RPPS, inclusive para os aposentados, que arrecadam "contribuição" sobre proventos com características de novo tributo sobre a renda.

O IMPACTO DAS TRANSFERÊNCIAS SOBRE A POBREZA

Quais são os impactos das transferências previdenciárias e assistenciais sobre os indicadores da pobreza considerada do ponto de vista da renda?

A composição da renda das famílias no Brasil vem se alterando à medida que as transferências previdenciárias e assistenciais ganham importância relativa, em detrimento, em especial, das rendas do trabalho. As simulações que se seguem têm como objetivo mensurar a contribuição dos diferentes tipos de transferências para reduzir a incidência de pobreza.

Metodologia

Utilizando os dados da Pesquisa Nacional por Amostra de Domicílios de 2007 (IBGE/Pnad), a mais recente disponível, e tendo por base os indicadores habituais de pobreza do ponto de vista da renda, foram realizadas simulações que excluem da renda familiar as transferências previdenciárias e assistenciais recebidas pelas pessoas.

No caso das transferências previdenciárias — aposentadoria e pensões —, são base os valores informados como tal nos quesitos de rendimento das pessoas. Foram computadas como transferências previdenciárias as aposentadorias e pensões pagas pelo RGPS, pelo RPPS, tanto em área urbana quanto rural, bem como as pagas pelos sistemas de previdência complementar. Optou-se por distinguir nessas transferências duas categorias segundo o seu valor: por um lado, os benefícios pagos correspondendo ao piso, isto é, ao valor do salário-mínimo, que constituem a grande maioria dos benefícios pagos pelo RGPS e incluem os benefícios da previdência rural; por outro lado, os benefícios superiores ao salário-mínimo e que chegam a atingir valores elevados em virtude das normas do RPPS.[9] Esta torna-se distinção habitual quando se busca verificar impactos sobre a pobreza e impactos distributivos de maneira mais geral, caso em que ela é altamente relevante.[10]

No caso das transferências assistenciais, o fato de seus valores serem investigados de forma residual pela Pnad[11] — englobando os demais tipos de

---

[9] A cobertura dos benefícios previdenciários de maior valor, tais como a das rendas de valor elevado em geral, é imperfeita na Pnad, seja por se tratar de pesquisa amostral, seja também devido à sonegação do dado por parte dos informantes.
[10] Cf. Soares, 2006.
[11] Trata-se da variável v1273 da Pnad.

rendas que não são objeto de quesito específico, como rendimentos financeiros —, fez com que, para fins da simulação de impacto, fosse utilizada a seguinte abordagem: (1) assumiram-se como transferências do BPC/Loas valores declarados iguais ao salário-mínimo; e (2) como transferências do BF[12] todos os valores possíveis dos benefícios (R$ 18, R$ 36, R$ 54, R$ 58, R$ 76, R$ 94, R$ 112). Apesar de terem sido também consideradas todas as combinações de valores do salário-mínimo e dos valores possíveis das transferências do BF, não foram captados aqueles casos as transferências assistenciais são declaradas em combinação com outros rendimentos. Neste sentido, tornou-se inescapável alguma subestimação das transferências assistenciais e de seu impacto.[13]

Como ponto de partida, foram estimados os indicadores habituais de pobreza enquanto insuficiência de renda, calculados a partir da renda familiar per capita (RFPC) em confronto com o valor das linhas de pobreza. Utilizaram-se linhas de pobreza que assumem 24 valores diversos conforme região e estrato de residência, de modo a levar em conta diferenciais de custo de vida dos pobres através do país (Anexo 1).

A análise consistiu em comparar os indicadores básicos de pobreza — proporção de pobres, razão do hiato da renda e hiato quadrático — obtidos tendo como base o total dos rendimentos das famílias, daqueles que resultam de simulações em que a RFPC foi calculada com a exclusão de um dos quatro tipos de transferência, além de alguma combinação delas. Foram realizadas oito simulações, sendo quatro das seguintes transferências, consideradas individualmente: (1) previdenciárias iguais ou menores do que o salário-mínimo; (2) previdenciárias superiores ao salário-mínimo; (3) assistenciais do BPC/Loas; e (4) assistenciais do Bolsa Família.

Resultados

Alguns dos resultados da análise empreendida são, em termos gerais, óbvios, embora as simulações permitam precisar seu alcance. É óbvio que, com 21 milhões de beneficiários do RGPS e mais 2 milhões do RPPS, a

---

[12] Incluem-se aqui as transferências residuais de outros programas, que vêm sendo unificados sobre o BF, tais como Bolsa Escola, Bolsa Alimentação e Cartão Alimentação.
[13] Sobre a distinção entre transferências previdenciárias e assistenciais, é importante lembrar que parte das transferências do BPC/Loas são declaradas, erroneamente, como transferências previdenciárias, inflando o número destas em detrimento daquelas. Trata-se de um defeito de captação da pesquisa domiciliar que não pode ser corrigido pelo analista.

maioria das transferências correspondendo ao valor do salário-mínimo e um dispêndio da ordem de 12% do PIB, a Previdência, em sentido amplo,[14] tem necessariamente importância muito maior na redução da pobreza no país do que as transferências assistenciais. Os resultados (Tabela 3) mostram que, se não existissem as aposentadorias, haveria um aumento de 47% do número de pobres no Brasil, que se elevaria de 46,2 milhões estimados em setembro de 2007 (25% da população) para 68,0 milhões (37%).

Comparativamente, o impacto das transferências assistenciais é relativamente modesto: o BPC e o BF em conjunto reduzem em 6,4% o número de pobres no Brasil. O diferencial entre os impactos da Previdência e da Assistência é esperado, e, a rigor, poderia se ampliar caso houvesse tendência sustentada de formalização no mercado de trabalho. No entanto, a expansão da cobertura das transferências assistenciais é o motor da redução no diferencial entre os impactos da Previdência e a Assistência. Embora com números de benefícios bem diversos — 3 milhões do BPC e 11,2 milhões do BF[15] — os dois tipos de transferências assistenciais têm impactos semelhantes em termos de redução do número de pobres: da ordem de 3,2%.

Os impactos das transferências naturalmente se diferenciam conforme as regiões e áreas do país. Isto ocorre por duas razões básicas.

A primeira é que foram utilizadas para estimar o número de pobres não uma única, mas um conjunto de 24 linhas de pobreza, de modo a levar em conta os custos de vida diferenciados dos pobres conforme as regiões e as áreas urbanas, rurais ou metropolitanas de residência. Como as transferências pagas têm valores fixados nacionalmente, na maioria dos casos iguais ao salário-mínimo, elas acabam tendo impactos sobre os indicadores de pobreza mais acentuados nos locais em que as linhas de pobreza são mais baixas, o que ocorre especialmente nas áreas rurais.

---

[14] Este percentual do PIB não inclui a Previdência complementar, que, no entanto, está coberta pela Pnad. Portanto, as transferências previdenciárias consideradas nas simulações incluem todas aquelas pagas por todos os sistemas.

[15] Dados do MPS e MDS relativos ao mês de dezembro de 2007.

TABELA 3

IMPACTOS DAS TRANSFERÊNCIAS PREVIDENCIÁRIAS E ASSISTENCIAIS SOBRE O NÚMERO E A PROPORÇÃO DE POBRES, BRASIL, ÁREA RURAL E NORDESTE — 2007

Observado/ simulado	Número de pobres Total	Número de pobres Diferença	Proporção de pobres Total	Variação (%)
Brasil				
Observado	46.254.622	—	0,2508	—
Simulado excluindo:				
Previdência ≤ S.M.	59.082.779	12.828.157	0,3203	27,7
Previdência > S.M.	54.260.690	8.006.068	0,2942	17,3
Previdência: todas	68.045.203	21.790.581	0,3689	47,1
BPC	47.665.529	1.410.907	0,2584	3,1
BF	47.803.015	1.548.393	0,2592	3,3
BPC e BF	49.208.762	2.954.140	0,2668	6,4
BPC, BF e Prev. ≤ S.M.	62.211.480	15.956.858	0,3373	34,5
BPC, BF e Prev.: todas	71.193.669	24.939.047	0,3860	53,9
Brasil Rural				
Observado	7.711.811	—	0,2675	—
Simulado excluindo:				
Previdência. ≤ S.M.	11.355.062	3.643.251	0,3939	47,2
Previdência > S.M.	7.928.544	216.733	0,2750	2,8
Previdência: todas	11.652.378	3.940.567	0,4042	51,1
BPC	8.110.912	399.101	0,2814	5,2
BF	8.581.507	869.696	0,2977	11,3
BPC e BF	8.978.020	1.266.209	0,3114	16,4
BPC, BF e Prev ≤ S.M.	12.766.693	5.054.882	0,4429	65,5
BPC, BF e Prev: todas	13.062.451	5.350.640	0,4531	69,4
Nordeste				
Observado	20.077.539	—	0,3900	—
Simulado excluindo:				
Previdência ≤ S.M.	25.872.918	5.795.379	0,5026	28,9
Previdência > S.M.	21.339.355	1.261.816	0,4145	6,3
Previdência: todas	27.298.046	7.220.507	0,5303	36,0
BPC	20.821.264	743.725	0,4045	3,7
BF	21.053.070	975.531	0,4090	4,9
BPC e BF	21.777.888	1.700.349	0,4231	8,5
BPC, BF e Prev. ≤ S.M.	27.647.176	7.569.637	0,5371	37,7
BPC, BF e Prev.: todas	29.067.586	8.990.047	0,5647	44,8

FONTE: Pnad 2007 (tabulações especiais).

A segunda razão dos impactos diferenciados decorre da magnitude da cobertura dos programas e da importância relativa das transferências na formação da renda das famílias. A este respeito é importante destacar o papel de redução das desigualdades espaciais desempenhado pela Previdência e pela Assistência, na medida em que transferem recursos das áreas mais ricas para as mais pobres.[16]

Na área rural, os impactos das transferências previdenciárias e assistenciais sobre a redução do número de pobres são, como se esperava, mais elevados do que os obtidos para o país como um todo: 70% e 54%, respectivamente. Cabendo, no entanto, algumas observações a esse propósito. As transferências previdenciárias relevantes na área rural são aquelas com valor igual ou abaixo do salário-mínimo, que respondem por uma redução de 47% do número de pobres. Já os benefícios previdenciários superiores ao mínimo têm um impacto marginal: da ordem de 3%, significativamente abaixo do que se verifica para o país como um todo e, em particular, muito abaixo do valor obtido nas áreas metropolitanas.[17]

Este resultado é compatível com a predominância absoluta, no meio rural, de benefícios previdenciários não contributivos, uma vez que os benefícios superiores ao mínimo, necessariamente atrelados ao regime contributivo, ali ocorrem muito marginalmente.

Os impactos dos benefícios assistenciais sobre o número de pobres também são bem mais acentuados no Brasil rural. A influência do Bolsa Família, por exemplo, é mais forte do que a observada em nível nacional, sendo, acima do dobro da resultante das transferências do BPC/Loas: respectivamente 11% e 5%. Isto se explica pelo valor mais baixo das linhas de pobreza rurais, permitindo que mesmo os benefícios relativamente baixos do BF façam com que alguns de seus beneficiários ultrapassem a linha da pobreza. Também, o caráter assistencial da Previdência rural não contributiva, de fato substituindo o BPC/Loas, é sem dúvida um fator relevante para a diferença de impacto dos dois tipos de transferências assistenciais nas áreas rurais. Este resultado é afetado, ainda, pela subdeclaração dos benefícios do BPC na pesquisa domiciliar, frequentemente

---

[16] Ver Caetano, 2008.
[17] Ao contrário do que ocorre nas áreas rurais, nas metrópoles verifica-se um impacto mais pronunciado dos benefícios superiores ao mínimo sobre o número de pobres (24%) e menor dos benefícios equiparados ao mínimo (14%), o que se explica pela concentração de valores mais altos de rendimento do trabalho, maior grau de formalização e contribuições mais elevadas para a Previdência.

informados como se fossem aposentadorias ou pensões, sendo portanto computadas como transferências previdenciárias na análise de impacto.

Quanto aos impactos regionais, os resultados obtidos para o Nordeste evidenciam algumas especificidades. A contribuição para redução da proporção de pobres dos benéficos previdenciários iguais ou menores que o salário-mínimo situa-se ligeiramente acima do resultado nacional, reduzindo em 29% o número de pobres naquela região. No entanto, devido à baixa participação no Nordeste dos benefícios superiores ao salário-mínimo, o papel das transferências previdenciárias totais é menos relevante do que o verificado no país como um todo.

As transferências assistenciais, tanto do BPC quanto do BF, têm impactos maiores na região do que nacionalmente — respectivamente 3,7% e 4,9% —, mas esse diferencial está longe de compensar a situação particularmente adversa do Nordeste em termos à proporção de pobres. Apesar do crescimento da renda dos últimos anos, da expansão da cobertura e do valor das transferências de renda,[18] o Nordeste continua a apresentar uma situação claramente desfavorável em termos de incidência pobreza (Tabela 4).

TABELA 4
EVOLUÇÃO DA PROPORÇÃO DE POBRES NO
BRASIL, BRASIL EXCLUSIVE NORDESTE,
E NORDESTE — 1997 E 2007

Brasil e regiões	1997	2007
Brasil total	34,1%	25,1%
Brasil exclusive Nordeste	26,4%	19,6%
Nordeste	52,9%	39,0%
Brasil exceto Nordeste/Nordeste	2,0	2,0

FONTE: Pnads de 1997 e 2007 (tabulações especiais).

Contudo, embora a proporção de pobres seja o indicador de pobreza mais difundido e de imediata e fácil compreensão, só relata uma parte dos dados quando se trata de impactos sobre a pobreza como insuficiência de renda. Ou seja, o efeito computado por ele é incompleto, uma vez já que se con-

---

[18] A participação do Nordeste no número de benefícios assistenciais concedidos no país (BPC: 36,2%; BF: 50,3%) é superior à sua participação na população brasileira (27,9%), e, no caso do BF, maior do que sua participação no número de pobres (43,3%). Dados relativos a 2008 (Fonte: MDS).

sidera apenas, para fins de análise de impacto, o número de indivíduos que deixam de ser pobres por causa do benefício recebido. No entanto, mesmo os beneficiários que, apesar da renda adicional, permanecem abaixo da linha de pobreza, empobreceram ainda mais. Este efeito, relativo à intensidade da pobreza, é medido pela razão do hiato de renda, que expressa quanto a renda média dos pobres se distancia do valor de referência — a linha de pobreza.[19] Para explicar este conceito, tome-se o valor da razão do hiato de renda observado para o Brasil em 2007, que foi 0,43 (Tabela 5). Ele significa que a renda média dos pobres do país nesse ano corresponde a 57% do valor da linha de pobreza, faltando portanto 43% (ou 0,43) para alcançar aquele parâmetro.

Em relação à razão do hiato, a contribuição mais significativa para redução da pobreza também é a da Previdência, em particular a da Previdência associada aos benefícios mais baixos, iguais ou inferiores ao salário-mínimo. No entanto, os impactos da Previdência sobre a razão do hiato tendem a ser inferiores aos observados sobre a proporção de pobres, por que o valor do benefício previdenciário é relativamente elevado quando comparado ao da linha de pobreza. Situação oposta ocorre no caso do impacto do BF. Em virtude de os valores dos seus benefícios serem relativamente modestos — variando de R$ 12 a R$ 112 em setembro de 2007 — seu impacto é maior ao elevar a renda dos pobres do que em reduzir o número deles. A situação limite ocorre evidentemente nas áreas metropolitanas, nas quais, teoricamente, os valores do benefício do BF seriam incapazes de permitir que a renda dos beneficiários ultrapasse os valores mais elevados das linhas de pobreza.[20]

---

[19] Para uma descrição das características dos indicadores habituais de pobreza que são utilizados neste texto, ver Rocha, 2003.
[20] Examinem-se alguns exemplos do mecanismo de impacto dos benefícios do BF sobre o número de pobres. Dentre as áreas não rurais, apenas na área urbana da região Sul o valor da linha de pobreza é baixa o suficiente — R$ 125,16/pessoa/mês em setembro de 2007 — para que o BF tenha algum impacto sobre o número de pobres. Neste caso, com limite de renda de R$ 120 então em vigor, uma parte domicílios pobres com crianças na área urbana dessa região se qualificava para receber o benefício: para os domicílios com renda familiar per capita (RFPC) próxima do teto de R$ 120 e formados por até três pessoas, mesmo o benefício de valor mais baixo, isto é, R$ 18, permitia que eles ultrapassassem a linha de pobreza (R$ 120 + (R$ 18/3) = R$ 126). Já nas demais áreas urbanas e metropolitanas do país, o recebimento dos benefícios do BF não permitia, em nenhuma hipótese, que fosse ultrapassada a linha de pobreza. Vejam-se os casos de Minas Gerais e Espírito Santo, onde a linha de pobreza para as áreas urbanas era de R$ 140,02, a segunda mais baixa do país. Se o domicílio tivesse a RFPC mais alta possível para ser atendido pelo programa (R$ 120,00) e fosse formado por um adulto e três crianças, de modo a receber o benefício máximo para esta faixa de renda (3 × R$ 18 = R$ 54), o benefício elevaria a RFPC para R$ 133,5, portanto ainda abaixo da linha de pobreza correspondente. No caso de domicílio com a mesma composição, mas na faixa de renda abaixo de R$60, para os quais o BF garantia um benefício básico de R$ 58,00, independentemente da presença de crianças, além do benefício de R$ 18 reais por criança, o resultado final seria ainda mais distante do valor da linha de pobreza (RFPC de R$ 60 antes da imputação do benefício e R$ 88,0 depois).

TABELA 5
IMPACTOS DAS TRANSFERÊNCIAS PREVIDENCIÁRIAS E ASSISTENCIAIS SOBRE A RAZÃO DO HIATO E SOBRE O INDICADOR COMBINADO BRASIL TOTAL, URBANO, RURAL E METROPOLITANO — 2007

Observado/ simulado	Razão do hiato Total	Var. (%)	Indicador Combinado Total	Var. (%)
Brasil Total				
Observado	0,4300	—	0,1078	—
Simulado excluindo:				
Previdência ≤ S.M.	0,5071	17,9	0,1624	50,6
Previdência > S.M.	0,4746	10,4	0,1396	29,5
Previdência: todas	0,5442	26,6	0,2008	86,2
BPC	0,4398	2,3	0,1137	5,4
BF	0,4527	5,3	0,1173	8,8
BPC e BF	0,4624	7,5	0,1234	14,4
BPC, BF e Prev. ≤ S.M.	0,5369	24,9	0,1811	67,9
BPC, BF e Prev.: todas	0,5697	32,5	0,2199	103,9
Brasil Urbano				
Observado	0,4249	—	0,0952	—
Simulado excluindo:				
Previdência ≤ S.M.	0,5125	20,6	0,1507	58,3
Previdência > S.M.	0,4693	10,4	0,1235	29,6
Previdência: todas	0,5474	28,8	0,1862	95,5
BPC	0,4369	2,8	0,1015	6,6
BF	0,4466	5,1	0,1028	8,0
BPC e BF	0,4582	7,8	0,1093	14,8
BPC, BF e Prev. ≤ S.M.	0,5429	27,8	0,1676	76,1
BPC, BF e Prev.: todas	0,5735	35,0	0,2036	113,8
Brasil Rural				
Observado	0,4479	—	0,1198	—
Simulado excluindo:				
Previdência ≤ S.M.	0,5371	19,9	0,2116	76,6
Previdência > S.M.	0,4573	2,1	0,1258	5,0
Previdência: todas	0,5444	21,6	0,2201	83,7
BPC	0,4597	2,6	0,1293	7,9
BF	0,5015	12,0	0,1493	24,6
BPC e BF	0,5127	14,5	0,1597	33,3
BPC, BF e Prev. ≤ S.M.	0,5873	31,1	0,2601	117,1
BPC, BF e Prev.: todas	0,5933	32,5	0,2688	124,4
Brasil Metropolitano				
Observado	0,4286	—	0,1240	—
Simulado excluindo:				
Previdência ≤ S.M.	0,4803	12,1	0,1580	27,5
Previdência > S.M.	0,4881	13,9	0,1752	41,3
Previdência: todas	0,5394	25,9	0,2167	74,8
BPC	0,4341	1,3	0,1270	2,4
BF	0,4356	1,6	0,1265	2,0
BPC e BF	0,4410	2,9	0,1295	4,5
BPC, BF e Prev. ≤ S.M.	0,4928	15,0	0,1644	32,6
BPC, BF e Prev.: todas	0,5502	28,4	0,2235	80,2

FONTE: Pnad 2007 (tabulações especiais).

Na medida em que os efeitos da redução do número de pobres e do aumento da renda dos que permanecem pobres após a transferência revelam facetas distintas da pobreza, eles são complementares, sendo relevante examinar o impacto combinado das transferências de renda sobre os dois indicadores já analisados, ou seja, sobre o indicador que resulta da combinação deles.[21]

No caso das transferências previdenciárias, o valor do indicador combinado para o todo país seria 86% mais elevado, enquanto o efeito das transferências assistenciais seria mais modesto, entorno de 14%. O efeito do BF sobre o indicador combinado é mais elevado do que o do BPC, com exceção do Brasil metropolitano, em que os valores dos benefícios do BF são muito inferiores aos das linhas de pobreza. Ademais, a concentração relativa dos benefícios do BF pagos a famílias residentes em área rural, onde as linhas de pobreza são relativamente baixas, resulta em impacto dessas transferências sobre o indicador combinado três vezes mais elevado do que o do Loas, afetando naturalmente os resultados nacionais.[22]

O IMPACTO DAS TRANSFERÊNCIAS SOBRE A DESIGUALDADE[23]

Como a desigualdade de renda é um aspecto fundamental da pobreza — mesmo da pobreza absoluta, como aqui considerada —, é relevante verificar como ela é afetada pelas transferências.

Utilizando como indicador de desigualdade de renda o coeficiente de Gini da renda domiciliar per capita, de forma a levar em conta todos os rendimentos das pessoas residentes no domicílio e a redistribuição do rendimento que se faz entre elas, Hoffmann (2009) decompôs este coeficiente de modo a medir a contribuição de diferentes tipos de rendimento sobre a desigualdade total.

A análise de Hoffmann mantém as definições de transferências previdenciárias e assistenciais tais como captadas pela Pnad, sendo, portanto,

---

[21] Este indicador é simplesmente o produto da proporção e da razão do hiato. Denominado Gap Index na literatura, corresponde ao índice proposto por Foster, Greer and Thorbecke (1984) para α igual a 1:

$$FGT_\alpha = \frac{1}{n}\sum_{i=1}^{q}\left(\frac{z-y_i}{z}\right)^\alpha ; \alpha \geq 0.$$

[22] O fato de os benefícios da previdência rural terem claramente um caráter assistencial, substituindo o Loas nas áreas rurais, contribui também para este resultado.

[23] Esta seção se baseia em informações contidas em texto inédito de Hoffman (2009), que apresenta a decomposição da renda e os impactos de cada tipo de rendimento sobre o coeficiente de Gini para o período 2001-2007.

diferentes da forma como foram construídas aqui para fins das simulações dos indicadores de pobreza. Nela, as transferências previdenciárias são consideradas como duas variáveis, uma relativa à Previdência oficial (RGPS e RPPS); e outra às demais transferências.[24] Quanto às transferências assistenciais, não foi feita nenhuma tentativa de isolá-las no total de "outros rendimentos". Apesar destas diferenças, os resultados de Hoffman são preciosos para entender o impacto das transferências sobre a distribuição de renda de modo geral, e não apenas sobre a base da distribuição, onde se situam os pobres.

Tendo como ponto de partida o coeficiente de Gini calculado em 0,5533 para o Brasil (2007), Hoffmann mostra que as aposentadorias e pensões oficiais apresentam um grau de desigualdade superior ao Gini do país e, neste sentido, são regressivas, isto é, contribuem para aumentar a desigualdade (Tabela 6). Apesar de elas terem uma participação elevada na renda, da ordem de 18%, como o seu grau de desigualdade é próximo do Gini brasileiro — 0,5652 —, o efeito de regressividade é pequeno. A esse propósito, é importante destacar três fatos.

TABELA 6
IMPACTO DOS DIFERENTES TIPOS DE RENDIMENTO
SOBRE A DESIGUALDADE, 2007

Tipo de rendimento	Participação na renda	Coeficiente de desigualdade (Gini)	Contribuição para o Gini Valor	%
Rendimento do trabalho	0,7694	0,5577	0,4291	77,6
Aposentadorias e pensões oficiais	0,1791	0,5652	0,1012	18,3
Outras aposentadorias e pensões	0,0144	0,5516	0,0079	1,4
Doações de outros domicílios	0,0054	0,4146	0,0022	0,4
Renda de aluguéis	0,0143	0,7837	0,0112	2,0
BPC, BF e outros	0,0174	0,0890	0,0015	0,3
Todas as rendas	1	0,5533	0,5533	100

FONTE: Hoffmann, 2009.

---

[24] As "outras aposentadorias e pensões" não serão tratadas aqui. São essencialmente do sistema de Previdência complementar. Representam apenas 1,4% da renda total e têm pouco impacto, embora progressivo, sobre o coeficiente de Gini brasileiro. A respeito ver Hoffman (2009).

Primeiro, a regressividade do sistema de Previdência pública é um resultado indesejável, já que essas transferências deveriam contribuir para reduzir a desigualdade geral, não para aumentá-la.

Segundo, esse resultado está certamente associado aos diferenciais de valores entre as transferências do RPPS e do RGPS, ou mais especificamente, às transferências previdenciárias elevadas do RPPS.

Terceiro, as análises espacialmente mais detalhadas mostram que o impacto das transferências se dá com sentido e intensidade diversos do resultado nacional, em função das especificidades locais.

No Nordeste, por exemplo, não só as transferências previdenciárias apresentam maior grau de desigualdade — 0,5960 — como sua participação na renda é maior (21,59%), o que potencializa seu efeito para aumentar o grau de desigualdade de renda na região (0,5804). Portanto, na região mais pobre do país, as transferências previdenciárias têm o efeito mais regressivo, isto é, onde mais elevam a desigualdade.

A parcela da renda captada na Pnad como "outros rendimentos", a maior parte dos quais correspondem às transferências assistenciais,[25] apresenta baixíssimo nível de desigualdade (0,0890). No entanto, como ela tem participação pequena na renda total (1,7%), acaba por ter um impacto progressivo pequeno sobre a desigualdade total: de apenas 0,3% do valor do Gini. Simetricamente ao que se observou em relação às transferências previdenciárias, no Nordeste os resultados são mais favoráveis do que no país como um todo, tanto em termos do menor grau de desigualdade das transferências assistenciais (0,0698), quanto de sua maior participação na renda total (4,1%), o que gera na região um efeito distributivo um pouco maior que produzido no país.

MAIS RENDA PARA OS POBRES VIA MERCADO DE TRABALHO

O segundo vetor por meio do qual a pobreza, enquanto insuficiência de renda, vem sendo reduzida no país é o mercado de trabalho.

---

[25] Incluem também rendimentos financeiros, que são, reconhecidamente, mal captados por pesquisas domiciliares como a Pnad.

Nesse contexto, o objetivo de longo prazo deve ser assegurar rendimentos do trabalho suficientes para garantir o bem-estar de todos — tanto no presente quanto no futuro (através de benefícios resultantes de contribuições previdenciárias como uma das formas de proteção social).

Esse objetivo desdobra-se no tempo em redução gradativa — em longo prazo, na eliminação — da pobreza. Portanto, em redução gradual, até à eliminação, das transferências públicas de renda às famílias pobres, bem como da concessão de aposentadorias a não contribuintes da Previdência Social.

O seu alcance pressupõe, por um lado, uma economia de mercado dinâmica e eficiente, capaz de gerar, com o crescimento, empregos formais em quantidade e com renda suficientes a essa empreitada. Implica, por outro lado, em redução progressiva, até sua superação, dos desequilíbrios do mercado de trabalho, onde se confrontam oferta que rapidamente se especializa e procura formada por grande contingente de pessoas pouco qualificadas.

Esse desequilíbrio é mais grave quando se considera a procura por trabalho pelos pobres, em particular a busca, por eles, de inserção produtiva no mercado de trabalho formal que seja bastante para a superação da condição de pobreza enquanto insuficiência de renda.

Atividade e ocupação: as desvantagens dos pobres

Note-se de início que é desvantajosa, em relação à população como um todo, a situação dos pobres no Brasil no que respeita aos níveis de atividade e de ocupação.

Em 2007, para 46.254,6 mil pobres, apenas 33.294,1 mil, ou seja, 72,0%, tinham 10 anos ou mais, integrando portanto a população em idade ativa (PIA). Como para a população total esse percentual foi de 82,3%, conclui-se que os pobres sustentavam com suas rendas número relativamente maior de menores de 10 anos como seus dependentes: 28% (12.960,5 mil), comparados com 17,7% para os brasileiros em geral (Tabela 7 e Gráfico 2).

Pode-se pois concluir que os pobres são pobres em parte por essa razão.

Fenômeno semelhante ocorre com a taxa de atividade. Nesse mesmo ano de 2007, a população economicamente ativa (PEA), pobre, de 13.908,9 mil, correspondia a apenas 37,4% da PIA, ao passo que para toda a população brasileira essa mesma taxa de atividade elevava-se para 51,4%.

TABELA 7
BRASIL: POBRES E POPULAÇÃO TOTAL:
ATIVIDADE, OCUPAÇÃO E EMPREGO, 2007 (%)

	População Pobre	População Total
População em idade ativa, PIA/ População total	72,0	82,3
Taxa de atividade*	52,0	62,4
Nível de ocupação**	41,8	57,2
Taxa de desocupação***	19,7	8,4
Empregos/População ocupada	42,3	63,6
Empregos formais/Empregos.	45,5	88,1

*População economicamente ativa/PIA.
**População ocupada/PIA.
***População desocupada/população economicamente ativa (PEA).
FONTE: IBGE-Pnad, 2007.

Por sua vez, o nível de ocupação, ou seja, a percentagem das pessoas ocupadas em relação à PIA, foi de somente 41,8% para os pobres mas de 57,2% para a população em geral, mais um fator que explica a pobreza.

GRÁFICO 2
BRASIL: POPULAÇÃO POBRE E TOTAL:
ATIVIDADE, OCUPAÇÃO, EMPREGO (%)

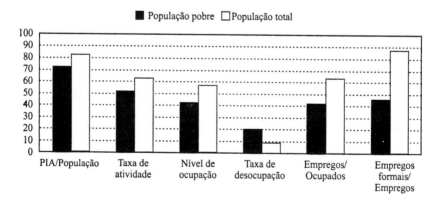

Mais grave, a taxa de desocupação dos pobres (a percentagem das pessoas desocupadas em relação à PEA) foi, em 2007, de 19,7%, comparados com 8,4% para a população como um todo — uma indicação eloquente de que grande número de pobres (3.408,8 mil) se encontrava desocupado, embora procurasse trabalho. Outra explicação possível da pobreza.

Ademais, a participação percentual dos empregados pobres nos ocupados era de 42,3% (63,6% no caso da população total). E a percentagem de empregados pobres com carteira assinada limitava-se a 45,5% dos empregados (88,1% quando considerada a população em geral), uma clara indicação de que essa forma de proteção social alcança mais os não pobres do que os pobres.

Há portanto um longo caminho a percorrer para superar esse conjunto de desvantagens enfrentadas pelos pobres, em relação à população como um todo (e, evidentemente, aos não pobres). Essa superação sendo condição necessária para vencer a pobreza em que se encontra 1/4 da população brasileira na medida em que via a propiciar maior e mais efetiva inserção produtiva dos pobres na economia.

OCUPAÇÃO E EMPREGO DOS POBRES POR NÍVEIS DE ESCOLARIDADE

A Tabela 8 e o Gráfico 3 permitem examinar, para 2007, os níveis de ocupação e emprego dos pobres do país segundo a escolaridade.

TABELA 8
BRASIL: POBRES, POR NÍVEIS DE ESCOLARIDADE
E DE OCUPAÇÃO E EMPREGO, 2007

Níveis de escolaridade	Total Número	% s/total	Ocupados Número	% s/total	Empregados Número	% s/ total	Empregados formais* Número	% s/total
Analfabetos	13.415.920	29,0	2.275.110	16,4	722.198	12,3	180.100	6,7
Até 5 anos de estudo	18.690.032	40,4	5.732.832	41,2	2.037.927	34,6	840.594	31,4
Mais de 5 a 9 anos	8.932.323	19,3	3.561.104	25,6	1.666.209	28,3	804.123	30,0
Mais de 9 anos	5.216.347	11,3	2.339.828	16,8	1.458.614	24,8	854.678	31,9
Total	46.254.622	100,0	13.908.874	100,0	5.884.948	100,0	2.679.495	100,0

*Empregados com carteira assinada.
FONTE: IBGE-Pnad 2007, tabulações especiais.

Observe-se que dos analfabetos pobres (13.415,9 mil, 29% do total de pobres), apenas 2.275,1 mil encontravam-se ocupados (16,4% dos ocupados); 722,2 mil estavam empregados (12,3%); e 180,1 mil (6,7%), formalmente empregados (com carteira assinada). Portanto, pode-se considerar o analfabetismo um obstáculo à inserção econômica, em particular à empregabilidade.[26]

Dentre os pobres com até 5 anos de estudo (analfabetos funcionais), que somavam, em 2007, 18.690,0 mil (40,4% do total de pobres), 5.732,8 mil estavam ocupados (41,2% dos ocupados); 2.037,9 mil, empregados (34,6%); 840,6 mil, formalmente empregados (31,4% dos com carteira assinada). Evidenciando razoável empregabilidade, embora presumivelmente em níveis de rendimento muito abaixo da linha de pobreza.

Entre os pobres com mais de 5 a 9 anos de estudo (8.932,3 mil, 19,3% do total), 3.561,1 mil estavam ocupados (25,6% dos ocupados), 1.666,2 mil, empregados (28,3%), 804,1 mil em empregos formais (30,0% deles). Os pobres com escolaridade de mais de 9 anos de estudo eram 5.216,3 mil (11,3% dos pobres), os ocupados, 2.339,8 mil (16,8% dos ocupados), 1.458,6 mil dos empregados (24,8% deles) e 854,7 mil dos empregados com carteira assinada (31,9%).

GRÁFICO 3
BRASIL: POBRES POR NÍVEIS DE ESCOLARIDADE
E DE OCUPAÇÃO E EMPREGO, 2007 (%)

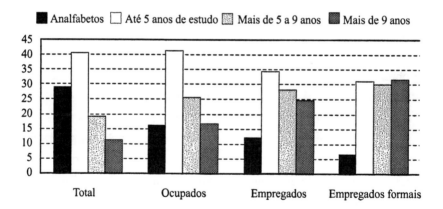

Nos dois últimos casos, a despeito da escolaridade relativamente elevada e do número expressivo de empregos formais, a renda familiar per capita dessas pessoas não foi suficiente para elevar-lhes à condição de não pobres.

---

[26] Note-se que há outros obstáculos à inserção econômica e, em geral, à geração de oportunidades, como gênero, cor, região. Cf., a esse propósito, Albuquerque.

Em outro ângulo, saliente-se que apenas 17,0% dos analfabetos pobres estavam ocupados em 2007; 5,4%, empregados; 1,3% com empregos formais. Entre aqueles com até 5 anos de estudo, 30,7% estavam ocupados, 10,9%, empregados e 4,5% empregados com carteira assinada. Daqueles com mais de 5 a 9 anos, 39,9% encontravam-se ocupados, 18,7% empregados e 9,0% com empregos formais. E dos com mais de 9 anos de estudo, 44,9% estavam ocupados, 28,0% empregados; 16,4% empregados com carteira assinada.

Pode-se assim concluir que, entre os pobres, maior ocupação e emprego correlacionam-se alta e positivamente com níveis crescentes de escolaridade em mercado de trabalho como o brasileiro, cada vez mais exigente em mão de obra qualificada.

EMPREGOS FORMAIS E ESCOLARIDADE: DESAFIO PARA OS POBRES

Para evidenciar o descompasso entre a procura de trabalho pelos pobres e a oferta de trabalho formal pela economia, comparem finalmente os empregos formais gerados em 2007 por níveis de escolaridade (dados da Rais, MTE) com as informações, já conhecidas, dos níveis de escolaridade dos pobres (Pnad, IBGE).

Observe-se na Tabela 9 e no Gráfico 4 que, em 2007, enquanto 13.415,9 mil pobres eram analfabetos (29% do total), o mercado empregava formalmente apenas 247,9 mil analfabetos, pobres ou não, ou seja, apenas 0,7% do total de empregos formais, com mais de 25% desses empregos tendo sido gerados na agricultura e 19% na indústria de alimentos e bebidas. Os 18.690,0 mil pobres (40,4% do total) pobres com até 5 anos de estudo, encontravam um mercado gerador de empregos formais para apenas 3.545,7 mil empregos formais (9,4% do total) no mesmo nível de escolaridade. Para a faixa de escolaridade acima de 9 anos, para apenas 11,3% dos pobres nessa condição (5.216,3 mil), eram criados 24.446,7 mil empregos com carteira assinada (75,7% do total de empregos).

Para os analfabetos, o percentual da PEA pobre com empregos formais foi, em 2007, de apenas, 7,3%. E esse percentual foi de 12,7% para o seguimento de até 5 anos de estudo, de 17,1% para o seguimento de 5 a 9 anos e de 23,9% para os com mais de 9 anos de escolaridade.

TABELA 9
BRASIL: POBRES E EMPREGOS FORMAIS,
SEGUNDO A ESCOLARIDADE, 2007

Níveis de Escolaridade	Pobres		Empregos formais*	
	Número	% s/total	Número	% s/total
Analfabetos	13.415.920	29,0	247.868	0,7
Até 5 anos de estudo	18.690.032	40,4	3.545.675	9,4
Até 9 anos de estudo	8.932.323	19,3	5.325.749	14,2
Mais de 9 anos de estudo	5.216.347	11,3	28.488.138	75,7
Total	46.254.622	100,0	37.607.430	100,0

*Empregados com carteira assinada.
FONTES: IBGE-Pnad 2007 (tabulações especiais) e MTE-Rais (2007).

GRÁFICO 4
BRASIL: POBRES E EMPREGADOS FORMAIS,
SEGUNDO A ESCOLARIDADE, 2007

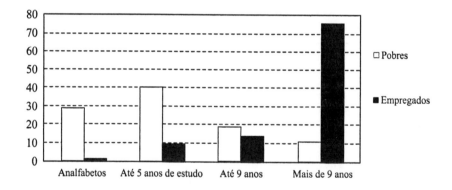

Quando se examina esse mesmo desajuste para os pobres e empregados formais com idades de 18 a 27 anos, faixa etária onde tem sido mais grave o desemprego, nota-se, de um lado, uma melhoria relativa na escolaridade dos pobres. Mas, de outro lado, os empregos gerados concentram-se mais nos de níveis de educação mais elevados.

Com efeito (Tabela 10 e Gráfico 5), foi a seguinte a participação percentual dos pobres e empregados formais por segmentos: analfabetos: 5,7% dos pobres de 18 a 27 anos; 0,3% dos empregados formais na mesma faixa etária; pessoas de até 5 anos de estudo: 25,8% e 4,9%, respectivamente; pessoas de 5 a 9 anos: 35,2% e 14,6%; e pessoas com mais de 9 anos de estudo: 33,3% e 80,2%.

TABELA 10

BRASIL: POBRES E EMPREGOS FORMAIS,
18-27 ANOS, SEGUNDO A ESCOLARIDADE, 2007

Níveis de Escolaridade	Pobres		Empregos formais*	
	Número	% s/total	Número	% s/total
Analfabetos	428.729	5,7	31.373	0,3
Até 5 anos de estudo	1.950.524	25,8	530.352	4,9
Até 9 anos de estudo	2.656.940	35,2	1.560.764	14,6
Mais de 9 anos de estudo	2.515.473	33,3	8.597.286	80,2
Total	7.551.666	100,0	10.719.775	100,0

*Empregados com carteira assinada.
FONTES: IBGE-Pnad 2007 (tabulações especiais) e MTE-Rais (2007).

GRÁFICO 5

BRASIL: POBRES E EMPREGOS FORMAIS,
18-27 ANOS, SEGUNDO A ESCOLARIDADE, 2007 (%)

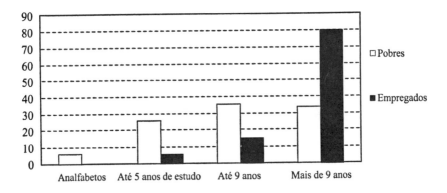

Há, pois, de fazer-se um grande esforço de educação e qualificação para capacitar os pobres a competir em igualdade de condições com os não pobres no processo, fortemente competitivo, inserção produtiva com renda suficiente e proteção social assegurada.

Nesse contexto, o nível de educação relativamente melhor alcançado pelos pobres mais jovens em relação aos pobres como um todo indica que algum avanço já foi obtido. Ele ainda é insuficiente e mal distribuído entre as regiões, estados e os meios urbano e rural, sendo necessário ampliá-lo.

O mesmo se pode dizer das políticas públicas que, atuando diretamente sobre a oferta e a procura no mercado de trabalho, orientem os pobres para as oportunidades de emprego formal que forem sendo criadas pela economia.

CONCLUSÕES: AMPLIANDO AS PORTAS DE SAÍDA PARA OS POBRES

Transferências de Renda

Quando se consideram as transferências de renda globalmente, os efeitos sobre a redução da pobreza e desigualdade são preponderantemente causados pelas transferências previdenciárias, com as assistenciais desempenhando um papel comparativamente marginal. O resultado não poderia ser outro, dadas as diferenças de porte dos dois sistemas, em particular no que concerne à cobertura e aos valores transferidos. No entanto, cabe destacar alguns resultados pontuais.

a) Os efeitos das transferências sobre a pobreza são sempre positivos, embora com diferentes graus de eficácia para sua redução, tendo em vista sobretudo os valores envolvidos. Esses impactos são sempre mais acentuados nas áreas rurais, onde os benefícios pagos, com valores fixados nacionalmente, se comparam mais favoravelmente ao custo de vida dos pobres, que varia localmente e determina o valor das linhas de pobreza. Neste sentido, o aumento da cobertura e do valor das transferências, que resultou em ampliação da participação na renda das famílias, contribuiu para reduzir de forma mais acentuada a pobreza rural, bem como para a convergência dos indicadores de pobreza entre essas áreas e as áreas urbanas e metropolitanas.

b) Os impactos sobre a pobreza do BF são mais elevados dos que os do BPC quando se consideram os resultados consolidados para todo o país. Isto ocorre a despeito de o dispêndio do BPC ser 35% superior ao do BF. Mesmo no caso dos indicadores da proporção de pobres, que nas áreas urbanas e metropolitanas praticamente não é afetado pelo BF, o impacto na área rural é acentuado e assegura a vantagem deste programa em relação ao BPC no nível nacional em termos de redução do número de pobres, da intensidade da pobreza, e por consequência do indicador combinado dessas duas medidas de pobreza. Sendo os valores do BF relativamente baixos — variando entre R$ 18 e R$ 112 em 2007 — em comparação com os do BPC — R$ 380 —, as transferências do BF nem sempre são suficientes para livrar os beneficiados da pobreza. Mas, nestes casos, a renda deles é sempre positivamente afetada. Por esta razão, o impacto favorável do BF acentua-se quando se trata de indicadores que consideram a intensidade da pobreza. Em termos de eficácia, o BF tem vantagens inequívocas em relação ao BPC — quando se trata de reduzir os indicadores de pobreza (esta é a essência de seu objetivo).

c) Os efeitos das transferências públicas de renda sobre a desigualdade se mostraram ora regressivos, agravando a desigualdade de renda, ora progressivos, reduzindo-a. As transferências assistenciais são progressivas, como desejável, mas têm impacto marginal sobre a desigualdade devido a pequena participação na renda total, da ordem de 1,7%. Já as transferências previdenciárias, que correspondem a 18% da renda total, são regressivas — e embora sejam pouco regressivas, este fato vai de encontro a um imperativo: o de que um sistema público de previdência social em um país marcado pela desigualdade de renda como o Brasil deve ser marcadamente progressivo, atendendo aos objetivos de proteção dos mais fracos e de equidade. Apesar de o impacto adverso da Previdência tomada em conjunto ser pequeno, mudanças institucionais e operacionais que a tornassem progressiva do ponto de vista da distribuição de renda acentuariam também seus impactos favoráveis sobre os indicadores de pobreza.

Os resultados obtidos são marcados pela dualidade tanto das transferências assistenciais quanto das previdenciárias.

No caso das transferências previdenciárias, o sistema brasileiro está reconhecidamente eivado de defeitos, encarecido demais — equivale a 12% do PIB — para país ainda relativamente jovem. Embora, em função do valor do dispêndio, a Previdência acabe por ter um papel importante na redução da pobreza e da desigualdade, sua eficácia é fortemente comprometida pela dualidade gerada pela coexistência do RGPS e do RPPS, em particular pelos desequilíbrios gerados por este último.

No caso das transferências assistenciais, a dualidade de sistemas de transferências assistenciais incompatíveis e que se expandem celeremente — o BPC e o BF — é um problema institucional grave, com implicações indesejáveis sobre a operacionalização da política de assistência social. A criação de um sistema único, mais eficaz e justo, ajudaria a ampliar a base política de aceitação das transferências assistenciais como um mecanismo essencial e necessário ao alcance aos objetivos de redução da pobreza e da desigualdade. Há sobretudo de se ter em mente que benefícios de pequeno valor focalizados na base da distribuição de renda, como os realizados pelo BF, são muito mais efetivos.

Contudo, ressentindo-se de concepção sistêmica, lógica, ordenada, expandindo-se por improvisações, remendos e aparas sucessivos, as transferências públicas de renda em geral — e as previdenciárias em particular — acabaram por reduzir a pobreza de forma desbalanceada, beneficiando particularmente os idosos. A proporção de pobres dentre os indivíduos acima de 60 anos é três vezes menor do que a verificada para população como um todo. Em contrapartida, a proporção de pobres dentre as crianças de menos de 4 anos é 80% superior à dessa mesma população.[27] Esse evidente e inaceitável desequilíbrio das transferências em detrimento das crianças deve ser resolvido com urgência: por questão de justiça e porque é dos jovens que depende a solução estrutural para os problemas de pobreza e desigualdade que por tanto tempo afligem o país.

Mercado de trabalho

A despeito da importância das transferências de renda para aliviar a pobreza, elas não podem ser vistas como solução permanente para essa grave questão social brasileira. Uma inserção econômica efetiva, autônoma, cidadã somente ocorrerá por meio de trabalho produtivo, suficientemente renumerado e com proteção social assegurada.

Essa inserção depende crucialmente de duas precondições, necessárias embora insuficientes.

A primeira delas é o crescimento econômico. Sem ele, a economia não poderá gerar empregos suficientes sequer para abrigar o contingente de pes-

---
[27] Rocha (2008).

soas que engrossa anualmente a procura por trabalho, assim acarretando aumento da taxa de desocupação. Estima-se que a absorção desse contingente, que, embora venha decrescendo, foi da ordem de 1,3 milhão de pessoas em 2007, demanda crescimento médio anual do PIB de 4% a 5%. Além do exército de desocupados, o qual, malgrado tenha se reduzido nos últimos anos, era de 8,1 milhões em 2007.[28]

A segunda precondição envolve a superação, em médio e longo prazos, do hiato de educação e qualificação entre os pobres e não pobres do país. Esse objetivo pode ser alcançado tornando-se efetiva — e também ampliando-as — as condicionalidades já vigentes do Programa Bolsa Família no que respeita à educação, reforçadas com a necessária capacitação profissional.

Essas condicionalidades são característica essencial do BF, porquanto visam a interromper a transmissão geracional de pobreza, tornando os pobres, em particular os mais jovens, capazes de superar, de forma mais autônoma e autossustentada, a situação de pobreza. Não se espera que programas dessa natureza se tornem permanentes, na ampla escala já alcançada por eles no país. Uma redução ao longo do tempo de seu público-alvo em decorrência da superação da pobreza por parcelas crescentes de seus beneficiários será a melhor prova de seu êxito.

Nesse contexto, se por um lado a inserção produtiva constitui a grande porta de saída para a pobreza, por outro, as transferências públicas de renda devem ser vistas como mediadoras — legítimos, mas transitórios. Elas não visam a condenar os pobres à inutilidade e à dependência. Visam a promover-lhes inserção econômica ativa, além de inclusão socialmente integradora.

Daí o relevo que assumem a educação e a qualificação, que, por serem formadoras de capacidade de trabalho eficaz, revestem-se de singular importância. Ela deveria ser a primeira prioridade, podendo, ser ampliada de modo a contemplar, além da educação básica de crianças e adolescentes, educação e qualificação supletivas para os adultos jovens. Pois será com maior capacitação produtiva que os mais pobres poderão disputar, com melhores chances, as ocupações geradoras de renda suficiente que forem criadas pelo crescimento econômico.[29]

---

[28] Fonte: IBGE-Pnad (2007).
[29] Veja-se, a propósito, Albuquerque, p. 168-9.

Alcançadas essas precondições, uma atuação pública articulada de intermediação no mercado de trabalho em benefício dos pobres pode ser de grande ajuda para ampliar as chances de sua adequada inserção produtiva.

Essa atuação — que poderia tirar partido da rede de proteção social focalizada nos pobres já montada pelo BF em todo o país, que envolve a União, os estados e municípios — se desdobraria em vários planos e níveis.

Atuaria em nível local (municipal ou microrregional) buscando conjugar, nesse plano e em benefício dos pobres, a procura por trabalho com a oferta de empregos formais. Nessa área, são importantes as contribuições de iniciativas e instituições como os arranjos produtivos locais (APLs);[30] o Sebrae; os programas de apoio a médias e pequenas empresas e às regiões menos desenvolvidas de bancos como o Banco Nacional de Desenvolvimento Econômico (BNDES) (com o Programa de Dinamização Regional); Banco do Brasil (através principalmente do Programa Desenvolvimento Regional Sustentável); Banco do Nordeste (os programas Agricultura Familiar, Agroamigo, Crediamigo e Micro e Pequenas Empresas); e Banco da Amazônia (Agricultura Familiar/Plano Safra), dentre outras entidades.

Atuaria também no plano da agricultura familiar (por meio dos programas a cargo do Ministério do Desenvolvimento Agrário e outros empreendimentos de desenvolvimento rural integrado), bem como pelo estímulo a cooperativas e outras formas associativas de gestão de pequenos negócios em áreas como o artesanato, confecções, calçados, apicultura, madeira e mobiliário, piscicultura, turismo, entre outros.

Esses empreendimentos poderiam ser localizados e mapeados, em todo o Brasil, com o auxílio de espacialização alternativa concebida principalmente para a execução de políticas de desenvolvimento social e de redução da pobreza: a malha de 1.574 Unidades de População Homogênea (UPHs), cada uma delas com cerca de 110 mil habitantes, portanto mais uniformes, demograficamente (e também socioeconomicamente) do que a rede de municípios.[31]

---

[30] Programa coordenado pelo Ministério do Desenvolvimento, Indústria e Comércio Exterior em cooperação com os estados.
[31] Veja-se, a propósito, o livro *O Brasil dividido: espacialização alternativa e pobreza* (Rocha; Albuquerque; Silva; Cortez).

ANEXO 1

LINHAS DE POBREZA VALORES PESSOA/MÊS EM SETEMBRO DE 2007 (R$)

Região	R$	Região	R$	Região	R$
Norte		Minas G./Esp.S.		Sul	
Belém	164,18	Belo Horizonte	208,27	Curitiba	183,74
Urbano	143,12	Urbano	140,02	P.Alegre	149,59
Rural	71,80	Rural	82,89	Urbano	125,16
				Rural	84,38
Nordeste		Rio de Janeiro		Centro-Oeste	
Fortaleza	158,12	Metrópole	235,60	Brasília	276,23
Recife	232,29	Urbano	146,59	Urbano	194,36
Salvador	209,29	Rural	107,01	Rural	111,63
Urbano	141,05				
Rural	85,08	São Paulo			
		Metrópole	280,14		
		Urbano	179,01		
		Rural	112,62		

FONTE: Rocha.

REFERÊNCIAS BIBLIOGRÁFICAS

ALBUQUERQUE, Roberto Cavalcanti de. "Proteção social e geração de oportunidades". In: CARDOSO JR., José Celso (org.). *Desafios ao desenvolvimento brasileiro: contribuições do conselho de orientação do Ipea*. Brasília: Ipea, 2009, p. 153-88.

BARROS, R.P., FOGUEL, M.N., ULYSSEA, G. (orgs.). *Desigualdade de renda no Brasil: uma análise da queda recente*. Brasília: Ipea, 2006.

CAETANO, Marcelo A. *Previdência complementar para o serviço público no Brasil*. In: *Sinais Sociais*, 3, set.-dez. 2008, p. 120-149.

——. "O sistema previdenciário brasileiro: uma avaliação de desempenho comparada". In: CAETANO (org.), *Previdência Social no Brasil: debates e desafios*. Brasília: Ipea, 2008 (a).

DATAPREV. *Anuário estatístico da Previdência Social*, 2008. Brasília, 2008.

FOSTER, J.; GREER, J.; THORBECKE, E. "A Class of Decomposable Poverty Measures". In: *Econometrica*, 52: 761-767, 1984.

GIAMBIAGI, Fabio. *Brasil: Raízes do Atraso*. Rio de Janeiro: Elsevier, 2007.

HOFFMANN, Rodolfo. *Desigualdade da distribuição de renda no Brasil: a contribuição de aposentadorias e pensões e de outras parcelas do rendimento domiciliar per capita*. Texto inédito, Unicamp, 2009.

IBGE, Pesquisa Nacional por Amostra de Domicílios, 2007, microdados.

MDS, *Demonstrativo físico-financeiro do desembolso mensal dos programas*, 2001-2008.

OLIVEIRA, F. et al., "Older Persons and Social Security". In: CAMARANO (org.). Sixty Plus: The Elderly Brazilians and their Social Roles. Rio de Janeiro: Ipea, 2005.

ROCHA, Sonia. "Pobreza: evolução recente e porta de saída para os pobres". In: VELLOSO e ALBUQUERQUE (orgs.), *A Verdadeira Revolução Brasileira*. Rio de Janeiro: José Olympio Editora, 2008, p. 85-126.

——. "Transferências de renda focalizadas nos pobres. O BPC *versus* o Bolsa Família". In: *Sinais Sociais*, Rio de Janeiro, 3(8), set.-dez. 2008, p. 150-186.

——; ALBUQUERQUE, Roberto Cavalcanti de; SILVA, Ari do Nascimento; CORTEZ, Bruno. *O Brasil dividido: espacialização alternativa e pobreza*. Rio de Janeiro: Publit, 2008.

SOARES, Sergei. Distribuição de renda no Brasil de 1976 a 2004 com ênfase no período entre 2001 e 2004. Rio de Janeiro: Ipea, Texto para Discussão 1.166, 2006.

Por que não deveríamos nos preocupar com a qualidade da educação

*Claudio de Moura Castro**

---

* Presidente do Conselho Técnico do Instituto Pitágoras. Ex-chefe da Área Social do Bird.

ESTA NOTA TRAZ uma mensagem simples, mas pouco convencional. Proponho que deixemos de nos preocupar com a qualidade da educação. Em vez disso, devemos medir a educação corretamente. Assim fazendo, a discussão da qualidade desaparece.

Não faz muito tempo, faltavam vagas para milhões de jovens. De fato, lá por meados do século XX, somente metade da população de 7 a 14 anos frequentava a escola. Contudo, isso não criava maiores comoções sociais e a esta falta de acesso à educação não era um assunto palpitante.

Progressivamente, aumenta a matrícula e as expectativas de todos os pais pressionarem e exigirem vagas para seus filhos. Hoje, universalizamos a frequência à escola. E a sonegação de vagas tornou-se um suicídio político para prefeitos e outros políticos. Faz tempo que não se houve falar em alunos fora da escola por falta de vagas; se isso ocorre, é nos poucos grotões fora do alcance da imprensa e da revolução de expectativas.

Recentemente, a discussão tomou novos de rumos, uma vez que quase todos estão na escola. Contudo, as avaliações de rendimento mostram resultados péssimos. O problema não é o mesmo. Hoje, somente a qualidade preocupa. Os mais educados e conscientes do problema esbravejam e tentam criar movimentos para salvar a educação.

Não obstante, como nos mostrou uma pesquisa encomendada pela revista *Veja*, próximo de 80% dos pais, professores e alunos estão satisfeitos com a educação oferecida no Brasil. Para os que sabem ser injustificado esse contentamento, a grande batalha da educação mudou: é preciso fazer com que os brasileiros percebam que a educação oferecida pelas escolas é muito deficiente. É a Batalha da Qualidade.

Nesse ensaio, propomos uma hipótese herética: batalhar pela qualidade é a estratégia errada. A solução está em usar medidas da educação que incluam a qualidade. Se o fizermos, não precisaremos mais lutar por ela.

EDUCAÇÃO IMPORTA

Pode parecer óbvio, mas é preciso insistir: educação importa. Se fosse tão óbvio assim, não precisaríamos repeti-lo a cada momento. Não precisaríamos tantas conferências e tantos *papers* apresentando essa tese. Veja-se por exemplo, um artigo recente de Hanushek e Woessmann, sumariando a evidência mais recente associando crescimento a educação.[1]

A educação tem fortes consequências na maneira pela qual as pessoas entendem o mundo e reagem diante das circunstâncias que vão fluindo. De fato, passar tempo na escola modifica as atitudes, os valores e as crenças. Pessoas mais educadas apresentam uma diferenciada percepção sobre o certo e o errado, além de padrões éticos diferentes — com mais tolerância diante da diversidade e, na grande maioria, são intolerantes diante da corrupção e do ilícito.

As próprias percepções sobre o valor da educação são profundamente modificadas ao estudar mais. Quanto mais educado, mais se acredita que educação faz diferença e mais obstinado o esforço para que os filhos tenham melhor educação. Ou seja, a percepção sobre a qualidade da educação oferecida depende da educação do observador.

Pessoas mais educadas têm o que os economistas denominam de preferência pelo tempo. Ou seja, valorizam mais o futuro, estando dispostos a abrir mão de satisfações presentes para que possam melhorar seu futuro. A ignorância se associa ao imediatismo.

Por falta de melhores palavras, dizemos que essas são as mudanças não cognitivas trazidas pela educação. Mas há igualmente um conjunto de alterações cognitivas que resultam da vivência escolar — são dados mais conhecidos e estudados, merecendo centenas de pesquisas.

Ninguém pode realizar uma cirurgia sem passar muitos anos em uma escola de medicina. Igualmente ocorre com inúmeras outras tarefas que exigem os conhecimentos que se adquirem na escola. O contrato tem alguma

---

[1] Eric A. Hanushek e Ludger Woessmann, "Schooling, Cognitive Skills, and the Latin American Growth Puzzle" (*draft*).

armadilha? Como consertar o aparelho de eletrocardiograma que enguiçou? Como ler um diagrama eletrônico ou um desenho técnico? Como equilibrar a dieta e nutrição, própria ou dos filhos? Como fazer um orçamento? Ler e analisar um balanço?

Uma sociedade com um maior número de pessoas capazes de resolver problemas como esses terá um nível de produtividade maior. E sociedades que produzem mais têm mais o que distribuir. Portanto, oferecem uma melhor qualidade de vida para seus cidadãos. Em última análise, é isso que queremos.

VAMOS SUBIR O MONTE RORAIMA!

Há alguns anos, subimos o monte Roraima. Foram dois dias subindo, para vencer os dois mil metros de desnível. Lá chegando, descansamos um dia e passeamos outro. A volta consome outros dois dias. Portanto, é preciso levar alimento para seis dias.

Suponhamos alguns cenários. Enchemos nossa mochila com pepino, brócolis, e melancia. Pesamos, são 15 quilos de nutrição para carregar. Mas um nutricionista calcularia que iríamos levar apenas duas mil calorias. Não seria suficiente nem para o primeiro dia. Voltamos ao armazém e carregamos rapadura, azeite, chocolate e alimentos desidratados. São os mesmos quinze quilos, mas o nutricionista nos diz que agora levamos 25 mil calorias! Ou seja, peso não é uma boa medida de nutrição. Mede bem o sacrifício do translado, mas nos ilude nas nossas necessidades alimentares.

Essa excursão virtual a Roraima nos ilustra a Primeira Lei da Teoria da Mensuração: *Nem sempre a medida que temos captura aquilo que precisamos saber*. Uma variante dessa teoria é que *a facilidade de medir pode não compensar a distorção introduzida*. É fácil pesar comida, mas isso pode nos levar a passar fome no monte Roraima, pois a balança mede mal a nutrição.

O PRINCÍPIO DA INCERTEZA DE HEISENBERG

Durante muitos anos, os economistas mediram qualidade de vida com renda per capita; uma vez que países que produzem muito, consomem muito e tal consumo está associado à qualidade de vida.

Contudo, é uma medida bastante imperfeita. Inventemos um caso extremo para ilustrar as falhas da medida: podemos comparar a renda per capita de um habitante da Sibéria com a de um pescador de beira de praia do Nordeste. Suponhamos que o consumo seja o dobro para o siberiano. Concluímos que a qualidade da vida também será mais elevada? Não. Nosso siberiano tem gastos astronômicos de aquecimento domiciliar, consome o dobro das calorias para andar ao ar livre e para desobstruir a neve dos caminhos e tem seis meses com dias curtíssimos, exigindo iluminação artificial. Nenhum desses gastos aumenta a qualidade da sua vida, embora sejam essenciais para que se mantenha vivo. Ou seja, pelo menos a metade da sua renda serve para lutar contra o clima. É bem possível que outra maneira mais fiel de medir qualidade de vida mostrasse o pescador com um nível superior. Na maioria das comparações usuais, as diferenças não são tão extremas, mas existem.

Durante décadas, essa foi a medida usada, até que Mabul Ul Haq e Amartya Sen criaram o Índice de Desenvolvimento Humano (IDH). Esse construto estatístico inclui medidas de saúde e educação, indicadores bem mais próximos da qualidade da vida.

Embora esteja longe de ser um indicador perfeito (por exemplo, é excessivamente inercial), captura de modo melhor a qualidade da vida de uma comunidade. Com a difusão universal desse índice, até os prefeitos sabem como estão suas cidades e que podem ser cobrados pelos resultados. Quando sai a nova coleção de IDHs, a imprensa se alvoroça. Passou a ser notícia.

Embora não tenhamos uma apreciação confiável do quanto a existência do IDH afetou as políticas para melhorar qualidade de vida, é razoável supor que tenha tido e continue a ter algum impacto. Simplesmente, tornou visível aquilo que queremos promover.

Aqui encontramos a Segunda Lei da Teoria da Mensuração, desta vez, um princípio puro sangue: o Princípio da Incerteza de Heisenberg. Na sua versão original, o princípio é muito abstrato. Mas a versão bastarda, acolhida pelas ciências sociais, trata de algo mais tangível: *a medida interfere no que está sendo medido*. No nosso caso, a medida muda a realidade. Ao aparecer uma medida mais fiel para a qualidade de vida, cria-se uma dinâmica que tende a alterar esta mesma realidade, por deixar os problemas mais evidentes. Portanto, a boa medida é mais do que um mero brinquedo para os estatísticos, é um instrumento para mudar a realidade.

O MECÂNICO DO SENAI

Visitei uma escola de mecânica automotiva do Senai. Era dia de prova. Mostrava-se aos alunos um vídeo de uma mulher explicando o defeito do seu carro ("está com um barulhinho ali, tipo 'trec-trec-trec'"). Em seguida, entregava-se ao aluno um carro com um defeito real que corresponde ao "trec-trec-trec".

Se o aluno identifica o defeito e faz a reparação devida, ele é um mecânico de verdade. Ou seja, a prova mediu exatamente o que define um mecânico com a competência esperada. Por esta razão, não se costuma falar em qualidade quando trata-se da formação profissional oferecida por escolas desse tipo. A qualidade está implícita no diploma de formatura. Se ganhou o diploma é porque faz tudo que um bom mecânico precisa fazer.

Quando morava na Suíça, na primeira vez em que levei o carro para consertar, foi com hora marcada, como no médico. Ao buscá-lo, o mecânico me entregou as chaves e a conta. Nem uma só palavra sobre o conserto. Fiquei surpreso com o silêncio e perguntei se o carro havia ficado bom. O mecânico ficou perplexo com a pergunta, sem entender. Olhou para mim como se eu fosse um marciano. Para ele, a entrega da chave e da conta significa necessariamente que está perfeito. Não há porque explicar o que quer que seja.

Ou seja, só falamos em qualidade quando algo está errado com a forma de aferição de resultados do curso. Como a boa formação profissional tem uma tradição de medir corretamente a competência adquirida, não há movimentos ou campanhas para cuidar da qualidade. Podemos querer mais mecânicos; porém, jamais ocorreria a um suíço dizer que é preciso um número maior de "mecânicos de qualidade".

Portanto, aqui está a Terceira Lei da Teoria da Mensuração: *quando medimos bem, não se fala em qualidade*. Onde há uma boa tradição de medir o que precisa ser medido, não é preciso fazer apelos para zelar pela qualidade. A boa medida já cuida do assunto.

ESCOLARIDADE OU EDUCAÇÃO?

Todas as digressões anteriores visam armar um contexto que nos permite falar de educação e de qualidade de uma forma correta.

Quando medimos educação por anos de escolaridade, é como se estivéssemos medindo nutrição por quilogramas de comida. Todavia, são medidas muito imperfeitas.

Também, em ambos os casos, não são inúteis. Por exemplo, mais anos de escola é mais educação. Mais peso é mais nutrição. Ademais, os 15 quilos da mochila realmente pesam nos ombros, ao galgar as montanhas. E os anos de escolaridade pesam nos orçamentos e no tempo gasto por todos para oferecer a educação.

Só que escolaridade mede muito mal a educação adquirida (como os quilos de comida medem mal as calorias). As escolas têm qualidades diferentes, alunos diferentes e critérios de avaliação qualitativa e quantitativamente diferentes.

Por exemplo, um brasileiro que se forma no *ensino* médio tem um nível de competência no manejo da língua e dos números que corresponde ao que possui um europeu com quatro anos a menos de escolaridade. Portanto, diante da comparação com os europeus, como se pode fazer com o Pisa, exclamamos automaticamente: Que horror, precisamos cuidar da qualidade das nossas escolas!

Se em vez de anos de escolaridade, medimos o que o aluno aprendeu e que é relevante para sua vida futura, essa medida já está incorporando a dimensão de qualidade. Em outras palavras, se medimos educação com um bom teste, não há por que continuar falando de qualidade, pois ela já está embutida na prova.

Portanto, temos uma rota muito clara a ser seguida. Trata-se de incorporar, cada vez mais, a qualidade nas medidas de educação. Fazendo isso, as preocupações com a qualidade deixam de ser perorações vagas e passam a ser ações concretas para melhorar as notas.

"ME DÁ 35 'ANÍSIOS' DE EDUCAÇÃO!"

Quando chego ao posto de gasolina, peço ao frentista: "Me dá 35 litros". Não preciso dizer que quero "litros de qualidade" ou "gasolina de qualidade". Na loja de ferragens, peço uma lâmpada de 100 Watts, não preciso dizer que preciso "Watts de qualidade". Tudo isso já foi resolvido e normatizado pelo sistema métrico decimal e pela ISO-ABNT.

Minha sugestão na presente nota é que devemos caminhar para que a educação seja medida de uma forma que plenamente incorpore a qualidade. Ou seja, tudo aquilo que desejamos em uma educação de qualidade já teria sido incluído na construção da medida.

O ensaio de Hanushek e Woessman, anteriormente citado, associa escolaridade com crescimento, no mundo e na América Latina. Como em estudos similares, há uma correlação razoável entre crescimento econômico e anos de escolaridade, comparando países. Contudo, quando educação é medida por resultados de testes, como o do Pisa ou dos testes do Laboratorio Latinoamericano de Evaluación de la Calidad de la Educación (Unesco — LLECE), a correlação aumenta dramaticamente. Ou seja, o que explica crescimento não é o tempo vivido na escola, mas o tanto que se aprendeu lá e em outras oportunidades educativas vividas pelo aluno.[2]

Os números mostram que um ano adicional de escolaridade aumenta em 0,4 a taxa de crescimento anual do pais. Quando, em vez de escolaridade, usamos escores normalizados em testes de rendimento escolar, um desvio padrão a mais na pontuação trás entre 2,4 e 2,9 pontos percentuais a mais no crescimento econômico.

Os resultados acima ilustram o lado da pesquisa, mostrando de forma muito convincente que interessa a capacidade de pensar, e não o tempo marcando passo na escola. Mas na arena da construção de políticas públicas, é preciso que avançar também na conversão dos indicadores. Na verdade, não nos falta muito para fazer essa conversão. Assim como o IDH encontrou bons indicadores prontos e disponíveis, nas últimas duas décadas, houve um avanço extraordinário na avaliação do ensino.

Há o Sistema de Avaliação da Educação Básica (Saeb), Prova Brasil do Exame Nacional do Ensino Médio (Enem) e Exame Nacional de Desempenho de Estudantes (Enade). Todos avaliam adequadamente a competência cognitiva esperada,[3] permitindo uma confortável proximidade às ideias do

---

[2] *Ibid.* "In simplest terms, while Latin America has had reasonable school attainment, what students in fact know is comparatively very poor.... cognitive skills of the population are extremely important for long-run growth. In the presence of measures of cognitive skills, school attainment does not even have a significant relationship with growth... A crucial missing link in explaining why Latin America went from reasonably rich in the early post-war period to relatively poor today is its lowreasonably rich in the early post-war period to relatively poor today is its low cognitive skills".

[3] O IDEB é outra medida da mesma família. Mas é um indicador que combina os escores da Prova Brasil com a velocidade de avanço no sistema. Portanto, não é um indicador puro de desempenho.

que seria a qualidade que queremos medir. Conquistamos também uma legitimidade social para o uso de tais medidas — o que seria impossível prever ao início da década de 1990, quando a avaliação era tabu. O que poderia faltar são detalhes que não oferecem dificuldades técnicas de vulto.

Em um futuro distante, poderíamos questionar as possíveis falhas desses testes convencionais. Não medem criatividade? Não medem comportamento cívico? Nada errado com tais questionamentos. No momento, contudo, essas provas estão colimando os assuntos centrais que deveriam ser aprendidos pelos alunos. Como não mostram resultados satisfatórios, devemos postergar as discussões sobre elementos não incorporados. O que adianta tentar ensinar criatividade a analfabetos funcionais? No nível precário da nossa educação, esses refinamentos podem ser postergados.

Portanto, concluo essa nota com a fantasia de que se deve trocar as nossas medidas de escolaridade por reais medidas de educação, ou seja, medidas que já incorporam a qualidade. Se medirmos corretamente, não é necessário implorar por uma educação de qualidade.

Pela importância de suas descobertas, os nomes de Volta e Ampère foram usados para batizar grandezas elétricas. Por que não podemos fazer o mesmo com a educação de qualidade? Por que não poderíamos falar em "anísio" como unidade de educação? Mediria a capacidade de processamento simbólico, indo de operações mais simples, até às mais complexas (simplificando, é isso que faz o Pisa, o Saeb ou a Prova Brasil).

Que educação tem aquele jovem? Dizer que tem o médio completo informa muito pouco. Pode ser graduado do São Bento ou de uma escola de favela, conflagrada por guerras do narcotráfico. Mas se dissermos que obteve 57 anísios, nesse caso, nada mais precisaríamos explicar.

Em vez de dizer que gostariam de contratar alguém com esse ou aquele nível de escolaridade, o Banco do Brasil ou a Petrobras poderiam passar a estipular como critério a pontuação mínima em anísios. Só isso já poria em marcha o Princípio de Incerteza de Heisenberg, pelo qual o instrumento de medida altera o que é medido. E altera para o bem, isto é, para melhor.

QUARTA PARTE

O BRASIL E A "CULTURA DA ESPERANÇA" (AINDA O PLANO DE AÇÃO)

O Brasil e a cultura da esperança

Luiz Felipe d'Avila*

---
* Diretor-presidente do Centro de Liderança Pública.

SE UM VIDENTE houvesse revelado 20 anos atrás que em 2009 o Brasil teria uma moeda forte e conversível, inflação controlada, economia estável, superávit primário e se tornaria credor do Fundo Monetário Internacional (FMI), o autor do prognóstico provavelmente teria sido encarcerado no manicômio. Em 1989, a hiperinflação quase rompeu a barreira dos 2000% ao ano, o congelamento de preços fracassou e a romaria ao FMI fazia parte do ritual anual do governo brasileiro para assegurar a solvência do país. Curiosamente, nem uma transformação desta magnitude foi suficiente para fortalecer a confiança dos brasileiros no processo democrático e na capacidade de realizarmos mudanças transformadoras por meio das nossas instituições. A cultura da esperança parece estar confinada às figuras sagradas e profanas que povoam o nosso universo particular: as súplicas a Deus, aos santos ou a Iemanjá, à benemerência do presidente da República, à ajuda e solidariedade dos familiares. Mas quando se trata de crença e esperança nas instituições — Congresso, Justiça ou empresas — revelamos um ceticismo atroz.

Ao lermos o noticiário, temos a nítida impressão de que as nossas instituições constituem o cancro da nação. O Congresso é uma assembleia de corruptos e ladrões, a Justiça é lenta e ineficiente. Os bancos e as empresas são entidades concebidas para extrair lucros exorbitantes da sociedade. O retrato das instituições no noticiário está alinhado com o ensino de História nas nossas escolas. Segundo os livros distribuídos pelo Ministério da Educação (MEC) e o conteúdo didático ensinado pelos professores, o Brasil foi colonizado por portugueses atrasados e gananciosos que extraíram as nossas riquezas e criaram uma elite local de coronéis, concedendo-lhes pleno poder para explorar índios, maltratar escravos e sugar a seiva do trabalhador brasileiro, cujo suor, talento e saúde são consumidos na construção de latifúndios, empresas, bancos e indústrias.

Esta "elite de coronéis" controla tanto os meios de produção quanto as instituições políticas: o Parlamento, os partidos, as cortes e o governo. O Brasil ainda não sucumbiu aos caprichos de políticos ladrões e empresários bandidos porque, de vez em quando, surgem líderes carismáticos que nos salvam da ambição desmesurada desses exploradores. Esses líderes apresentam-se como "o pai dos pobres", "caçador de marajás" ou demiurgos que vieram sepultar "500 anos de herança maldita" para, finalmente, criar um país em que a justiça e a igualdade reinarão para sempre. Entretanto, esta visão maniqueísta não resiste aos fatos.

Se fôssemos uma nação de empresários exploradores, o Brasil não estaria entre as dez maiores economias do mundo. Não haveria empresas competitivas, conhecimento, competência e especialização para disputarmos mercados e clientes no Brasil e no mundo. Tampouco, seríamos detentores da pauta de exportação mais diversificada e sofisticada entre os países emergentes, nem teríamos a terceira maior Bolsa de Mercadorias do mundo, nem o talento e a tecnologia para criarmos uma das melhores agroindústrias do planeta. Se o Brasil fosse governado apenas por políticos ladrões, não teria sido criado instituições democráticas capazes de garantir a liberdade de imprensa, direito à propriedade privada, eleições livres e o privilégio de fazer, dizer, trabalhar, morar e expressar as nossas ideias e opiniões sem que sejamos presos, exilados ou assassinados por agentes do Estado. Apenas 20% dos países do mundo têm o privilégio de desfrutar das benesses da plena democracia. O Brasil é um deles.

Este legado não é fruto de um acidente fortuito do acaso. A essência da cultura da esperança reside na ação, no exemplo, determinação, perseverança e coragem dos brasileiros que lutaram — e continuam a lutar — para defender os valores democráticos, construir as nossas instituições e zelar por sua credibilidade e eficácia. Enquanto ditadores, revolucionários e demagogos trabalham para subjugá-las, os nossos "cavaleiros da esperança" se mobilizam para edificar instituições sólidas e confiáveis, capazes de resistir aos golpes e revoluções, estado de sítio e atos institucionais, governos populistas e decisões demagógicas. Desde a proclamação da Independência do Brasil em 1822, as instituições brasileiras resistiram aos golpes de Estado, governos autoritários, escravidão, estatização da economia, reserva de mercado e tantos outros impropérios que retardaram o nosso progresso. Porém nenhum desses infortúnios foi capaz de destruir as instituições democráticas e a seiva da liberdade que nos permitiram superar as dificuldades, os desafios e as barreiras que surgiram no caminho.

A resiliência da esperança nas instituições democráticas é testada nos momentos de crise, de tensão e de conflitos. Construímos uma das democracias mais sólidas da era moderna porque sempre houve uma geração de brasileiros virtuosos que lutaram pela preservação dos princípios democráticos e da liberdade individual. Há sempre um José Bonifácio para defender o Parlamento e a Constituição dos rompantes autoritários dos nossos governantes. Nos momentos críticos da nossa história, surgem homens como Joaquim Nabuco para mostrar, por meio da sua conduta e ação política, que não precisamos de revolução ou guerra civil para sepultar leis arcaicas e valores vetustos, como a escravidão. O movimento abolicionista floresceu justamente porque foi capaz de quebrar a resistência dos escravocratas recorrendo aos mecanismos democráticos: debatendo suas teses nos jornais, manifestando sua repulsa à escravidão nas ruas, organizando movimentos de mobilização social e, finalmente, infiltrando-se no Parlamento e nos governos e transformando os anseios da nação em leis abolicionistas que culminaram com a promulgação da Lei Áurea em 13 de maio de1888.

Quando nos indignamos com a petulância da alguns presidentes da República capaz de transformar o Congresso em mero instrumento de legitimação de seus caprichos, lembremo-nos de que há sempre um Prudente de Moraes para transformar o Legislativo na trincheira da defesa dos princípios democráticos. Mesmo quando imaginávamos que caudilhos e governos autoritários houvessem sepultado a legitimidade e a relevância das instituições democráticas, surgiram nobres guerreiros, como o deputado Ulysses Guimarães. Personificação da luta pela liberdade na época da ditadura, Ulysses utilizou-se das armas da democracia — o voto, as eleições e a tribuna — para conduzir a nação de volta ao seio da democracia plena.

Reconheço que, às vezes, os acontecimentos momentâneos são capazes de causar desânimo e desesperança. Hoje, vivemos um instante particularmente conturbado em que o sentimento de indignação e de repúdio à imoralidade pública atingiu os píncaros da história republicana. O descaso com a ética pública não está apenas no uso indevido das regalias do poder e na impunidade dos escândalos políticos. Ela está também no aparelhamento da máquina pública para fins políticos e no enfraquecimento dos órgãos técnicos para acomodar os interesses partidários. A república dos "mensaleiros", dos justiceiros e da imoralidade pública não são sintomas da qualidade das nossas instituições, mas do tipo de liderança que se instalou no poder.

Quando os governantes são capazes de articular uma visão clara de suas prioridades e transformá-las em leis e políticas públicas alinhadas com os interesses prementes da nação, os líderes políticos conseguem mobilizar a sociedade e o Congresso e implementar mudanças transformadoras. Um exemplo foi a combinação do senso de relevância e de urgência que o presidente Fernando Henrique Cardoso criou em torno das prioridades do seu governo e a destreza política que o deputado Luís Eduardo Magalhães demonstrou durante o período em que presidiu a Câmara dos Deputados. O parlamentar baiano conseguiu algo que parecia impossível: angariou mais de 300 votos na Câmara e votou as emendas constitucionais que sepultavam o monopólio do petróleo, a restrição ao ingresso do capital estrangeiro e abriram o caminho para a privatização das companhias estatais e para a aprovação da reforma administrativa da lei de Responsabilidade Fiscal.

Além de votar as emendas constitucionais no Congresso, o governo implementava um audacioso programa de reestruturação do sistema bancário — o Proer — e mantinha a economia no rumo certo com uma rígida política monetária e fiscal. Essas medidas tornaram-se imprescindíveis para assegurar a estabilidade econômica, o controle da inflação e a disciplina fiscal dos estados e municípios. Mas, o perfil do Congresso em 1995 não era muito diferente do Legislativo de hoje. O que mudou radicalmente foi a qualidade da liderança política.

A cultura da esperança só floresce quando conseguimos discernir o joio do trigo. O joio reúne os demagogos e os ditadores que se esforçam para enfraquecer as instituições democráticas. Costumam usar o discurso da ineficácia e da corrupção das instituições para criar o mito de que o verdadeiro defensor do povo é o déspota esclarecido que necessita do apoio irrestrito das instituições para promover o bem comum. Neste grupo estão também aqueles que usam os sindicatos, as ONGs, os partidos e os cargos públicos para distribuir verbas e favores para os amigos, empregar parentes e usar as instituições como trampolim político, econômico e social para promover os seus interesses próprios. Não há nada mais perigoso para o país do que a atuação política desses parasitas que usam os instrumentos legítimos da democracia para destruir a credibilidade e a legitimidade das instituições.

O trigo é representado pelos construtores e defensores das instituições. São brasileiros preocupados em institucionalizar valores, costumes e princípios que fortaleçam os alicerces da democracia e da liberdade. Trata-se de uma minoria comprometida em agir e zelar pela credibilidade e eficácia das instituições no Parlamento, nos estados, nos municípios, na imprensa, nos tribunais, nas empresas, nas escolas e nas ruas. Este grupo é formado por pessoas que participam da vida da nação promovendo a boa gestão dos recursos públicos, estabelecendo critérios meritocráticos para atrair investimento e talentos que estejam dispostos a melhorar a educação, saúde, infraestrutura, segurança e qualidade de vida da população.

Há uma nova geração de políticos, formados nos estados e municípios, conscientes que a combinação de boa liderança e gestão eficaz rende muitos votos e o reconhecimento da sociedade. Há também homens e mulheres que investem em negócios, projetos e empresas que impulsionam o crescimento sustentável, o conhecimento e a inovação. Há jovens e velhos que participam de projetos, ONGs e ações que almejam contribuir para a melhoria do setor público e para eliminar as barreiras tributárias, trabalhistas, ambientais e burocráticas que limitam o crescimento econômico e retardam o desenvolvimento social. Essas pessoas renovam a cultura da esperança por uma miríade de pequenas e grandes ações cotidianas que dão um sentido maior e significado à nossa existência.

Em cada gesto, em cada palavra e em cada ato revelamos a nossa preocupação em institucionalizar ou destruir valores, costumes e princípios. Toda vez que recusamos nos conformar com os atalhos da malandragem, da corrupção e da imoralidade, estamos iniciando uma reação em cadeia que reverbera por todo o universo. Einstein dizia que a luz que reflete na Terra neste exato momento, continua a viajar pelo espaço. Isto significa que todas as nossas ações estão registradas na luz que está navegando na eternidade cósmica. Se inventássemos uma máquina que fosse capaz de navegar mais rápido que a velocidade da luz, poderíamos contemplar as ações do passado, como o Grito do Ipiranga, o instante do nosso nascimento ou os momentos menos épicos das malandragens e desmandos dos homens e mulheres públicos que denigrem a imagem das nossas instituições.

As pessoas virtuosas costumam ter consciência da eternidade dos seus atos. A cultura da esperança requer que tenhamos fé no impacto das nossas ações e no seu poder transformador de fortalecer as instituições. As nossas escolhas, atitudes e decisões influenciarão a vida das gerações futuras e seremos cobrados e responsabilizados pelo legado que deixaremos para os nossos filhos e netos.

A esperança é fruto da fé nos princípios e na capacidade de convertê-los em instituições respeitadas e admiradas. A esperança é convertida em visão; esta torna-se a fonte de inspiração para a ação transformadora que resulta na construção do legado. Por fim, o legado é a chama que nos toca o coração, incita a coragem e revigora a determinação e a perseverança necessárias para darmos vida aos princípios, valores e ideias que dão um significado maior à nossa existência.

Não podemos deixar que o legado dos nossos antepassados seja tratado como "herança maldita". Não podemos tolerar que nossas vitórias sejam transformadas em fardo de culpa e de pecado. Enquanto o mundo se digladia por causa de questões de religião, raça e imigração, o Brasil dá um exemplo ímpar de tolerância e integração racial, religiosa e cultural. Somos uma nação-modelo em que negros, brancos e índios mesclam-se constituindo uma raça só: brasileiros. Mas esta grande conquista é transformada em motivo de vergonha nacional quando inventamos leis discriminatórias — como as cotas raciais no ensino público — em um país que deveria se orgulhar da sua exemplar miscigenação cultural e racial e religiosa.

O Brasil deve aprender a cultivar a memória das suas conquistas e a valorizar o sucesso. Sofremos de um bloqueio psicológico quando se trata de celebrar os grandes feitos políticos, econômicos, sociais e culturais. Parece que há sempre o vírus da esperteza ou de algum arranjo escuso nos exemplos de sucesso. Minimizamos nossas conquistas e maximizamos nossas deficiências. Compare o número de notícias negativas que os jornais e televisão costumam divulgar *versus* o número de matérias sobre o que estamos construindo de valor para o país nos negócios, na gestão pública, na agricultura, no esporte e na cultura. Ao valorizar o sucesso e celebrar nossas conquistas, fortalecemos a chama que alimenta a esperança. São Paulo dizia que a "fé é um modo de já possuir o que ainda se espera, a convicção acerca de realidades que não se veem". A esperança inspira os sentimentos nobres do ser humano: a generosidade, a afetividade, a gratidão, a tolerância, a coragem e a misericórdia. A mediocridade e a desesperança advêm do medo, da ignorância e da indolência.

A quem interessa a cultura da desesperança? Aos "líderes carismáticos" que se colocam acima das instituições e que pensam estar acima das leis, do partido e da justiça. Aos governantes que se utilizam do poder arbitrário para manipular as instituições, fraudar o voto, aparelhar o Estado e usá-lo como se fosse o seu latifúndio privado. Aos defensores da democracia de fachada que não suportam a liberdade de imprensa, os direitos e deveres da cidadania, as limitações da democracia e as regras do mandato temporário. Aos caudilhos e demagogos que procuraram transformar as instituições democráticas em instrumentos da legitimação do mando pessoal.

O modismo atual é criticar as instituições liberais e denunciar as imperfeições da democracia. A esperança e a confiança nas instituições não renascerão com atos e discursos demagógicos que defendem o protecionismo e o nacionalismo. Na verdade, a demagogia é a aspirina para camuflar a falta de coragem política para engajar a sociedade em mudanças transformadoras e dolorosas. Os líderes políticos terão de correr riscos, promover experimentos em políticas públicas e preparar as pessoas para mudar hábitos e costumes, renunciar direitos e privilégios, digerir frustrações e, principalmente, lidar com perdas — de direitos, privilégios, crenças e costumes — que se tornaram incompatíveis e injustificáveis no mundo de hoje. Necessitamos de líderes exemplares que defendam corajosamente os princípios democráticos e os valores liberais: liberdade de imprensa, liberdade comercial, liberdade de escolha, Estado de Direito e respeito à propriedade privada. A ambiguidade é o primeiro sinal evidente do fosso existente entre o dizer e o fazer.

É impossível progredir, inovar, evoluir sem a institucionalização de princípios, valores, regras, leis e costumes. Grandes lideres são, na verdade, construtores de instituições. Foi por meio do embate no Parlamento, do debate nos partidos e das disputas de votos entre conservadores e liberais, direita e esquerda, políticos sérios e corruptos que fomos lentamente tecendo a legitimidade dos princípios e das práticas democráticas que hoje nos permitem usufruir dos privilégios da democracia, da legitimidade institucional, da estabilidade econômica e da paz social que nos coloca entre as grandes nações do mundo.

A "cultura da esperança" em Stefan Zweig

Alberto Dines*

---
* Diretor do *Observatório da Imprensa*.

Em 2006, durante a campanha para as eleições presidenciais, o ministro João Paulo dos Reis Velloso organizou um Fórum Especial destinado a examinar o "Projeto Brasil, opções para o país e opções de desenvolvimento" e teve a maravilhosa ideia de dedicar o primeiro painel a uma obra literária que naquele ano completava 65 anos de lançamento.

O austríaco Stefan Zweig jamais imaginaria que sua quimera "Brasil, um País do Futuro" serviria como tema para uma reflexão compartilhada por figuras tão expressivas nas ciências sociais como Bolívar Lamounier, Boris Fausto, o próprio João Paulo dos Reis Velloso, Roberto Cavalcanti de Albuquerque e Raul Velloso, entre outros. Apesar do ponto de interrogação — "Brasil, um País do Futuro?" — ou talvez por causa dele, tratou-se de uma experiência estimulante, mostrando o inesgotável potencial das comparações multidisciplinares e multiculturais.

O livro que trouxe tantos dissabores ao seu autor, sobretudo aqui, que converteu-se em uma espécie de alcunha universal do Brasil e agora inspira o ministro Velloso a um desafio ainda maior e mais arriscado: fazer de Stefan Zweig um dos modelos ou inspiradores de uma "cultura da esperança".

Tarefa honrosa. E espinhosa: Stefan Zweig, como sabemos, suicidou-se em Petrópolis com a mulher, sete meses depois do lançamento simultâneo do livro em seis idiomas. O trágico desfecho de uma vida marcada pelo sucesso seria suficiente para anular qualquer pretensão de elegê-lo como paradigma de otimismo.

O que, à primeira vista, parece uma ironia faz sentido desde que abandonemos o autor e suas contradições e nos fixemos na obra. Este tipo de dissecação não é fácil, sobretudo quando se olha pelo espelho retrovisor geralmente bidimensional, chapado.

Apesar dos seus zigue-zagues, buscas, contradições e de um trágico fim, o livro brasileiro de Zweig está profundamente impregnado de esperança e promessas. Muitos anos antes, no início do século XX, quando conheceu o poeta Émile Verhaeren, êmulo belga de Walt Whitman, Zweig cunhou a doutrina do "sim", *ja* em alemão, e compôs a expressão *bejahung*, algo como "sim-*ismo*". Recusava o "não" por considerá-lo excludente, buscava afirmações.

Sua opção pacifista na Primeira Guerra Mundial, aliás radicalmente pacifista, contra todos os beligerantes, inclusive seu próprio país, é fundamentalmente positiva — não aceitava a tapeação das "guerras justas".

Antes mesmo da ascensão de Hitler ao poder, exatamente 40 dias antes, tentou organizar uma prolongada visita à Argentina e ao Brasil, fascinado com as perspectivas de uma civilização latino-americana. Vislumbrava no sul do Novo Mundo uma terceira via entre o materialismo soviético-americano e os rancores étnicos que desumanizavam a Europa.

Comprovou seus prognósticos três anos depois, em 1936, quando visitou o Rio de Janeiro, São Paulo e Buenos Aires. Evidentemente desconhecia as adversas condições políticas locais e sentiu-se livre para fascinar-se com os dois países. A Argentina estava no meio da Década Infame, marcada por fraudes eleitorais (e que parece interminável) e o Brasil vivia um estado de emergência que logo desembocaria no Estado Novo, nossa primeira ditabranda.

Mesmo assim, com a humanidade encaminhando-se para uma catástrofe, Zweig conseguiu enxergar uma saída: a "unidade espiritual do mundo" tema de uma conferência que leu no Rio de Janeiro em 1936 e repetiu em 1940 em Buenos Aires. Internacionalista, pretendia uma consciência global capaz de neutralizar os delírios chauvinistas e as exclusões nacionalistas.

No Brasil só teve olhos para a fascinante miscigenação, para a cordialidade, para o poder da conciliação. Na Argentina, enxergou a possibilidade de vê-la como substituta da Espanha, então afogada na sangrenta guerra civil.

Em maio de 1940, quando era inevitável a derrota francesa e concreta a possibilidade dos nazistas cruzarem o canal da Mancha, alguns intelectuais ingleses ou residentes na Inglaterra desesperaram-se e pensaram em soluções extremas: Virginia Woolf e o marido, Leonard Woolf, discutiram seriamente um pacto de morte. Naqueles dias, Zweig refugiado na Inglaterra, anotou em seus diários que compraria um frasco de morfina e efetivamente o comprou.

Em algum recanto da alma encontrou a esperança e com ela espantou o medo: preferiu voltar ao Brasil (via Nova York) e consumar um projeto que acalentava desde que visitou o país pela primeira vez: um livro sobre o Brasil. Em 1936, uma série de pequenos artigos escreveu: "Quem conhece o Brasil de hoje lançou um olhar para o futuro." Quatro anos depois, retorna pela segunda vez ao Rio de Janeiro para encontrar este futuro.

Não é aqui o lugar para a exegese de "Brasil, um País do Futuro". Esta dissecação já foi feita não apenas no fórum anterior e em inúmeros eventos específicos. Fiquemos apenas com a essência da obra: apesar de algumas simplificações, omissões e erros, apesar de não ter visitado grande parte do país, de desconhecer dois clássicos publicados pouco antes — *Visão do paraíso*, de Sérgio Buarque de Holanda, e *Casa-grande & senzala*, de Gilberto Freyre —, Zweig intuiu o caminho certo, o mesmo trilhado por Levi-Strauss e Roger Bastide.

Declarou à imprensa que pretendia transformar-se em *camelot*, camelô, do Brasil no exterior, não porque fosse um *promoter* profissional — era artista preocupado apenas com sua arte — mas porque seguia seus instintos pessoais combinados ao utopismo vienense. Seu convívio com os humanistas; como Romain Rolland, Hermann Hesse, Verhaeren, as apologias biográficas de Lev Tolstoi, Erasmo de Rotterdã, Castelio; e sua ostensiva repulsa a Calvino revelam um genuíno e inconfundível humanista. E esta filosofia humanista geralmente se manifesta através da esperança, crença no homem e na sua capacidade de sonhar, criar e inovar.

A opção pelo suicídio não foi niilista. Na última linha da sua "Declaração", saúda os amigos e confia que alcançarão "a aurora depois desta longa noite". Completa: "Eu, demasiadamente impaciente, vou-me antes." Impaciência é um traço psicológico, aparece em diversos títulos da sua ficção, também é uma influência vienense. Compreensível: completara 60 anos, queria sossego pessoal, algo incompatível com o clima de uma guerra mundial. Nada a ver com um desespero doutrinário.

Sua derradeira fascinação foi dirigida a Montaigne, o inventor dos ensaios, a quem se pode classificar no máximo como um cultor do ceticismo, nunca como cultivador da amargura. O ceticismo é criador.

Sua obra final, o livro de memórias, em português *O mundo que eu vi*, é a comprovação de que a nostalgia, além de inspiradora, também é criadora. Muitos a veem até como revolucionária. Eric Hobsbawm (vienense e britânico) afirma que todos os tempos são interessantes, sendo importante investigá-los.

Desse modo, retomo a condição de jornalista para lembrar os dissabores enfrentados pelo esperançoso Zweig diante da implacável imprensa em agosto de 1941 quando sua utopia foi lançada nas livrarias. No Estado Novo, apesar da censura institucionalizada, geralmente não havia a necessidade de censores. Os que não suportavam aquele consenso estavam calados ou exilados. Havia rumores de pequena que o livro de Zweig fora patrocinado pelo detestável DIP e como ninguém ousava criticar o todo-poderoso Lourival Fontes, o redator-chefe do *Correio da Manhã*, Costa Rego, resolveu desancar Stefan Zweig e o fez de forma implacável: cinco artigos consecutivos na página dois, substituindo seus artigos políticos. Não fosse a intervenção de outros jornalistas — conforme me revelou Antonio Callado —, Costa Rego teria esticado o linchamento por mais tempo.

A leitura das diatribes de Costa Rego são muito instrutivas (estão publicadas no livro recém-lançado, *Stefan Zweig no país do futuro*). Revelam como a *cultura da esperança* pode ser pulverizada e aniquilada pelo preconceito e pela mesquinharia dos que não sabem sonhar.

Stefan Zweig foi reabilitado dois meses depois no *Diário de Notícias* por um jornalista mais talentoso, mais progressista e mais humanista: Osório Borba. Disse Borba que as crenças de Zweig no futuro do Brasil eram tão fortes e convincentes que se aqui permanecesse deveria trocar de nome. Em vez de Stefan Zweig deveria assinar-se como Estevão Ramos.

Construção da sociedade ativa e moderna
*Claudio Weber Abramo**

---
* Diretor-executivo da Transparência Brasil.

UM TEMA CENTRAL para a construção de uma sociedade ativa e moderna é a edificação de um poder público dotado de integridade.

Definir integridade é menos evidente do que poderia parecer à primeira vista. Pode-se afirmar, de modo genérico, que um Estado íntegro deve ser dotado de institucionalidade e de mecanismos de gestão que assegurem a minimização dos desperdícios e consequente maximização da eficiência alocativa.

Neste nível, parece que se está meramente introduzindo um termo pouco usual na economia ("integridade") para se referir aos elementos básicos da eficiência alocativa.

O que há de não ortodoxo no tema da integridade é a focalização nas condições de funcionamento das instituições e nas condições ambientais em que ocorrem as relações entre os agentes públicos e privados (incluindo-se aí os usuários de serviços públicos).

É evidente que a corrupção é uma das razões importantes para o desgaste da eficiência do Estado. Ela incide negativamente não apenas sobre o planejamento e a execução dos orçamentos públicos, mas também sobre as relações políticas, degradando-as e, em um limite já atingido no Brasil, erodindo a própria legitimidade da representação pelo voto.

Para reduzir a corrupção é necessário buscar suas causas objetivas — o que não é evidente para todos.

Há quem diga que corrupção tem origem moral — a corrupção existiria porque existem pessoas desonestas. É claro que isso é verdade, mas por outro lado é trivial. Esse ponto de vista não fornece qualquer caminho para reduzi-la, além de exortações na linha do "não roubarás" — algo que se ouve a três mil anos sem efeito discernível.

Em contraposição a esse ponto de vista (que se pode chamar de "moral") há a perspectiva material, ou pragmática, que busca a origem da corrupção nas condições objetivas em que ocorre as relações entre os representantes do Estado e os agentes privados.

Tais condições são de três tipos: estruturais (relacionado à economia), institucionais (leis e regulamentos) e gerenciais.[1]

CAUSAS ESTRUTURAIS DA CORRUPÇÃO

Evidentemente, o aperfeiçoamento do Estado é atrelado com a quantidade de recursos que se pode alocar para essa finalidade. Na maioria dos municípios brasileiros e em boa parte dos estados esses recursos escasseiam.

O que não significa, porém, que seja preciso abandonar a meta de aperfeiçoar as estruturas públicas mesmo quando faltam recursos, pois a penalidade para tal é gastar o pouco dinheiro disponível de forma ainda mais ineficiente do que se poderia.

As causas estruturais, exatamente por sê-lo, têm impacto sobre as demais causas. Há uma específica consequência das carências econômicas: é difícil, na pobreza, criarem-se organizações ativas enraizadas na chamada sociedade civil.

Contudo, não se trata de uma impossibilidade. Tem-se observado que no Brasil surgem muitas organizações voltadas para melhorar a relação entre o Estado e a sociedade.

Exatamente devido à má distribuição da riqueza no Brasil, tais organizações tendem a se formar a partir de quadros provenientes das elites, a se concentrar na região Sudeste e de se focalizar em temas abrangentes, em detrimento de temas locais.

CAUSAS INSTITUCIONAIS DA CORRUPÇÃO

Estas residem em primeiro lugar nas Constituições e, em seguida, no arcabouço legal infraconstitucional e nos regulamentos inferiores.

---

[1] Por conveniência terminológica abordam-se as condições gerenciais separadamente das institucionais, onde são usualmente situadas.

Além de leis inaplicáveis, contraditórias e outras disfuncionalidades (como um código de processo penal bizantino), diversos dispositivos presentes (ou ausentes) na Constituição e na legislação brasileira dificultam o combate à corrupção ou mesmo estimulam falcatruas. Três exemplos, entre muitos outros:

A LIBERDADE DE NOMEAR PESSOAS PARA OCUPAR "CARGOS DE CONFIANÇA" (ART. 37, INC. V)

A primeira providência de qualquer prefeito, governador ou presidente da República assim que o resultado eleitoral é anunciado é convocar representantes de partidos políticos para montar sua base de apoio parlamentar. O que não ocorre segundo uma afinidade ideológica ou programática, mas pragmática. O discurso é rotineiro: "votem comigo, não me chateiem e em troca fiquem com tal ou qual pedaço da administração".

Promove-se, portanto, o loteamento da administração entre os partidos. Uma contrapartida implícita nesse campo é, usualmente, a renúncia do Executivo em examinar de perto o quê, exatamente, os partidos e grupos políticos fazem em seus respectivos lotes.

Para se ter uma ideia da extensão desse problema, no governo federal, por exemplo, cargos de confiança somam 30 mil. No governo de São Paulo, cerca de 20 mil.

Isso tem diversas consequências, todas elas desfavoráveis. A cooptação do Legislativo tem como resultado torná-lo irrelevante. O Legislativo deixa de fiscalizar o Executivo e deixa de legislar, por se tornar papel do Executivo. Isso não acontece apenas na esfera federal com Medidas Provisórias. Ocorre igualmente em todos os municípios. Por exemplo, na legislatura passada, as Câmaras Municipais do Rio de Janeiro, São Paulo e Porto Alegre aprovaram respectivamente 59%, 62% e 80% das proposições formuladas por seus respectivos prefeitos, enquanto a taxa de aprovação de matérias relevantes oriundas do próprio Legislativo avançou menos de 8% (essas Câmaras são entusiastas aprovadoras de matérias irrelevantes, como a concessão de cidadanias honorárias e medalhas, o batismo de logradouros, a definição de datas comemorativas etc.).[2]

---

[2] Ver no projeto Excelências, da Transparência Brasil (www.excelencias.org.br), o acompanhamento sistemático das proposições dos parlamentares brasileiros e as análises correspondentes.

O loteamento dos cargos administrativos entre apoiadores é uma verdadeira usina de corrupção. O quê, precisamente, um partido político ou grupo quer quando reivindica o controle de uma superintendência regional do INSS ou do Departamento Nacional de Infra-Estrutura de Transporte (DNIT), uma subprefeitura, a diretoria de compras em uma estatal? Esses cargos são ocupados por verdadeiros exércitos de caçadores de renda.

O loteamento propiciado pela distribuição dos cargos de confiança possui ainda o efeito de destruir a possibilidade de desenvolvimento de um corpo funcional profissionalizado, uma vez que os agentes públicos concursados sabem que suas chances de progresso profissional dependem de se acertarem com algum partido político.

A liberdade de nomear pessoas para ocupar esses cargos pode e deveria ser drasticamente reduzida por emenda à Constituição.

INEXISTÊNCIA DE REGULAMENTAÇÃO DOS DIREITO DE ACESSO
A INFORMAÇÃO E DO DEVER DO ESTADO DE INFORMAR
(ART. 5º, INC. XXXIII E ART. 37, *CAPUT*)

É bastante notória a indisponibilidade dos agentes públicos em prestar informações a respeito de seus atos. Embora objeto de dispositivos constitucionais explícitos, a ausência de regulamentação permite aos governantes, ao Judiciário e ao Legislativo escamotearem informação a respeito tanto de decisões administrativas quanto da execução orçamentária.

O resultado mais evidente é a redução da capacidade de monitoramento e de crítica da imprensa, das ONGs, dos grupos de interesse de modo geral, da oposição política e, na ponta, do eleitor.

Encaminha-se isso pela regulamentação dos dispositivos constitucionais referidos.

EXCESSO DE DESCENTRALIZAÇÃO E CARÊNCIA DE MECANISMOS
DE CONTROLE (DIVERSOS DISPOSITIVOS CONSTITUCIONAIS)

Há quem considere o Brasil o país mais descentralizado do mundo. Não há notícia, em países minimamente civilizados, de uma estrutura organizativa em que municípios sejam entes federados. Os municípios brasileiros dispõem de autonomia praticamente absoluta no planejamento, execução e fiscalização de seus recursos orçamentários, mesmo que não arrecadem o suficiente para viver.

Conforme dados da Secretaria do Tesouro, cerca de 80% dos municípios dependem de repasses da União e/ou dos estados para compor seus orçamentos. Desses, metade (ou seja, 40% do total) são dependentes de repasses em mais de 90% de seus orçamentos.

A baixa contribuição dos tributos em tais orçamentos é consequência de um fato econômico simples: não há produção econômica. Esse é um claro exemplo de consequência das causas estruturais da corrupção.

Se não há produção econômica, não se cristalizam interesses minimante organizados, a imprensa sobrevive por favores do prefeito (ou de seu opositor) e não há ONGs. Portanto, não há contradições. Tudo depende, em maior ou menor grau da prefeitura (aliás, há vários estados em situação semelhante).

Como o Legislativo é normalmente cooptado (juntamente com os integrantes dos Conselhos Gestores de Políticas Públicas), a única fiscalização existente é a dos Tribunais de Contas, estruturas por sua vez apodrecidas e inoperantes.

Para os governos federal e estaduais há alguma possibilidade de controle a distância de seus programas voluntários, mas ao que saiba isso se limita ao governo federal (se governos estaduais exercem algum controle, decerto não publicam os resultados).

Restringir a autonomia dos municípios brasileiros é em princípio, possível, mas concretamente não acontecerá, porque os interesses políticos jamais admitirão fazê-lo. É possível, porém, estreitar a fiscalização, por meio, por exemplo, da Lei de Responsabilidade Fiscal.

O que deve-se inibir é a longa convivência da ausência de controle das finanças municipais.

CAUSAS GERENCIAIS DA CORRUPÇÃO

O Brasil é um país de bacharéis. Na dúvida, o gestor público chama o assessor jurídico, quando deveria chamar o gerente.

A predileção pelos aspectos meramente formais das questões públicas ajuda a minimizar a importância do aperfeiçoamento das estruturas gerenciais.

O loteamento político da administração trabalha contra a adoção de medidas de racionalização. Se a administração é vista como campo de caça para os grupos políticos, é claro que sua modernização é vista como empecilho.

De toda forma, ninguém minimamente sensato deixaria de reconhecer que as disfuncionalidades na administração cotidiana do Estado brasileiro concorrem muitíssimo para elevar o chamado "custo Brasil".

Modernizar a gestão começa pela providência elementar de fazer cumprir a lei. Não são poucos os dispositivos legais que, por não serem obedecidos pelo poder público, levam à má gestão. Por exemplo, a Lei de Responsabilidade Fiscal, o pagamento de precatórios (agora sujeito a uma emenda à Constituição cheia de vulnerabilidades à corrupção).

Racionalizar a administração significa agilizar os fluxos de informação, traçar o mapa de riscos de corrupção nos processos decisórios, criar e manter indicadores de desempenho de programas (publicamente acessíveis).

Implica também profissionalizar o serviço público, instituir processos de promoção por mérito (o que também implica demitir ou marginalizar os incompetentes), blindar o serviço público de influências políticas, estabelecer mecanismos de intercâmbio de informação com o contribuinte.

CONCLUSÃO

O quadro brasileiro, no que diz respeito ao combate à corrupção, não é animador, o que estabelece certa tensão com o tema deste seminário, a esperança.

Apesar de haver no Brasil muitos entraves para o desenvolvimento de um Estado íntegro, há também progressos. Estes são muito mais lentos do que se desejaria, mas nem por isso deixam de acontecer.

Há conquistas no governo federal (a Controladoria-Geral da União é um exemplo), na própria Justiça, através de uma ação mais aguda do Conselho Nacional de Justiça, na crescente prestação de informação por parte dos Legislativos (ainda que muito seja escamoteado).

Todos esses progressos têm um elemento em comum: a reação a pressões vindas de fora do Estado. Agentes públicos, sejam eles eleitos, concursados ou nomeados, não costumam mover-se espontaneamente. Agem quando impelidos pela imprensa, pelas ONGs, pelas associações comunitárias.

O que leva à reflexão final: um Brasil melhor e mais esperançoso decorrerá do florescimento do contraditório, ou dos muitos contraditórios que se formem na sociedade.

SOBRE A TRANSPARÊNCIA BRASIL

A Transparência Brasil é uma organização sem fins lucrativos voltada para o combate à corrupção no país e assuntos correlatos. É formada por indivíduos e entidades e sem comprometimento com partidos, empresas, governos, sindicatos ou qualquer outro interesse organizado.

Seu financiamento provém de entes multilaterais como a Organização das Nações Unidas (ONU), fundações internacionais como a Fundação Ford, por contribuições mensais de seus associados, por fundos próprios e, às vezes (e muito pouco), por parcerias com o poder público.

A Transparência Brasil considera que a corrupção e as ineficiências dela decorrentes não pode ser combatida a partir de um ponto de vista subjetivo (ou seja, moral, que situa o problema no caráter dos indivíduos), mas objetivo.

Isso significa identificar as causas materiais do problema para que se possa alterar as condições em que os agentes públicos e privados operam para, assim, reduzir a probabilidade de eles entrarem em conluio.

Na perseguição desse programa, o trabalho da entidade se organiza conforme três áreas prioritárias:

1. Construção de ferramentas de acesso público na internet para propiciar ao público, à imprensa, a ONGs etc. melhores condições de manter o monitoramento sobre as ações do Estado.
2. Realização de pesquisas, levantamentos, diagnósticos a respeito da corrupção e suas causas.
3. Realização de parcerias com o poder público para melhorar seus mecanismos de prevenção à corrupção.

Além de seu sítio principal (www.transparencia.org.br), a entidade mantém na internet os seguintes projetos, todos de acesso livre:

- Às Claras (www.asclaras.org.br) — dedicado à sistematização e análise de doações eleitorais desde o pleito de 2002.
- Deu no Jornal (www.deunojornal.org.br) — banco de dados com todo o noticiário sobre corrupção publicado em jornais diários de todo o país desde janeiro de 2004.

- Excelências (www.excelencias.org.br) — cadastro atualizado diariamente de todos os 2.368 integrantes do Senado Federal, Câmara dos Deputados, Assembleias Legislativas estaduais, Câmara Legislativa do Distrito Federal e Câmaras Municipais das capitais, com um vasto conjunto de diferentes informações sobre a atividade de cada um deles.

A MÍDIA E A SOCIEDADE ATIVA E MODERNA: DEPOIMENTOS

Imprensa, mídia e sociedade em transformação

*Eleonora de Lucena**

---
* Editora-executiva da *Folha de S. Paulo*.

Em 200 anos, a imprensa brasileira tem sua trajetória atrelada à história do país. Por suas páginas passaram as batalhas políticas, as disputas pelo poder, a democracia, a ditadura, as recessões e os crescimentos econômicos, os avanços sociais e os múltiplos movimentos culturais. Os meios de comunicação participaram dessas mudanças e buscaram seu espaço na sociedade em constante transformação.

Nascida no exílio, a imprensa nacional foi inicialmente palco do debate político para poucos. Com textos inflamados, esteve associada a partidos ou grupos de pressão. Em uma sociedade escravocrata, na qual pouquíssimos sabiam ler, ela ajudou a construir uma identidade nacional entre as elites. À medida que o país deixava os modelos arcaicos e escapava da economia agrária voltada para o exterior, os jornais foram se modernizando e incorporando novos leitores.

A industrialização trouxe à cena o mercado consumidor. O analfabetismo — uma grande parcela, ainda hoje — passou a ser atacado e mais cidadãos, agora leitores, começaram a ser integrados ao debate nacional. Em meados do século XX, novas mídias (o rádio e a TV) multiplicaram as possibilidades de informação. O país consolidava a visão de si mesmo e os meios de comunicação espelhavam essa dinâmica de crescimento e suas contradições.

O longo período da ditadura militar amordaçou a imprensa. Os embates com o poder foram dolorosos e a censura traumatizou a discussão política. Mas, gradativamente, a liberdade de expressão foi reconquistada. Nessa luta, os jornais desempenharam um papel crucial. Desafiando o pensamento repressivo da época, eles levantaram as palavras democracia e liberdade. A campanha pelas Diretas-Já foi um dos momentos mais marcantes.

O país mudou. A redemocratização escancarou diferenças e destampou um intrincado debate de ideias. Nesse processo, nem sempre a mídia soube capturar com profundidade os sentimentos incongruentes e as tendências conflitantes que disputavam o espaço de discussão. No afã de vocalizar uma modernidade importada, excluiu visões diferentes de um alardeado consenso.

A mídia mudou. Vive hoje em múltiplas plataformas. O jornalismo está no papel, na tela, no rádio, no computador, no telefone. Todo o dia, todo o tempo. Há uma saudável oxigenação no mundo das notícias. Bombardeada por informações para todos e em todas as áreas de interesse, o cidadão está imerso em um ambiente de cacofonia e, muitas vezes, perde-se entre o relevante e o supérfluo. Competindo pelo tempo do consumidor e pelas verbas publicitárias, os meios se colocam em situação de desconforto e se questionam sobre seu verdadeiro — e possível — papel na sociedade. Uma sociedade mais exigente, que pode comparar produtos com rapidez e que cobra precisão e independência.

Nessa espécie de balbúrdia, o leitor/ouvinte/espectador pede uma bússola, quer o contraditório, a pluralidade, a profundidade, o essencial para tomar suas decisões. Procura saber o que está por trás daquela informação divulgada na correria, em quê ela afeta a sua vida, como pode modificar os rumos do país, o que precisa fazer diante dos fatos. Com essa responsabilidade nas mãos, a mídia atravessa hoje um período de incertezas sobre seu futuro, especialmente quando se trata de modelos de financiamento de negócios.

O desempenho recente dos meios de comunicação nos Estados Unidos preocupa os observadores desse mercado por todas as partes. Referências mundiais, empresas de tradição por várias gerações foram enredadas em dívidas e, aflitas, buscam saídas para a queda de faturamento. Veem sua própria sobrevivência ameaçada. Em meio a crise econômica de dimensões históricas, planos de salvamento estão em discussão. Alguns, bastante esdrúxulos, minando até a independência da atividade jornalística. Outros estudam fórmulas de financiar o cotidiano das redações e frear a difusão gratuita dos conteúdos. O debate é semelhante em diversos países da Europa.

No Brasil, e em muitos países em desenvolvimento, o debate contém muitas divergências. Empresas e mercado (leitor e publicitário) não vivenciam essa realidade conturbada. Ao contrário, experimentam avanços. No caso do Brasil, os números ainda estão distantes dos alcançados no exterior. Enquanto, por exemplo, o consumo brasileiro diário de jornais é de 53/mil habitantes, nos Estados Unidos, é de 241/mil; no Reino Unido, de 335/mil. E, no México, de 148/mil. Ou seja, há, ainda, um imenso universo a ser incorporado ao mundo da informação. Nossa realidade reflete o imenso abismo social que ainda caracteriza o Brasil, onde os 10% mais ricos detêm 80% da renda nacional.

Apesar de todas as diferenças, o debate generalizado sobre os rumos da mídia repercute no Brasil. A turbulência econômica traz apreensão e a necessidade de pensar um modelo que atravesse com segurança os períodos de tempestade. Como em todo o mundo, aqui também custa caro produzir informação de qualidade. É necessário reunir profissionais competentes, bem formados e bem treinados. Capazes de lidar com pressões de todo o tipo para extrair as notícias de interesse público. Capazes de ouvir múltiplas vozes, de entender o contexto do momento e de fazer sempre perguntas. Muitas perguntas. São profissionais que não aceitam respostas fáceis e que têm a tarefa de garimpar a verdade em nome do interesse público.

É o interesse público que deve ser o motor da mídia. É ele que deve nortear os seus passos. É ele que confere a credibilidade e o enraizamento que permitem que os meios de comunicação enfrentem interesses menores — de governos, grupos econômicos e sociais — dando lugar ao conjunto da sociedade. Não é tarefa simples nem clara. É tarefa custosa e cotidiana. Certamente repleta de percalços e erros. Erros que sempre precisam ser admitidos e expostos com franqueza, e que devem servir para atacar com vigor a questão da qualidade jornalística — que ainda precisa melhorar.

Agora que os meios debatem sobre o seu futuro, está na hora de envolver a sociedade na reflexão de como será a produção de notícia nos próximos anos. Quem pagará quanto por ela? Quão independente ela deve ser? Se ela deve ou não incomodar os poderes. Se deve ou não ser subserviente a grupos e visões particulares. Se deve ou não ter a coragem de tratar dos temas delicados que desagradam maiorias.

Estas não são apenas questões da mídia, mas para toda democracia brasileira. É preciso buscar integrar ainda mais a imensa população de pouco acesso à informação de qualidade. Como já se tem discutido há anos nesse Fórum, essa realidade só será possível com a adoção de políticas de geração de emprego e renda. É necessário acabar com o analfabetismo — o contabilizado oficialmente e o real — conferindo o patamar de cidadania à sociedade como um todo.

Não é preciso reafirmar que os desafios são imensos. Mas as políticas que visam essa sociedade menos desigual, mais integrada e ativa precisam ser adotadas com maior velocidade. A mídia é um espaço de reflexão para tudo isso. O seu futuro depende da sociedade. Uma mídia forte, independente, crítica e plural depende de uma sociedade aberta e democrática. E o contrário também vale. Uma mídia fragilizada só interessa aos interesses do poder de plantão. Os brasileiros precisam decidir que país e que mídia querem ter.

Imprensa e "cultura da esperança"

Aluizio Maranhão*

---
* Editor de Opinião de *O Globo*.

A GERAÇÃO QUE entrou nas redações no final da década de 1960 e início da de 1970 foi movida à esperança. Certamente como qualquer outra. No nosso caso, esperança do fim da ditadura e de todas suas mazelas; da chegada à redemocratização, ansiada como um elixir contra todos os males.

Ela veio, em 1985, depois de 21 anos de regime autoritário, sacramentada pela Constituição redigida em 1987 e promulgada em 1988. Ali, começou mais um aprendizado para nossa geração: que a democracia, por si só, não é aquele remédio milagroso como se pensava.

Distribuição de renda, aumento do poder aquisitivo da população, desníveis regionais, educação, saúde, temas-chave para qualquer sociedade, podem ou não ser tratados com mais competência na democracia.

Na democracia torna-se mais fácil detectar problemas e debater propostas. O processo de decisão pode ser mais lento, porém ganha em qualidade, e em legitimidade. Nada justifica o autoritarismo, é certo. Mas a vida real em uma democracia era mais complexa do que imaginávamos.

De qualquer maneira, as esperanças nas décadas de 1970 e 1980 foram atendidas. Não da maneira que pensávamos — atendida de forma quase instantânea —, mas o fato é que, passados 24 anos ininterruptos de democracia, o país se modernizou, está mais integrado ao mundo e passou-se pela experiência histórica da ascensão de uma aliança de esquerda ao poder, pelo voto, sem riscos de ruptura institucional.

A decisão do presidente Luiz Inácio Lula da Silva de preservar os três pilares da política econômica tucana — metas de inflação, câmbio flutuante e Banco Central com alguma autonomia operacional — deu mais uma esperança: a de que, como em democracias mais maduras, também no Brasil haja políticas de Estado e não de governos.

Internet, jornalismo e democracia

André Lahóz*

---
* Redator-chefe da revista *Exame*.

A INTERNET SURGIU para o mundo do trabalho em meados dos anos 1990. Hoje seu poder transformador é tão evidente que se tornou lugar comum falar em revolução digital. A mudança imposta pelas novas tecnologias para o jornalismo e os jornalistas lança uma série de questionamentos sobre o futuro da profissão. Indústrias são colocadas em xeque há muito tempo. Algumas se reinventam, outras simplesmente desaparecem na esteira do desenvolvimento capitalista. O perturbador, porém, é que há algo de único na tarefa de difundir informações para a sociedade. O que distingue o jornalismo de tantas outras profissões é o fato de ele ser um dos pilares da democracia. O futuro dos jornais, das revistas e da televisão não diz respeito apenas a quem trabalha nesses veículos, mas a toda sociedade que se pretende democrática e que precisa do chamado Quarto Poder — cuja missão é questionar, fiscalizar, promover o diálogo e o debate, propor caminhos para o país.

Recentemente, dois economistas americanos da Universidade de Princeton, Sam Schulhofer-Wohl e Miguel Garrido, trouxeram à luz os resultados de uma interessante pesquisa que parece corroborar a tese de que o trabalho dos jornalistas impacta toda a sociedade. Os dois analisaram os acontecimentos posteriores ao fechamento de um pequeno jornal americano, *Cincinnati Post*, do Estado de Ohio. A mídia regional tem uma longa tradição nos Estados Unidos, mas passou a enfrentar uma crise séria — que terminou por vitimar o *Cincinnati Post*, jornal com tiragem de 27 mil exemplares. O resultado foi a circulação de um único jornal, o *Cincinnati Enquirer*. O trabalho dos acadêmicos consistiu em analisar os resultados da eleição local posterior ao fechamento, e tiraram três conclusões que nos fazem pensar.

A primeira: aumentou a vantagem dos políticos que buscavam a reeleição. Tornou-se mais fácil para quem estava no poder manter o cargo, e mais difícil para o desafiante ocupar seu lugar. A segunda: a participação dos eleitores diminuiu (é preciso lembrar que a eleição não é obrigatória nos Estados Unidos). Um menor número de pessoas se dispuseram a sair de casa e votar. A terceira: diminuiu o número de postulantes, ou seja, houve um número menor de candidatos inscritos. A conclusão dos autores é que a qualidade da política local piorou depois do fechamento do pequeno jornal. Apesar de não mobilizar milhões, o *Cincinnati Post* parecia capaz de trazer uma voz alternativa, e isso aparentemente motivava um debate e enriquecia a política.

Uma política empobrecida é um problema? É razoável pensar que sim. Economistas e historiadores debatem há décadas as razões do sucesso de alguns países e o fracasso de outros, tentando encontrar lições a serem seguidas. A pesquisa mais recente e inovadora sugere que a qualidade das decisões políticas é determinante para os países no longo prazo. A capacidade das democracias de melhorar a vida do cidadão e de promover o desenvolvimento pode não ser evidente em um espaço curto de tempo. Em uma perspectiva de décadas ou séculos, percebe-se que a qualidade das instituições, das lideranças e, em última análise, das decisões é um elemento determinante para gerar ciclos prolongados de crescimento. Quando a participação política é algo que faz parte da vida do cidadão comum, a exigência e vigilância sobre as autoridades aumentam, o que tende a gerar uma dinâmica positiva de prosperidade. Alternativamente, em sociedades fechadas comumente as decisões costumam favorecer uma pequena elite — gerando uma dinâmica quase oposta.

O problema para os jornais é grave no mundo rico. Nos Estados Unidos, há um século, quase 700 cidades tinham, pelo menos, dois jornais. Hoje são apenas 14. Algumas cidades grandes — como São Francisco — correm o risco de ficar sem nenhum. Na Inglaterra, cerca de 70 jornais fecharam recentemente. Além da questão conjuntural da crise econômica, o pano de fundo diz respeito ao surgimento da internet e seu impacto na mídia. A base do modelo tradicional do jornalismo é a existência de um conjunto relativamente grande de leitores dispostos a pagar pela informação, por um lado, e de publicidade em busca da atenção dos leitores, por outro. Há, portanto, duas fontes de receita, que em teoria garantem a independência. O jornalismo *on-line* parece enfrentar problemas nos dois campos. De um lado, os leitores não necessariamente estão dispostos a pagar. Não deixa de ser um paradoxo dos novos tempos — todos querem informação de qualidade, mas poucos aceitam pagar por ela. De outro lado, a migração da publicidade para a internet ocorre mais lentamente do que o previsto.

O problema é o custo do bom jornalismo. Não é possível manter uma equipe qualificada, capaz de produzir um trabalho de excelência em termos de apuração, texto, edição, checagem etc., sem que alguém se disponha a pagar as despesas. A conta simplesmente não fecha. Não se trata, ainda, de uma questão muito presente no Brasil, onde os números mostram um crescimento no público leitor e na receita publicitária nos veículos tradicionais. Mas é algo preocupante nos países desenvolvidos.

Se, por um lado, a internet representa uma ameaça, por outro, abre oportunidades extremamente interessantes. Há alguns anos o físico e jornalista Chris Anderson desenvolveu, em um livro que rapidamente tornou-se um *best seller*, o conceito da cauda longa. Trata-se da ideia de que vivemos uma mudança cultural e econômica, em que o foco deixa de ser a produção de poucos bens para uma massa grande de consumidores e passa a ser a exploração de uma infinidade de nichos. Os públicos se ampliam e é possível atender as especificidades de cada um. O fluxo de informação é muito mais rápido, e é possível interagir de formas inimagináveis no mundo antigo.

Felizmente, as mudanças no Brasil ocorrem com certo atraso, em relação ao mundo rico, o que permite mais tempo de reflexão e amadurecimento de alguns conceitos. Mas é ilusão acreditar que os mesmos desafios impostos aos jornalistas de outros países não serão replicados no Brasil. É preciso reconhecer o que a internet mudará no jornalismo — e o que ela não pode mudar. Em tempos tão instáveis, alguns conceitos precisam ser reafirmados. A essência do bom jornalismo não pode — e não deve — ser alterada. Trata-se de algo, como ilustra o exemplo americano, que interessa não apenas para quem trabalha em jornais e revistas, mas para toda a sociedade. Em um mundo que tende a ser cada vez mais próspero, não faz sentido que as pessoas abram mão de algo tão importante: a informação e a análise de qualidade. Parece ser mais uma questão de encontrar um novo modelo do que propriamente de acreditar no fim do Quarto Poder. A democracia continuará a depender de uma imprensa livre e de qualidade — qualquer que seja o meio em que ela circule.

Este livro foi impresso nas oficinas da
Distribuidora Record de Serviços de Imprensa S.A.
Rua Argentina, 171 – Rio de Janeiro, RJ
para a
Editora José Olympio Ltda.
em setembro de 2009

*

77º aniversário desta Casa de livros, fundada em 29.11.1931